# Deus conosco

# Deus conosco

VINHA DE LUZ
SERVIÇO EDITORIAL
Belo Horizonte
2014

EDIÇÃO: Vinha de Luz | Serviço Editorial
Departamento Editorial da Casa de Chico Xavier
Av. Álvares Cabral, 1777 | 20º andar | Sala 2006
Santo Agostinho | 30170-001 | Belo Horizonte | MG
(31) 2531-3200 | 2531-3300 | 3517-1573
www.vinhadeluz.com.br — informacoes@vinhadeluz.com.br
www.casadechicoxavier.com.br — informacoes@casadechicoxavier.com.br

COORDENAÇÃO EDITORIAL
Célia Maria de Oliveira Soares | Geraldo Lemos Neto | Wanda Amorim Joviano

PROJETO GRÁFICO | CAPA | ILUSTRAÇÃO DA DEDICATÓRIA
Luiz Augusto da Costa

DIAGRAMAÇÃO
Célia Maria de Oliveira Soares | Luiz Augusto da Costa | Roberson Marzzano

FOTOGRAFIA DA PRANCHETA | Página 49
Carlos Malab

DATILOGRAFIA DOS ORIGINAIS
João Viegas

DIGITAÇÃO
Célia Maria de Oliveira Soares

REVISÃO TÉCNICA
Célia Maria de Oliveira Soares | Geraldo Lemos Neto

1ª edição - junho 2007 | 3.000 exemplares
2ª edição - dezembro 2008 | 2.000 exemplares
3ª edição - novembro 2010 | 2.000 exemplares
4ª edição - outubro 2014 | 2.000 exemplares

**Dados Internacionais de Catalogação na Publicação (CIP)**
**(Câmara Brasileira do Livro, SP, Brasil)**

Emmanuel (Espírito).
Deus conosco / Emmanuel ; psicografia de Francisco Cândido Xavier ; organização de Wanda Amorim Joviano, Geraldo Lemos Neto. -- 4. ed. -- Belo Horizonte : Vinha de Luz, 2014.

Bibliografia.

1. Espiritismo 2. Psicografia I. Xavier, Francisco Cândido. II. Joviano, Wanda Amorim. III. Lemos Neto, Geraldo. IV. Título.

14-11170 CDD - 133.93

**Índices para catálogo sistemático:**

1. Mensagens mediúnicas psicografadas : Espiritismo 133.93

# DEDICATÓRIA

Ao espírito de

*Lívia Lentulus.*

---

Nota da Editora: a ilustração acima foi utilizada como capa do livro *Aceitação e vida*, psicografado por Chico Xavier e ditado pelo espírito de Margarida Soares. Uma edição da União Espírita Mineira (UEM), de 1988.

# AGRADECIMENTOS

## *Nossos agradecimentos especiais*


Grupo Espírita Emmanuel (GEEM) | São Bernardo do Campo - SP
*Dr. Caio Ramacciotti*

Instituto de Difusão Espírita (IDE) | Araras - SP
*Sr. Wilson Frungilo Júnior*
*Dr. Hércio Marcos Cintra Arantes*

Lar Espírita André Luiz (LEAL) | Petrópolis - RJ
*Sra. Suzana Maia Mousinho*
*Sra. Maria Idê Cassãno Mousinho*
*Sra. Wanda Amorim Joviano*

Escola Jesus Cristo | Campos - RJ
*Sra. Hilda Mussa Tavares*
*Dr. Flávio Mussa Tavares*
*Sr. Rubens Fernandes Carneiro*

Casa de Chico Xavier | Pedro Leopoldo - MG
*Sra. Adanira Deisiré Bergamaschi*
*Sr. Jhon Harley Madureira Marques*
*Sr. Hélcio Marques*

Grupo Espírita Scheilla | Pedro Leopoldo - MG
*Sra. Ana Maria Machado Barbosa*
*Sra. Bárbara Valeska da Silva*

# EPÍGRAFE

*"Alma gêmea da minh'alma,*
*Flor de luz da minha vida,*
*Sublime estrela caída*
*Das belezas da amplidão!...*
*Quando eu errava no mundo*
*Triste e só, no meu caminho,*
*Chegaste, devagarinho,*
*E encheste-me o coração.*

*Vinhas na bênção dos deuses,*
*Na divina claridade,*
*Tecer-me a felicidade,*
*Em sorrisos de esplendor!...*
*És meu tesouro infinito,*
*Juro-te eterna aliança,*
*Porque eu sou tua esperança,*
*Como és todo o meu amor!"*

*Públio Lentulus Cornelius*
Século I

---

Nota da Editora: poema de Públio Lentulus dedicado à esposa, Lívia, constante do romance mediúnico *Há 2000 anos...*, psicografado por Chico Xavier e editado pela Federação Espírita Brasileira (FEB), em 1939. Veja dados tipográficos da referida obra em *Bibliografia indicada*, à p. 598.

# Sumário

**MENSAGENS DE 1940**



**MENSAGENS DE 1941**



**MENSAGENS DE 1942**

**MENSAGENS DE 1943**



**MENSAGENS DE 1944**

**MENSAGENS DE 1948**

# APRESENTAÇÃO

DEUS CONOSCO é o livro que dá sequência às revelações espirituais inéditas da psicografia de Chico Xavier, trazidas a lume em abril de 2006 pela prestimosa organização de Wanda Amorim Joviano, através do livro *Sementeira de luz,* de autoria de seu avô Arthur Joviano, o benfeitor espiritual que todos conhecem pelo nome de Neio Lúcio.

Ambos os livros vieram ao mundo pelas abnegadas mãos de Francisco Cândido Xavier, através de cuja tarefa psicográfica tanto esclarecimento e consolação verteram dos planos mais altos da vida para a face da Terra, sedenta de luz para amenizar as suas dores e aflições.

Desta feita, contudo, o autor espiritual dessas mensagens recebidas em sua maioria no culto doméstico do Evangelho no lar da família Joviano, na Fazenda Modelo de Pedro Leopoldo, em Minas Gerais, onde Chico Xavier trabalhava, é nada menos que o benfeitor da Espiritualidade Maior Emmanuel.

Estou certo de que Emmanuel dispensa apresentações. No entanto, atrevo-me a lembrar aos nossos leitores o significado de seu nome em hebraico: Emmanuel significa DEUS CONOSCO, ou também a variância DEUS ESTÁ CONOSCO.

Encontramos no Evangelho de Mateus (1: 22-23) a referência a uma profecia de Isaías (7: 14). Escreveu o levita Mateus: *"Tudo isso aconteceu para que se cumprisse o que foi dito da parte do Senhor, pelo profeta, que diz: 'Eis que a virgem conceberá, e dará à luz um filho, e chamá-lo-ão pelo nome Emmanuel, que traduzido é: DEUS CONOSCO.* ' "

Ora, não se ignora, então, que nas sagradas escrituras o Messias tão esperado pela Casa de Israel, o Filho de Deus, Senhor e Mestre de nossas vidas, que inicialmente se fez conhecido por Jesus, o Nazareno, e mais tarde como o Cristo de Deus, é também reconhecido pelo nome de Emmanuel, ou DEUS CONOSCO.

Prometera-nos o divino Mestre o envio do Consolador, em passagem unicamente relatada pelo apóstolo querido João Evangelista (14: 16-18; 25-26) como segue: *"E eu rogarei ao Pai, e Ele vos dará outro Consolador para que fique convosco para sempre. O Espírito da Verdade, que o mundo não pode receber, porque não o vê nem o conhece; mas vós o conheceis, porque habita convosco, e estará em vós."* (...) *"Não vos deixarei órfãos; voltarei para vós." (...) "Tenho-vos dito isso, estando convosco."* (...) *"Mas aquele Consolador, o Espírito Santo, que o Pai enviará em meu nome, este vos ensinará todas as coisas, e vos fará lembrar de tudo quanto vos tenho dito".*

Pois bem, a Doutrina dos Espíritos, codificada por Allan Kardec há exatos 150 anos, é o Consolador prometido por Jesus, inaugurando a terceira etapa da revelação divina aos homens de boa vontade no mundo terrestre.

Sem dúvida alguma, já podemos considerar hoje que o espírito de Emmanuel é um dos principais luminares da Vida Maior a responsabilizar-se por ser um autêntico intérprete do pensamento direto do Cristo, recordando-nos que DEUS ESTÁ CONOSCO. O próprio Chico Xavier no-lo revela como partícipe atuante da falange do Espírito da Verdade, aquela que se designa como Espírito Santo e reúne a legião dos espíritos santificados na luz e no amor, e que cooperam com o Cristo desde os primórdios da humanidade.

Vemo-lo, por atestado público de Chico Xavier em entrevista dada a Fernando Worm, inserida à página 170 do livro *Lições de Sabedoria – Chico Xavier nos 23 anos da Folha Espírita*, de Marlene Rossi Severino Nobre, editado pela Folha Espírita em 1997, quando este lhe pergunta: *"Chico, você confirma que seu mentor espiritual Emmanuel é o mesmo que, sob tal nome, e no anonimato da equipe espiritual, elaborou com Allan Kardec a codificação de* O Evangelho Segundo o Espiritismo *e demais obras da codificação grafadas a partir de 1857?"* Ao que Chico Xavier respondeu: *"Creio que sim. Conservo para mim a certeza de que ele, Emmanuel, terá participado da equipe que colaborou na estrutura da codificação da Doutrina Espírita. A mensagem intitulada "O Egoísmo", no capítulo XI, item 11 de* O Evangelho Segundo o Espiritismo, *em que se faz referência a Pilatos, é de autoria do nosso benfeitor espiritual, não tenho dúvidas a esse respeito"*.

Pois bem, é esse mesmo espírito de escol, integrante da falange do Espírito da Verdade, que recebeu do Cristo a espinhosa missão de interpretar-lhe o próprio divino pensamento, de forma inequívoca e de maneira absolutamente original, fazendo-se o portador das notícias de Deus na revivescência do Cristianismo puro e simples dos tempos apostólicos, em pleno século XX da Era Cristã e no auge dos estertores da nossa civilização, no coração humilde e generoso das terras pacíficas do Brasil.

Em perfeita sintonia de propósitos superiores com o medianeiro fiel e dedicado que lhe foi Chico Xavier, a partir da década de 30 responsabilizou-se Emmanuel pela mais ampla produção bibliográfica de que se tem notícia em língua portuguesa, não só grafando diretamente as interpretações atualizadas do pensamento do Cristo, constante nos versículos do Novo Testamento, comentados na série *Caminho, Verdade e Vida*, mas também comentando brilhantemente textos da codificação espírita através da série *Religião dos Espíritos*, além de lançar luzes novas no conhecimento dos fatos históricos autênticos do Cristianismo primitivo, testemunhando-os pela série de seus esplêndidos romances a partir de *Há 2000 anos...* e *Paulo e Estêvão*.

Supervisionou, assim, como verdadeiro médium do Cristo de Deus, a insuperável produção mediúnica dos 439 livros da psicografia de Francisco Cândido Xavier, em consequente desdobre complementar necessário à tarefa de continuidade da construção do edifício da revelação espírita.

É por isso que ao editarmos este livro com as novas e originais notícias de Emmanuel não poderíamos pensar em lhe atribuir outro título senão aquele que por direito lhe pertence, como o justo e generoso salário do bom servidor, e que nos atinge em cheio o imo d'alma: DEUS CONOSCO, novamente!

*Geraldo Lemos Neto*

Belo Horizonte, 18 de abril de 2007

No dia em que se comemorou os 150 anos da primeira edição de *O Livro dos Espíritos*, por Allan Kardec, na cidade de Paris.

---

Nota da Editora: neste ano de 2014, a produção mediúnica de Chico Xavier conta com 483 títulos.

# À GUISA DE PREFÁCIO

## *Manoel da Nóbrega e Públio Lentulus*

Meus caros filhos, Deus abençoe a vocês todos, concedendo-lhes muita paz e alegria aos corações. Sem dúvida, meu caro Rômulo, não me seria lícito o alheamento às suas emoções de estudioso à face da "volta espiritual" ao passado, através dos recursos milagrosos do livro.

O Padre Nóbrega, indiscutivelmente, nos merece a melhor atenção e carinho. Aí na esfera da carne é muito difícil ao educador a fundamentação de princípios para transmitir à mente infanto-juvenil as tradições respeitáveis de quantos nos prepararam o ninho coletivo na formação da Pátria.[1] Quantas vezes, em minha condição de professor, fui defrontado por esses problemas torturantes dos hiatos históricos, que impossibilitavam a partitura verbal dos grandes amigos da nacionalidade no pretérito distante! Aqui, no entanto, restabelecemos o espírito de sequência e confiando-nos às tarefas pedagógicas, libertos de muitas das convenções asfixiantes que aí nos esterilizam os melhores propósitos de

[1] Nota da Organizadora: em referindo-se à reencarnação de Emmanuel como o Padre Manoel da Nóbrega, jesuíta em missão evangelizadora no Brasil, no século XVI, assunto tratado mais adiante, à página 37, no capítulo intitulado "As vidas sucessivas de Emmanuel".

ensinar com fidelidade, podemos operar verdadeira transformação em nossos métodos de serviço, ligando as existências (quando é possível) de muitos personagens importantes do mundo numa só linha de evolução e realização, quando nos é dado reunir na Terra diversas contas diferentes.

Devidamente entendidos, é agradável comentar o esforço de Emmanuel na vanguarda do serviço de evangelização, pelo Espiritismo, nos domínios da língua portuguesa. Vemos agora que a obra de qualquer natureza, quando merece a aprovação das autoridades superiores, cresce com o seu fundador. Nesse sentido, é importante meditar nos pontos de contato entre a vida de Manoel da Nóbrega e a de Públio Lentulus.

Pelo amor profundo, devotado por ele à inesquecível figura de Paulo, poderá você concluir das razões que levaram o esforçado jesuíta a dar o nome do grande apóstolo à cidade que lhe mereceu especiais cuidados no lançamento, a ponto de esperar o aniversário da conversão do doutor de Tarso, em janeiro, para iniciar os primórdios da grande metrópole brasileira, colocando-a sob a proteção do amigo da gentilidade.[2]

É que também Paulo, na vida espiritual, jamais descansou. Quando o senador romano desencarnou, extremamente desiludido em Pompeia, foi contemplado com os favores do sublime convertido. Paulo sempre se consagrou às grandes inteligências afastadas do Cristo, compreendendo-lhes as íntimas aflições e o menosprezo injusto de que se sentem objeto no mundo, ante os religiosos de todos os matizes, quase sempre especializados em regras de intolerância.

---

[2] Nota da Organizadora: Arthur Joviano refere-se à cidade de São Paulo de Piratininga, hoje São Paulo, fundada em 25 de janeiro de 1556, pelos jesuítas Manuel de Paiva, Manoel da Nóbrega, José de Anchieta, entre outros.

Amparado pelo apóstolo dos gentios, conseguiu Públio Lentulus transitar nas avenidas obscuras da carne, em existências várias, até encontrar uma posição em que pudesse servir ao divino Mestre com o valor e com o heroísmo daquela que lhe fora companheira no início da Era Cristã.[3]

E assim temos em Manoel da Nóbrega o homem de raciocínio elevado, entregue a si mesmo em plena selva, onde tudo se achava por fazer.

Noutro tempo, os livros prontos e as tribunas construídas, os direitos de família pré-estabelecidos e o dinheiro fácil, a sociedade constituída e o pedestal do poder para brilhar. Aqui, porém, eram a improvisação necessária e o deserto, as inibições do corpo deficiente, que lhe apagavam a voz de tribuno, e a insolência dos selvagens, recordando as feras do circo, à frente dos quais devia imolar-se, consumindo as próprias forças para doar-lhes uma vida nova.

Surgiam, ainda, a devassidão e o crime, a ignorância e a audácia, os perigos e ameaças mil, que o hábil político transformado em missionário deveria vencer, exibindo não mais a toga do poder e as armas dos seus guardas pessoais, mas sim o sinal da cruz, sem mais ninguém que não fosse a sua pertinácia nos compromissos assumidos.

Entretanto, superou os óbices de toda espécie, lutou, sofreu e venceu, não para estagnar-se, mas para prosseguir, séculos adentro, reesculpindo, com os poderes da ideia cristianizada, um povo diferente e um novo mundo dentro do mundo.

Você tem razão emocionando-se ante o contato reve-

---

[3] Nota da Organizadora: em referindo-se a Lívia Lentulus, esposa de Públio, cuja história inesquecível é narrada por Emmanuel no *Há 2000 anos...*, romance psicografado por Francisco Cândido Xavier, em 1939.

lador. Não é por acaso que isso acontece. Um trabalhador nunca opera só na continuidade dos serviços. Nóbrega podia ter vivido isolado no seu tempo, contudo, desde cedo agregaram-se a ele multidões de amigos, exaustos de mando, de poder e dominação, e a teia dos destinos foi convertendo em trabalho para a coletividade tudo o que era cristalização: do "eu" em luz quanto era sombra, em libertação espiritual o que era cárcere físico.

Da rocha emerge o diamante no curso dos milênios. Também a luz divina fluirá de nós outros um dia, quando a escória estiver abandonada no carvão que servirá de berço a outros diamantes no curso longo e paciente das eras.

O serviço do nosso amigo está longe de acabar. *"É preciso criar espírito para o gigante"*, costuma dizer. O gigante é a terra em que hoje nos situamos e o espírito é a luz com que devemos continuar erguendo os padrões de fraternidade mais alta e de mais avançado serviço com Jesus no Brasil todo.

Prossigamos, marchando à frente. Anos e dias correrão. Estejamos certos da brevidade de tudo o que se movimenta sobre a Terra para agirmos com segurança e paciência. Para construir é preciso lutar. E para colher é indispensável haver semeado. (...)

Boa noite para vocês, com meus votos de muita tranquilidade para todos. Com um forte abraço de carinho e saudade, sou o papai muito amigo e reconhecido de sempre,

*Arthur Joviano*

3 de agosto de 1949

# AS VIDAS SUCESSIVAS DE EMMANUEL

## SIMAS, GRÃO-SACERDOTE DO EGITO

SÉCULO IX A.C.

Grão-sacerdote do templo de Ámon-Rã em Tebas, no Egito. Foi reitor da escola de Tanis e pai da futura rainha Samura-Mat, ou Semíramis, do império da Assíria, da Babilônia, do Súmer e do Akad. Viveu no século IX antes de Cristo e sua história é descrita na obra de Camilo Rodrigues Chaves, cujo título é *Semíramis: rainha da Assíria, da Babilônia e do Súmer* (LAKE, 1995).[1]

[1] Nota do Editor: revelação do espírito do ex-presidente da União Espírita Mineira (UEM), Camilo Rodrigues Chaves, através do médium Chico Xavier, na residência de Maria Philomena Aluotto Berutto, D. Neném, na presença de diversos confrades como Zeca Machado, Adélia Machado de Figueiredo, Paulo e Wanda Noronha, Ademar Dias Duarte, Bady Elias Cury, José Martins Peralva Sobrinho e Jupira Silveira Peralva, e Arnaldo Rocha. Informação confirmada décadas adiante em conversa particular com Geraldo Lemos Neto. Veja dados tipográficos da obra mencionada em *Bibliografia indicada*, à página 597.

## CÔNSUL PÚBLIO CORNELIUS LENTULUS SURA

SÉCULOS II E I A.C.

Cônsul à época de Lucius Sergius Catilina, conspirador e inimigo de Sulla e Cícero, condenado à morte no ano 63 a.C.[2] Partidário e amigo particular de Lucius Sergius Catilina, tentou apoiá-lo várias vezes a conquistar o consulato, inclusive cerrando fileiras com a parceria dos líderes democratas César e Crasso. Esperavam aprovar um projeto apresentado pelo tribuno Sérvio Rulo, que afirmava, em escala bem mais ampla, a lei agrária de Caio Graco. Tinham como inimigos a oposição do Senado e a perseverança de Marco Túlio Cícero, que acabou sendo eleito para o consulato, derrotando as pretensões da Lei de Rulo em 63 a.C. Com o inevitável, Catilina perdeu o apoio de César e de Crasso, iniciando, ao lado de Públio Lentulus Sura, uma anárquica revolta, simultânea em Roma e na Etrúria. Pretendiam o massacre dos magistrados e senadores, ateando fogo à cidade de Roma e assumindo o seu controle, enquanto os veteranos de seu aliado, Sila, marchariam da Etrúria para tomar a cidade e organizar um novo governo. Descoberta a conspiração, graças à vigorosa ação de Marco Túlio Cícero, Catilina foi expulso de Roma, enquanto os seus partidários mais diretos, dentre os quais Públio Lentulus Sura, foram presos em Roma e executados sem julgamento por proposta de Catão, o moço, apoiado por Marco Túlio Cícero e com a aprovação do Senado. Finalmente, o exército de Catilina foi derrotado e ele tombou na batalha. Públio Lentulus Cornelius Sura foi o segundo esposo de Júlia, mãe do conhecido General Marco Antônio, que, anos mais tarde, participaria do segundo triunvirato romano junto com Lépido e Otávio.[3]

---

Notas do Editor: [2] fonte: http://br.geocities.com/cepak2001br/volusiano.htm. Acesso em: 21 mar 2007. [3] Revelação do próprio espírito de Emmanuel, constante do primeiro capítulo do romance *Há 2000 anos...*, da psicografia de Chico Xavier. Veja dados tipográficos do referido livro em *Bibliografia indicada*, à página 598. O texto acima foi referenciado na obra *História de Roma*, de M. Rostovtzeff, Capítulo 11, páginas 124-127, 5. ed., Guanabara Koogan, Rio de Janeiro, 1983.

## Senador Públio Lentulus Cornelius

### Época do Cristo

Senador romano que exercia funções legislativas e judiciais, de acordo com os direitos de descendência de antiga e tradicional família de senadores e cônsules da república. Unido em matrimônio com Lívia, teve dois filhos: Flávia Lentúlia e Marcus. Desencarnou no ano 79 d.C. em Pompeia, vítima da tragédia do Vesúvio. Fora o legado romano do imperador Tibério César na província da Palestina, à época das pregações de Jesus em Cafarnaum da Galileia, comissionado para investigar as acusações de corrupção que pesavam contra o governador Pôncio Pilatos.[4]

## Escravo Nestório

### Século II

De origem judia, apesar de nascido em Éfeso, Grécia. Criou-se às margens do Mar Egeu, onde constituiu família. Chegou a ouvir, na infância, as pregações de João Evangelista, tendo colaborado com ele na evangelização da Ásia Menor. Foi escravizado por romanos na Judeia. Tinha um filho, de nome Ciro. Ambos foram martirizados no circo romano ao tempo da perseguição aos adeptos do Cristianismo, durante reinado de Élio Adriano. Seu drama está descrito por ele mesmo através da mediunidade de Chico Xavier no magnífico romance *50 anos depois*. Também o espírito de Theophorus, pela psicografia de Geraldo Lemos Neto, relata sua trajetória ao lado do apóstolo João Evangelista, no romance histórico *Ignácio de Antioquia*.[5]

---

Notas do Editor: [4] o drama de Emmanuel está descrito por ele mesmo através da mediunidade de Chico Xavier no excelente romance *Há 2000 anos...*. [5] Vide dados tipográficos das referidas obras em *Bibliografia indicada*, às páginas 597-598.

## Filósofo Basílio

Século III

Romano, filho de escravos gregos, pelo ano de 233 vivia em Chipre como liberto, dedicando-se a estudos filosóficos. Foi casado com a escrava Júnia Glaura, com quem teve uma filha, ambas mortas precocemente. Em Chipre, a vida lhe deu uma outra filha, Lívia, para a qual viveu até o fim de seus dias. Para criar a filha adotiva, tornou-se afinador de instrumentos musicais, transferindo-se para Marselha, onde a educou. Desencarnou supliciado em Lyon, ao tempo do governo de Treboniano Galo nas Gálias, após perseguição aos cristãos da igreja local.[6]

## Bispo de Reims | São Remígio

Séculos V e VI

De família nobre e religiosa, nasceu Remígio na cidade de Lyon, em 439. Inteligente, talentoso e disciplinado, foi considerado o maior orador sacro do reino dos francos pela sua especialidade em retórica. Era distinguido por sua pureza de espírito, seu grande amor a Deus e ao próximo, e pela fé ardente. Foi eleito Bispo de Reims ainda muito jovem, onde permaneceu por 60 anos, sendo considerado o apóstolo dos pagãos nas Gálias. Foi o grande conselheiro e, ao lado da rainha Clotilde, responsável pela conversão de Clóvis I, o primeiro rei dos francos, depois de suas vitórias sobre os povos da Gália, a quem disse em 496: *"Abaixa a tua cabeça, oh, sicambro altivo! Adora o que queimaste e queima os que adoraste!"* Pelo seu árduo e ininterrupto trabalho de evangelização, fortaleceu os alicerces do Cristianismo no território francês. Ensinava não somente aos reis e príncipes, mas também aos camponeses e a todos os súditos do novo

---

[6] Nota do Editor: vide dados tipográficos da obra *Ave, Cristo!*, psicografada por Chico Xavier, em *Bibliografia indicada*, à página 598.

reinado. Desde a sua morte, em janeiro de 535, aos 96 anos de idade, foi aclamado pela população humilde como um santo. Mais tarde, canonizado pela Igreja Católica Romana com o nome de São Remígio, teve o seu dia consagrado, o dia 1 de outubro. Em 1853, quando reconheceram o seu túmulo, seu corpo foi encontrado ainda intacto, onde até hoje é visitado na Abadia Beneditina de Reims. Entre os seus ditos e ensinos, podemos destacar dois de seus lemas: *"Sê paciente e perseverante nas provações!"* e *"Sê corajoso em empreender o bem!"*[7]

## Bispo de Sabina | Cardeal João de São Paulo

Séculos XII e XIII

Em 1209, Francisco de Assis foi com seus 11 novos irmãos até Roma buscar a permissão do Papa Inocêncio III para fundar uma nova ordem religiosa. Inocêncio III inclinou-se benignamente a ouvir as petições do santo, mas não quis aprovar logo a regra de vida proposta pelo pobrezinho, porque parecia estranha e por demais penosa às forças humanas no parecer de alguns cardeais. Mas entre estes encontrava-se um homem venerável, o Cardeal João de São Paulo, Bispo de Sabina, amante das pessoas de virtude e santidade, e decidido protetor dos pobres de Cristo. Tomou a palavra e, inflamado do espírito de Deus, disse ao sumo pontífice e a seus irmãos cardeais: "Este pobre pede apenas que lhe seja aprovada uma forma de vida evangélica. Se, portanto, rejeitarmos seu pedido como difícil em demasia e estranho, tenhamos cuidado em não ofender, dessa forma, o Evangelho. De fato, se alguém dissesse que na

---

[7] Nota do Editor: a informação sobre essa reencarnação de Emmanuel foi dada em revelações do médium Chico Xavier à família de seu amigo e biógrafo Clóvis Tavares, de Campos | RJ. Historicamente, o local e os anos de nascimento e morte de São Remígio variam nas biografias existentes. *In*: http://www.catolicismo.com.br/materia/materia.cfm/idmat/FB74A950-3048-313C-2E8CA7B5531ADEC3/mes/Outubro2009; http://www.paulinas.org.br/diafeliz/santo.aspx?Dia=1&Mes=10&SantoID=578. Acessos em: 21 mar 2007.

observância da perfeição evangélica, e no voto de praticá-la, existe algo de estranho ou de irracional, ou impossível, é réu de blasfêmia contra Cristo, autor do Evangelho".[8]

Nóbrega e Anchieta na pacificação dos tamoios

## Padre Manoel da Nóbrega

Século XVI

Nasceu em Entre-Douro-e-Minho, Portugal, no ano de 1517. Em 1541, formou-se bacharel em Direito Canônico e Filosofia na Universidade de Coimbra. Três anos depois veio para o Brasil, sob ordens da Companhia de Jesus, com a missão de proteger e converter os indígenas à fé cristã, além de fundar igrejas e seminários. Em 1552, acompanhou o governador Tomé de Sousa à capitania de São Vicente e, dois anos depois, colaborou na fundação de São Paulo. Em 1559, foi demitido do cargo de provincial no Brasil, sendo substituído pelo Padre Luís da Graça. Mesmo assim auxiliou o governador Mem de Sá na expulsão dos franceses do Rio de Janeiro. Escreveu "Terras do Brasil", "Cartas da Bahia e de Pernambuco", publicadas em Veneza entre 1559 a 1570. Desencarnou no Rio de Janeiro antes de assumir o antigo posto.[9]

Notas do Editor: [8] revelação dada por Chico Xavier à família de Clóvis Tavares, de Campos, RJ. [9] A reencarnação como Manoel da Nóbrega foi uma revelação do espírito de Neio Lúcio | Arthur Joviano, como consta na mensagem de 3 de agosto de 1949, psicografada na Fazenda Modelo, em Pedro Leopoldo | MG, por Chico Xavier, e incluída como prefácio deste livro. As informações descritas acima, bem como a imagem, foram retiradas do site www.mundocultural.com.br/literatura1/informativa/nobrega.htm. Acesso em: 21 mar 2007.

## Padre Damiano

Século XVII

Nascido em 1613, na Espanha. Aos 50 anos, residia em Ávila, Castela-a-Velha, oficiando na Igreja de São Vicente. À época da instauração do Santo Ofício, revelou ideias diferentes, combatendo o fanatismo da Igreja Católica e as injunções políticas da Inquisição. Acreditava na imortalidade da alma e na pluralidade das existências e, embora envergando o labor no ministério católico, abraçava, no íntimo, as premissas da Doutrina Espírita, antes mesmo de seu aparecimento, no século XIX. Desencarnou no Prebistério de São Jaques do Passo Alto, no burgo de São Marcelo, em Paris, em idade avançada.[10]

## Educador Jean Jacques Turville

Século XVIII

Educador da nobreza e prelado católico romano no período que antecede a Revolução Francesa. Viveu na região norte da França até a época do recrudescimento do Terror, quando decidiu fugir da ferocidade revolucionária, encaminhandose para a Espanha, onde passou a viver até a morte.[11]

## Emmanuel, espírito integrante da falange do Espírito da Verdade

Século XIX

Emmanuel, como espírito liberto integrante da falange do Espírito da Verdade, encarregada pelo Cristo de inaugurar no mundo o advento do Consolador, colaborou ativamente no plano espiritual na estrutura da codificação espírita de Allan Kardec, tendo, inclusive, escrito a mensagem intitulada "O Egoísmo", inserida

Notas do Editor: [10] Revelação do próprio Emmanuel, constante do romance *Renúncia*, da psicografia de Chico Xavier. Vide dados tipográficos da referida obra em *Bibliografia indicada*, à página 599. [11] Revelações do médium Chico Xavier a Arnaldo Rocha.

no item 11 do Capítulo XI de *O Evangelho Segundo o Espiritismo*, em que menciona a figura de Pôncio Pilatos.[12]

## Padre Amaro, Sacerdote no Brasil

### Séculos XIX e XX

Humilde sacerdote católico romano encarnado no último quartel do século XIX, no Estado do Pará, Brasil, com a finalidade de se mergulhar mentalmente na língua portuguesa contemporânea, preparando-se para a missão que lhe seria confiada no vindouro século XX. Reencarnou em abastada família paraense, de origem mulata, e depois de sagrado sacerdote dirigiu-se à cidade do Rio de Janeiro, onde passou a dedicar-se à condução da pregação do Evangelho de Jesus, reunindo naquela pequena paróquia milhares de ouvintes de todos os bairros do Rio de Janeiro, que faziam questão de chegar muito cedo para ouvi-lo assentados. Nessa ocasião, travou particular conhecimento com o insígne médico Dr. Adolfo Bezerra de Menezes, com quem conversou abertamente sobre a codificação espírita. Segundo informação de Chico Xavier, ele pediu essa reencarnação por ter necessidade interior de recolhimento, para ficar esquecido das personagens de destaque que, historicamente, vinha vivenciando nas suas diversas etapas reencarnatórias, a fim de ter tempo e silêncio para meditar e estudar convenientemente o Evangelho do divino Mestre. Seu retrato, ainda há pouco tempo, encontrava-se na sacristia da referida igreja no bairro carioca de Bonsucesso. Viveu pouco na Terra, retornando à pátria espiritual nas primeiras décadas do século XX, a tempo de assumir a condução espiritual da tarefa que lhe estaria afeita por determinação de Jesus, guiando, em nome do Espírito da Verdade, a missão psicográfica do médium Francisco Cândido Xavier, em Pedro Leopoldo | MG, para quem aparece, inicialmente, em 1931. No livro *Notáveis reportagens com Chico Xavier*, de Hércio Marcos Cintra Arantes, IDE, capítulo 32,

---

[12] Revelação do médium Chico Xavier em entrevista concedida a Fernando Worm, do Rio Grande do Sul, inserida na página 170 da edição de 1997 do livro *Lições de Sabedoria: Chico Xavier nos 23 anos da Folha Espírita*, de Marlene Rossi Severino Nobre.

páginas 183-184, há uma interessante mensagem psicografada por Chico, em 15 de maio de 1934, em que o benfeitor Emmanuel relata a sua própria desencarnação nessa época, com sua consequente chegada ao Mundo Maior.[13]

## EMMANUEL, ESPÍRITO RESPONSÁVEL PELA OBRA MEDIÚNICA DE CHICO XAVIER

SÉCULO XX

*"Quem é Emmanuel? Se alguém ainda, no Brasil, articular essa pergunta, nestas páginas despretensiosas encontrará singela, embora naturalmente incompleta, resposta. Emmanuel é o nobre espírito responsável por um grande trabalho missionário na pátria do Evangelho. É o guia espiritual do médium Francisco Cândido Xavier, o universalmente famoso Chico Xavier, o humilde Chico, que está no coração agradecido de todos os espiritistas brasileiros e ainda além de nossas fronteiras. Esse trabalho fecundo - todos de relevante e inegável valor doutrinário e literário -, devemos ao dinamismo espiritual de Emmanuel.[14] É a realidade da grande missão do livro mediúnico espírita, sob a esclarecida liderança do nobre benfeitor! Alma profundamente possuída de espírito evangélico, Emmanuel tem prodigalizado, através de inúmeras formas de amparo espiritual, conforto e esclarecimento a legiões de criaturas aflitas e torturadas. Coração generoso, sabe repartir-se continuamente, na ubiquidade do amor e da simpatia, atendendo aos sofredores que o buscam. Polígrafo admirável, aí estão seus esplêndidos livros – (...) – que seu filho espiritual psicografou, sobre os mais variados temas, em feliz abordagem dos mais complexos e transcendentes assuntos, num estilo diáfano e comunicativo, entre belezas de simplicidade e sentimento. Sábio condutor de almas, sua palavra de luz se*

---

Notas do Editor: [13] revelação feita pelo médium Chico Xavier em conversa particular com Geraldo Lemos Neto e também com os amigos Clóvis e Hilda Tavares, da cidade de Campos | RJ, e Suzana Maia Mousinho, da cidade do Rio de Janeiro. A referida mensagem encontra-se reproduzida à página 55 deste volume. [14] A bibliografia mediúnica de Francisco Cândido Xavier já consta de 483 volumes. Este texto consta da obra *Amor e Sabedoria de Emmanuel*, de Clóvis Tavares. Vide dados tipográficos em *Bibliografia indicada*, à página 597.

*tem dirigido, sem distinções, a todos os que lhe batem à porta do coração, em dádivas de paz, de esclarecimento e bom ânimo, na univocidade do espírito evangélico. Emmanuel é o bondoso e sábio instrutor espiritual que superintende o vasto movimento de espiritualidade iniciado no Brasil com o despontar das faculdades mediúnicas de Chico Xavier. Talvez nem todos calculem quanto lhe deve o Brasil Espírita, por desconhecerem os ascendentes que estruturam as atividades dos missionários da Luz junto ao médium Xavier. Emmanuel é o responsável, perante a hierarquia espiritual que nos governa, por todo o trabalho mediúnico que se iniciou em Pedro Leopoldo e continua, fecundo como sempre, em Uberaba. É ele o supervisor, o coordenador de toda a obra literário-mediúnica de Chico Xavier. Foi ele quem, no início dos anos 30, reuniu seleta plêiade de nossos bardos, que provocaram o grande impacto no ambiente cultural do Brasil com o inconfundível* Parnaso de Além-Túmulo, *fenômeno que se repetiu em 1962 com a não menos maravilhosa* Antologia dos Imortais. *Foi Emmanuel quem nos restituiu o admirável cronista Humberto de Campos, redivivo, com suas mensagens, suas reportagens do Além, seu admirável* Boa Nova, *seu* Brasil, Coração do Mundo, Pátria do Evangelho *e suas iluminadas páginas sob a chancela do Irmão X. Ao magnânimo benfeitor devemos essa obra portentosa, de indescritível beleza, que é* Falando à Terra, *em que podemos ouvir os apelos e as advertências de grandes espíritos. Foi ele quem projetou essa fascinante obra de revelação espiritual das esferas invisíveis que nos envolvem o planeta, confiada à inteligência brilhante de André Luiz, que vem trazendo com seus livros, numa inestimável contribuição à obra iniciada por Allan Kardec, obra de iluminação da consciência humana. A ele, alma de escol, ao seu espírito de organizador, de autêntico chefe espiritual, devemos a beleza, a luz, a pureza ortodoxa da prodigiosa produção mediúnica do fidelíssimo Chico Xavier, em que têm cooperado centenas de obreiros espirituais, desde as primeiras revelações do além-túmulo, orvalhadas pelas lágrimas maternais de Maria de São João de Deus até os poemas cheios de ternura de Auta de Souza, Maria Dolores, Meimei, Francisca Clotilde, Irene Souza Pinto. A ele ainda, à sua esclarecida visão dos mais conturbadores ou silenciosos problemas humanos, é devido o atendi-*

mento a multidões de necessitados e a infindáveis fileiras de sofredores, beneficiados pela aproximação de laços afetuosos do "outro lado da vida", através de mensagens confortadoras e inconfundíveis de corações amigos, ou por socorros espirituais de várias espécies. Foi esse magnânimo e sábio espírito que se apresentando com o nome de Emmanuel apareceu numa tranquila tarde dominical de Pedro Leopoldo, no ano de 1931, a um jovem de vinte anos tímido, puro, sincero, para dar início a uma grande missão."

Clóvis Tavares

## Nova reencarnação

### Século XXI

"Conforme atestam várias pessoas que conviviam na intimidade com o médium Chico Xavier, por afirmativas dele mesmo, o espírito do benfeitor Emmanuel já está entre nós, na face da Terra, pela via da reencarnação. Num desses depoimentos, da Sra. Suzana Maia Mousinho, presidente e fundadora do Lar Espírita André Luiz (LEAL), de Petrópolis | RJ, amiga do médium desde 8 de novembro de 1957, Francisco Cândido Xavier lhe confidenciou detalhes sobre a reencarnação de Emmanuel, que voltaria à Terra no interior do Estado de São Paulo, no seio da família constituída pelo casal D. Laura e Sr. Ricardo, personagens do livro Nosso Lar, de André Luiz. Tempos depois, novamente o estimado médium Chico Xavier tornou a tocar no assunto em pauta com D. Suzana, afirmando ter presenciado o retorno à vida física de seu benfeitor no ano de 2000, vendo, então, confirmadas as previsões espirituais a respeito. Esse fato está em sintonia com depoimentos públicos do médium mineiro em três ocasiões distintas, veiculados em dois de seus livros publicados, a saber:

a) no livro Entrevistas, (IDE, 1971), quando, respondendo à questão 61, sobre a futura reencarnação de Emmanuel, Chico Xavier disse: "Ele (Emmanuel) afirma que, indiscutivelmente, voltará à reencarnação, mas não diz exatamente o momento preciso em que isso se verificará. Entretanto, pelas palavras dele, admitimos que ele estará regressando ao nosso meio de espíritos encarnados no fim do presente século (XX), provavelmente na última década";

*b) também no livro* A Terra e o Semeador, *(IDE, 1975), quando, respondendo à pergunta de número 33, Chico Xavier disse:* "Isso tem sido objeto de conversações entre ele (Emmanuel) e nós. Ele costuma dizer que nos espera no Além, para, em seguida, retornar à vida física."*; e*

*c) assim também vamos observar outra confirmação de Chico sobre o assunto no livro organizado pela Dra. Marlene Nobre, e editado em 1997 pela Folha Espírita, cujo título é* Lições de Sabedoria, *que traz à página 171 da segunda edição a pergunta de Gugu Liberato a Chico Xavier:* "É verdade que o espírito Emmanuel, que lhe ditou a base do Espiritismo prático no Brasil, se prepara para reencarnar?" *Ao que Chico respondeu:* "Ele diz que virá novamente, dentro de pouco tempo, para trabalhar como professor".

*Também uma vez, conversando comigo em Uberaba, e falando sobre a volta de Emmanuel, Chico nos confidenciou:* 'Geraldinho, o nosso compromisso, meu e de Emmanuel, com o Espiritismo na face da Terra tem a duração de três séculos e só terminará no final do século XXI'".[15]

Em 26 de setembro de 1973, Chico Xavier concedeu entrevista à apresentadora Hebe Camargo na TV Gazeta de São Paulo, na qual revelou ser objeto de sua conversação com Emmanuel a reencarnação de seu guia espiritual na Terra: *"Isso tem sido objeto de conversação entre ele (Emmanuel) e nós, e ele costuma dizer que nos espera no mundo do Além para, em seguida, retomar a vida física. Ele até costuma me dizer: 'Quando eu estiver na vida física e vocês estiverem fora do corpo físico, vocês vão ver como é difícil entrarmos em comunicação com vocês e como é difícil orientar vocês para o bem'".*

Divaldinho Mattos, de Votuporanga, São Paulo, amigo íntimo de Chico Xavier e dirigente da Didier Editora, ao ler os

[15] Nota da Editora: texto retirado do livro *Sementeira de Luz*, da nota explicativa ao pé do Prefácio Espiritual, elaborada pelo editor da Vinha de Luz Editora, Geraldo Lemos Neto, à página 21 da primeira edição. Vide dados tipográficos da referida obra em *Bibliografia indicada*, à página 597.

artigos anteriores publicados pela imprensa espírita testemunhou, em contato telefônico com a Vinha de Luz, a respeito do tema. Divaldinho Mattos relatou que, em conversa presenciada por inúmeras pessoas do Brasil inteiro, num almoço na casa de Chico em Uberaba, nos idos do ano 2000, Chico afirmara para todos que o espírito de Emmanuel já havia retornado ao mundo físico pela via da reencarnação.

Outro depoimento público acerca da reencarnação do seu benfeitor Emmanuel encontra-se no duplo DVD "Chico Xavier Inédito — de Pedro Leopoldo a Uberaba", organizado por Oceano Vieira de Melo e lançado em 2007 pela Versátil. No segundo DVD estão reunidos vários testemunhos de 2007, entre eles o do confrade Dr. Elias Barbosa, de Uberaba, que declara textualmente: *"Eu me lembro dele (Chico) falar uma vez, e para todo mundo, não foi só para mim não, que quando ele desencarnasse o Emmanuel iria reencarnar. Isto é o que ele falou: "O nosso Emmanuel, gente, vai voltar! Está só à espera de eu partir..."*

Como sabemos que Chico Xavier, no fim da sua vida física, tinha recebido uma extensão de tempo, concretizada numa nova moratória, permanecendo, por isso, mais tempo entre nós, segue outro depoimento, bastante esclarecedor, e que, por causa disso mesmo, se reveste da maior importância: D. Suzana Maia Mousinho e sua nora, D. Maria Idê Cassaño Mousinho, contaram que Chico Xavier lhes revelara, em outubro de 1996, que a filha da D. Maria Idê estava grávida e que as duas em breve seriam respectivamente bisavó e avó. Chico acrescentou ainda que o espírito de Emmanuel se tinha empenhado pessoalmente, em conjunto com o benfeitor espiritual do LEAL, Wilton Ramos Oliva, na seleção das características genéticas da futura criança (Carlos Augusto), para lhe garantirem sucesso na reencarnação. Esse ato do espírito de Emmanuel – segundo Chico Xavier lhes explicou – tinha sido o último dele na crosta terrestre, pois a partir daí (fins de 1996) Emmanuel subira aos planos mais altos da vida espiritual para, durante aproximadamente dois anos, se preparar para a sua própria reencarnação, a fim de regressar à vida física no início do século XXI.

Sônia Barsante, residente em Uberaba | MG e frequentadora do Grupo Espírita da Prece, de Chico Xavier, contou que num determinado dia do ano 2000, estando ela e outros companheiros reunidos com Chico, este se tinha ausentado em transe mediúnico durante alguns instantes. Ao regressar, Chico contou-lhes alegremente que tinha ido em desdobramento espiritual até uma cidade do Estado de São Paulo visitar um bebê, que era o espírito de Emmanuel, já reencarnado. E rematou dizendo a todos os que estavam presentes: *"Vocês ainda vão reconhecê-lo!"*

No dia 22 de agosto de 2010, em entrevista concedida à RedeTV!, no Programa Transição, Nena Galves, amiga de Chico Xavier, da cidade de São Paulo, relatou o que segue: "(...) *nos estranha muito, dentro do movimento, que livros de Emmanuel ainda estejam saindo com a assinatura desse espírito. Porque o Chico não disse só a mim. Disse a várias pessoas que Emmanuel estava reencarnado. Nos disse também que acompanhou a reencarnação de Emmanuel no mundo espiritual, assim como acompanhou também a de sua mãe, Maria de São João de Deus, e também a de filhos de alguns amigos nossos. Chico acompanhava a vinda desses espíritos e acompanhou a de Emmanuel. Então Chico disse que ele estava reencarnado, que era necessário que isso acontecesse para quando ele passasse para o mundo espiritual. Tanto é que alguns anos antes de Chico desencarnar já não recebia mais Emmanuel. E foi por isso que ele falou, porque eu perguntei a ele: 'Chico, você não está mais recebendo Emmanuel. Por quê?' Então ele falou. (...)*"

A Rede Globo transmitiu no programa Fantástico do dia 12 de setembro de 2010 extensa reportagem sobre Chico Xavier, mencionando a reencarnação de Emmanuel. Sobre o assunto, Divaldinho Mattos revelou: *"Em uma noite, era aproximadamente uma e vinte da madrugada, ele (Chico Xavier) fez um relato de que Emmanuel aparecera dizendo que iria reencarnar. (...) A verdade é que ele está reencarnado no Estado de São Paulo e vai agir na educação. Quem sabia onde estava reencarnado Emmanuel? Somente Francisco Cândido Xavier."*

# A TÍTULO DE ESCLARECIMENTO

## *Sobre o núcleo familiar Joviano*

A consulta feita a respeito do espírito de Arthur Joviano, durante reunião realizada na casa de Chico Xavier, em 14 de agosto de 1935, e respondida por Emmanuel, consta do livro *Sementeira de Luz*, à página 69. No referido livro, às páginas 70-72, consta a primeira mensagem de Arthur Joviano, datada de 9 de outubro de 1935.

Em 13 de novembro desse mesmo ano, foi realizada a primeira reunião do *Grupo Doméstico Arthur Joviano*, na residência de Rômulo Joviano e Maria Amorim Joviano, em Pedro Leopoldo, Minas Gerais. Dessa data em diante, todas as quartas-feiras, o *Grupo* se reuniu sempre com as presenças - física - de Chico Xavier e - espiritual - de Emmanuel.

Ao prezado leitor é importante ressaltar que tais comunicações trouxeram revelações importantíssimas sobre o núcleo familiar Joviano, unido através dos séculos pela irrevogável lei da reencarnação, confirmando os compromissos redentores que assumimos na Espiritualidade junto daqueles que amamos e dos que ainda não amamos o bastante.

Algumas das personalidades citadas neste livro também aparecem nos romances *50 anos depois* e *Renúncia*, ligadas que são ao benfeitor Emmanuel na cadeia das vidas sucessivas rumo à redenção.

Os que já conhecem e se emocionaram com o drama de Célia e a história inesquecível de Alcíone encontrarão aqui:

- Neio Lúcio | Jaques Duchesne Davenport como Arthur Joviano,

- Hevídio Lúcio | Cirilo Davenport como Rômulo Joviano,

- Alba Lucínia | Madalena Vilamil como Maria Amorim Joviano,

- Fábio Cornélio | D. Inácio Ortegas Vilamil como General Aurélio Amorim,

- Júlia Spinter | D. Margarida Vilamil como Júlia Pêgo Amorim,

- Túlia Cevina | Colete como Aurélia Amorim,

envolvidos pelo extremado carinho do amigo incansável e amoroso, que durante décadas amparou e fortaleceu a todos na magna tarefa de divulgação da Doutrina Espírita, ao lado de Chico Xavier.

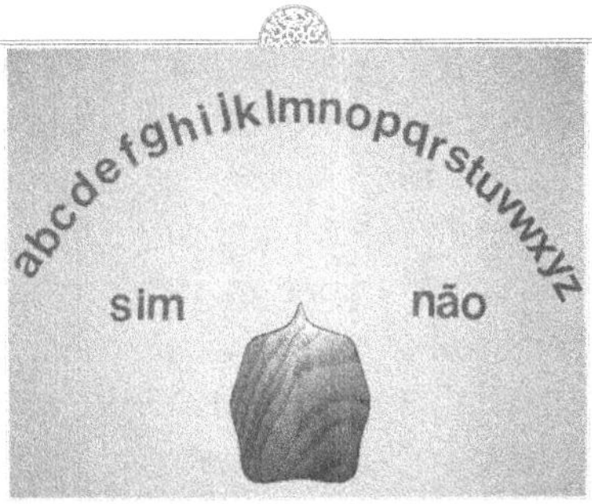


# *Sobre o uso da prancheta*

Conforme o leitor verificará ao longo deste livro, algumas mensagens foram recebidas com o auxílio da prancheta, por indicação do próprio Emmanuel, que, na qualidade de orientador das tarefas psicográficas que deram origem à extensa bibliografia do médium Chico Xavier, solicitou a inclusão da pontuação ao alfabeto existente, aprimorando sobremaneira a recepção das mensagens, proporcionando a integralidade de seu entendimento. Nesse trabalho, revezavam-se com Chico Rômulo e Maria - na maioria das vezes -, ora impondo as mãos, ora anotando.

A título de informação, e de conformidade com o *Dicionário de Parapsicologia, Metapsíquica e Espiritismo*, de João Teixeira de Paula, a prancheta é conceituada como segue:

*"(...) Peça móvel em que há um indicador (ou ponteiro), que percorre mediunicamente o alfabeto (em forma de quadrante), os algarismos de 0 a 9 e as palavras SIM e NÃO ali colocados e por meio dos quais se obtém comunicações espiríticas. Um autor, que naturalmente muito lidou com a prancheta, assim a descreve: 'Por meio da prancheta obtém-se extensas comunicações, sem demasiada fadiga para o médium. A pran-*

*cheta deve ser, de preferência, de madeira lisa ou polida, com as dimensões de cerca de dezoito por dezoito centímetros. Num dos bordos haverá um cartão resistente para designar as letras e os algarismos inscritos no quadro. Esse quadro é constituído por uma folha de papel resistente, com as dimensões de quarenta e cinco por trinta, no qual se inscrevem, em duas linhas, as letras do alfabeto suficientemente distanciadas umas das outras. Uma terceira linha é reservada para os algarismos de zero a dez. Por baixo dessa terceira linha são inscritas as palavras "sim" e "não", à direita do quadro. A prancheta só necessita de um médium e de uma única mão - e é assim que se obtém os melhores resultados, conquanto certos experimentadores não consigam utilizá-la senão com duas pessoas que pousem a mão perto uma da outra. O quadro é colocado em cima de uma mesa: o médium pousa a mão estendida na parte inferior direita do alfabeto. É indiferente pôr uma ou outra mão. É nessa atitude que se aguarda que a prancheta se mova. (...) quando a prancheta está prestes a mover-se, o médium sente, geralmente, um formigamento no braço, no pulso ou nos dedos. O aparelho, então, dirige-se para as letras suscetíveis de formar palavras e, depois, frases. A prancheta necessita de muito pouco fluido e o médium não sente a menor fadiga. (...) O uso assíduo da prancheta é um bom caminho para a mediunidade de incorporação. (...)' Prancheta, no sentido espirítico, é galicismo, pois provém do nome de seu inventor, Planchette, espírita francês que, em 1853, teve a feliz ideia da invenção do dispositivo mediúnico".*

*Wanda Amorim Joviano*

Organizadora

---

Nota da Organizadora: PRANCHETA. In: PAULA, João Teixeira de. *Dicionário de Parapsicologia, Metapsíquica e Espiritismo*. São Paulo: Empresa Gráfica da Revista dos Tribunais, 1970. p. 71-73.

# Mensagens recebidas no "Grupo Doméstico Arthur Joviano", a partir de 13 de novembro de 1935

*"A CADA UM CABE UMA RESPONSABILIDADE,*
*EM VISTA DE QUE ESTE SERVIÇO É*
*ORIGINARIAMENTE DO ALTO.*
*NO QUE ME TOCA, AINDA NÃO PRODUZI*
*COISA ALGUMA, SENDO QUE TENHO TÃO-SOMENTE*
*RECEBIDO PARA TRANSMITIR E*
*SINTO-ME FELIZ POR TER CUMPRIDO*
*O MEU COMPROMISSO DE ENTREGAR À*
*CIRCULAÇÃO GERAL AS IDEIAS RENOVADORAS*
*QUE NOS FORAM CONFIADAS."*

*Emmanuel*

Psicografado por Chico Xavier em 11 de abril de 1945,
no *Grupo Doméstico Arthur Joviano*, Pedro Leopoldo | MG.

# 1934

15/05/1934

# SACERDOTE CATÓLICO QUE FUI

Minha agonia não foi prolongada, apesar da moléstia física que me prostrou o organismo combalido na luta, por muitos dias. **Sacerdote católico que fui em minha derradeira existência**,[1] tive a felicidade de conservar integérrimos os meus sentimentos de fé até o supremo minuto. A princípio, experimentei a paralisia parcial dos meus órgãos, que se sentiam avassalados por uma onda de frio, e os meus padecimentos corporais localizavam-se em diversos pontos orgânicos, recrudescendo assustadoramente. Afigurava-se-me que todas as glândulas, mormente as sudoríferas, trabalhavam com excesso para eliminar algo de intoxicante e destruidor que se apossava dos meus centros de força. Minha vontade dominadora enviava as suas últimas mensagens ao sistema nervoso e a fé, nesses martirizantes segundos, constituiu para mim uma alavanca prodigiosa de amparo e controle. Sentia que todas as minhas vísceras, todos os meus nervos desenvolviam uma atividade exorbitante para que não se apagasse a derradeira centelha

[1] Nota do Editor: referência à sua desencarnação como Padre Amaro, no início do séc. XX.

de vida que os mantinha coesos, evitando, assim, a fuga da minh'alma. Notei, porém, que uma nuvem esbranquiçada ia-se formando ao meu lado, justaposta ao meu corpo, e quando orava fervorosamente via aumentar-se, com fragmentos da mesma matéria fluídica que me era desconhecida e que se me afigurava composta de infinitésimos átomos luminosos, distendendo-se aqueles fragmentos fantásticos que os meus olhos divisavam estupefatos, sem poder articular mais um vocábulo. Sentindo a glote coberta de intumescências, experimentei-me na posse de uma visão e audição extraordinárias, como se me encontrasse dentro de outra vida, perdurando esse estado com intermitências. Senti, porém, que se passava em mim algo superordinário. Uma sensação intraduzível de sofrimento me subjugava. Todavia, simultaneamente, afigurava-se-me que muitas mãos pousavam sobre a minha epiderme, como se me submetessem a operações mesméricas.

(...)

Adormeci numa noite sem visões e sem sonhos. Passada, porém, uma fração de tempo que não me é possível precisar, acordei-me sobre um leito alvíssimo, como se fora obrigado a repousar em uma cama higiênica de hospital. Rajadas de ar puro sutilíssimo inundavam o meu aposento, onde eu experimentava um inexprimível bem-estar. Curado? Como se operara o milagre? Sentia-me restabelecido, com a minha saúde integral, com serenidade invejável, aliada a uma ótima disposição para a vida e para a atividade. Onde estariam os meus familiares que não se abeiravam do meu leito para me felicitar pela obtenção de tão preciosa dádiva divina? Chamei-os, nominalmente, empolgado pelo júbilo que fazia vibrar todas as fibras de minh'alma. Eis que se me apresentou alguém, trajado como se fosse um médico vulgar, e aconselhou-me repouso absoluto e absoluta serenidade de ânimo. Inquiri-o sobre os seus miraculosos processos de tratamento. Todavia, o interpelado, alçando a destra para o Alto, respondeu com paciência e brandura: *"Tende calma. Não estais sendo tratado segundo a nosologia clássica."* Prescreveu-me conselhos morais e salutares advertências. Aí permaneci ainda por algum tempo e tive oportunidade de notar, com admiração justificável, a atuação da minha vontade sobre todos os elementos que me cercavam. Recordo-me firmemente do meu crucifixo de prata pendido constantemente sobre a minha cabeceira e eis que no local de minha preferência, atendendo ao meu desejo veemente, apareceu-me esse objeto de estima. Tomei-o, admirado, em minhas mãos, apalpando-lhe os contornos e inquirindo se não era vítima de um fenômeno alucinatório e como inúmeros fatos semelhantes ocorreram eles me obrigavam a meditar sobre a influência do meu pensamento nos fluidos e matérias circunstantes. Pouco a pouco, entidades zelosas e protetoras encaminharam-me para o conhecimento do meu próprio "eu" no *post-mortem*, até que cheguei a compreender essa transformação da existência corporal como uma bênção divina. Pude então gozar de afetos ilibados que jamais deixara sob o pó do esquecimento, revendo seres bem-amados e almas queridas.

**EMMANUEL**

---

Nota do Editor: transcrito de *Notáveis reportagens com Chico Xavier*, Capítulo 32, páginas 184-186, IDE, 2002, com a autorização do presidente da editora.

# 1935

# O ESPIRITISMO É ARMA PERIGOSA NAS MÃOS DOS QUE IGNORAM OS SEUS DEVERES

Meus caros filhos, agora podeis suspender os vossos trabalhos desta noite. Assim como fazeis, podeis prosseguir. **O Espiritismo é arma perigosa nas mãos dos que ignoram os seus deveres**. Deus vos abençoe e vos ampare.[1]

EMMANUEL

[1] Nota da Organizadora: mensagem recebida por Chico Xavier e Rômulo Joviano, com a utilização da prancheta. Maria Joviano fez as anotações.

27/01/1935

# PALAVRA DE EMMANUEL

Meu caro irmão, permitiu a bondade infinita do Senhor que minha **palavra** humilde pudesse trazer as boas-vindas ao recinto modesto, trazendo-te a expressão dos meus votos fraternos pela tua saúde física e psíquica, desejando-te a mais imperturbável paz de espírito. Antigo lutador da causa da luz e da verdade, dentro da seara do nosso divino Mestre, ao Senhor elevo as minhas rogativas humildes por ti, esperando que as suas bênçãos dulcíssimas e prestigiosas se derramem sobre o teu coração e sobre o teu lar, iluminando todos os teus caminhos evolutivos na vida terrestre. Os teus encargos morais são bem pesados, não somente como chefe de caravana dos afetos doces da família que Deus te concedeu sobre a Terra, mas também como orientador de toda uma grande família espiritual, fração da imensa família humana, da qual te tornaste a mão amiga e a voz protetora na tua faina de apostolado espírita-cristão. Pede sempre a Deus que te conserve no íntimo a serenidade e o desassombro, necessários no desdobramento de serviços da missão que te compete realizar. A preocupação de todo bom discípulo deve ser a de representar em si mesmo um instrumento fiel da vontade superior que nos preside os destinos. Semeia sempre o bem, em atitudes de coragem moral e em gestos que constituem as mais legítimas expressões da prática do bem. Guias devotados e amigos te estendem as mãos fraternas e protetoras, buscando elevar teu pensamento para o plano do conhecimento superior, oferecendo-te alvitres valiosos e fazendo desabrochar em teu pensamento de lutador as inspirações mais salutares na estrada da fé ativa e realizadora. Não duvides dessa assistência que te acompanha permanentemente os passos na tua tarefa de caridade e de consolação. Aproveita o campo vastíssimo do teu mundo intuitivo e busca realizar sempre o ensinamento dentro das fórmulas mais salutares. Alivia sempre os tristes, os enfermos e os infelizes, mobilizando as tuas forças curativas, consciente de que não estás dando aquilo que constitui parte integrante de tua personalidade, mas convicto dos instrumentos das forças generosas e curadoras do mundo invisível, as quais transmitem, por teu intermédio, os mais benéficos elementos da terapêutica espiritual. Dentro da lei das afinidades indispensáveis toda a semente da paz que plantares e o alívio que forneceres há de representar em todos os caminhos flores de bondade, que se multiplicarão para o teu espírito de batalhador pelas sendas escabrosas da vida. Bem sabes que as minhas palavras não constituem o elogio malsão e sim os meus votos fraternais para que prossigas com a preocupação de servir a Jesus. Desejaria o teu coração o meu parecer de irmão mais velho sobre as atividades espiritistas dos teus companheiros de jornada cristã, na zona onde procuras cumprir os sagrados deveres que te competem neste mundo. Que Jesus os ampare a todos, auxiliando-os com a sua infinita misericórdia, a fim de que prossigam com a orientação evangélica característica dos seus trabalhos. O Espiritismo, meu bom irmão, como já lhe disse alhures, será o que os homens dele fizerem. Que todos os discípulos do Mestre saibam apreciar o valor da renúncia, do amor, da humildade e do sacrifício e, sobretudo, que estudem aquela necessidade premente dos tempos atuais de reforma, não do exterior, mas dos corações, do íntimo, a fim de que as instituições terrenas sejam, de fato, renovadas. Integrem os nossos irmãos a bendita oficina do serviço espírita-cristão, onde os operários esforçados saibam guardar o patrimônio sagrado dos sentimentos mais puros, dentro dos ambientes doutrinários. As expressões fenomênicas do Espiritismo podem ter grande valor para o ceticismo da época, as suas modalidades científicas podem representar uma claridade nova para algumas inteligências apaixonadas por análise e por investigação nos caminhos da crença, mas a realidade incontestável é que sem o concurso da fé, e sem a luz do coração, todos os fenômenos são fogos fátuos no grande labor de esclarecimento das almas. Que os nossos companheiros de Sorocaba possam, pois, se unir cada vez mais dentro de seu elevado programa evangélico, nos seus movimentos de confraternização à luz dos princípios cristãos. Crê. A mão de Jesus guiará sempre, em todos os tempos, os espíritos de boa vontade. Para estes haverá sempre aquele "acréscimo" de que nos fala a lição divina. Que o Mestre te abençoe os esforços, abençoando o trabalho dos teus irmãos, e que possam converter as pedras do caminho em flores de paz, de amor, de perdão, respondendo aos ataques inconsequentes da treva com os novos elementos da fé e do esclarecimento geral. São os votos de seu irmão e servo humilde,

**EMMANUEL**

---

Nota do Editor: mensagem recebida por Chico Xavier no Centro Espírita Luiz Gonzaga, em Pedro Leopoldo | MG, dirigida a valoroso servidor da Doutrina Espírita de Sorocaba, interior de São Paulo.

08/05/1935

# A FÉ QUE RENOVA AS ENERGIAS DA ALMA

Filha, o teu esposo adquirirá a cura desejada. É preciso confiar na bondade de Deus. Muitas vezes, tens o espírito trabalhado pela dúvida e pela descrença, entretanto, não avalia quanto bem te fará **a fé que renova constantemente as energias da alma**. Deixa teu pensamento repousar na confiança em Deus. Além do tratamento em uso, aconselho ao teu esposo o regime alimentar e mingau de aveia pela manhã e ao deitar. Se conservar a tua mão na prancheta, uma alma sofredora deseja falar umas palavras por teu intermédio.

**EMMANUEL**

[1] Nota da Organizadora: mensagem recebida por Chico Xavier e Inez Brant Renault, com a utilização da prancheta. Inez era casada com Abgar Renault, primo de Rômulo. Às vezes, o casal passava dias de férias, junto do filho, Caio Márcio, na residência do casal Joviano, na Fazenda Modelo, em Pedro Leopoldo | MG.

13/05/1935

# SOBRE A PRANCHETA

Amigo, podeis encerrar vossas preces. Antes de irdes, desejo falar-vos que, de hoje em diante, fica instituída a observância da pontuação.[1] Todo comunicante deverá pontuar o que escrever. Para isso a **prancheta** pode ser levada aos pontos da sinalética. Quem orou no princípio de nossa reunião foi a nossa irmã Martha.[2] Paz a todos.

**EMMANUEL**

---

Notas da Organizadora: [1] mensagem recebida por Chico Xavier e Rômulo Joviano, com a utilização da prancheta. Na prancheta não consta pontuação. Assim, a pessoa encarregada da escrita deveria fazer a pontuação. [2] Refere-se, provavelmente, a Martha Pernambuco, que era afilhada de Júlia Pêgo Amorim, minha avó materna, casada com Aurélio Amorim. Todos os anos, o casal Amorim, residente no Rio de Janeiro, capital, passava alguns meses em nossa casa, na Fazenda.

20/11/1935

# CONTAI COM A NOSSA SINCERA E ESFORÇADA PROTEÇÃO

Amigos, não desejo perder a oportunidade para dirigir-vos algumas poucas palavras. Que o Céu vos fortifique dentro dos vossos labores, abençoando as vossas atividades. Muita calma e serenidade ainda constituem hoje o meu reiterado apelo. Preferi, em todas as circunstâncias, a serenidade das vossas consciências. Não vos preocupeis com as calúnias, as animosidades gratuitas que vindes encontrando. Existem criaturas que se sentem à vontade e jubilosas cumprindo funções ingratas que aqui preferem dar um caráter inquisitorial. **Contai com a nossa obscura, mas sincera e esforçada proteção**. Deus é quem nos julga e, portanto, abstende-vos de penetrar em demasia no caminho às vezes enlameado a que a Terra costuma nos abrigar, quando passamos por seus caminhos. Esquecei, todos, os que sentem prazer dentro desses absurdos de ordem moral e contemplai, de pensamento claro, a visão das coisas superiores. Só assim conseguiremos vencer. A Deus elevamos a nossa prece, implorando a Sua bênção para os vossos lares e para os vossos corações.

EMMANUEL

# 1936

15/01/1936

# PSICOFONIA

*Consta no original a anotação de que Emmanuel fez a prece oral, incorporado em Chico Xavier.*

Nota da Organizadora: nessa noite foi recebida também uma mensagem do vovô Arthur, psicografada por Chico Xavier, no *Grupo Doméstico Arthur Joviano*.

24/04/1936

# AOS POUCOS CHEGAREIS AO MUITO

Amigos, paz em Jesus para todos. Tenho estado presente em algumas de vossas experimentações com a prancheta. A força mediúnica independe de qualquer regime material quanto ao organismo, porém essas experiências que fazeis são proveitosas, porque operam a combinação de fluidos e podereis alcançar muito ainda. Continuai. Não vos prometo já um desenvolvimento muito amplo, mas **aos poucos chegareis ao muito**. Aliás, esse gênero de estudo serve mais aos que são dotados de pouca força mediúnica aos que a possuem altamente, pois é natural que onde temos o automóvel não precisamos do carro de tração animal. Com a radiotelefonia já não há tanta necessidade dos cabos telegráficos, que são indispensáveis somente em casos especiais. Acho, porém, útil que prossigam estudando. Qualquer estudo vale como índice de sede de evolução e de progresso espiritual. Agora podereis encerrar vossas preces. Temos aqui algumas almas sofredoras. Farei por elas o que me for possível. Boa noite. Ide descansar.

EMMANUEL

29/04/1936

# VOS CONVIDO A IRDES DESCANSAR

Meus amigos, vossas experiências já deram nesta noite as individualidades. Agora presentes estão espíritos perturbados e sofredores, e somente banalidades vos poderiam dizer. Essa é a razão pela qual **vos convido a irdes descansar**. Ide repousar por hoje, porque cedo amanhã tereis os vossos trabalhos e deveres a cumprir, e nós, igualmente, estamos cheios de obrigações, as quais nos inibem de prolongar a nossa visita. Deus vos ilumine de paz.

EMMANUEL

01/05/1936

# O ÓDIO DE AGORA SE TRANSFORMARÁ EM AFETO ESPIRITUAL

Falando ainda desse romance doloroso, de três almas tão desventuradas, digo-vos que mais tarde haverá um lar onde a vida será amarga e difícil. Três seres ali se reunirão para a jornada do infortúnio, onde os erros de hoje serão resgatados. **O ódio de agora se transformará em afeto espiritual**. Nada faz tanto à fraternidade e ao perdão que a desgraça comum. No futuro, um lar humilde e miserável ensinará uma mulher a ser mãe e esposa, e a dois homens a linha reta do direito e da justiça. Na pobreza, na dificuldade, a alma aprende a lei da redenção. No livro triste da dor, aprende-se a ler o alfabeto de ouro do dever. Assim, dentro das reencarnações, exerce-se a lei do direito absoluto, cujo tribunal está longe dos olhos das criaturas humanas. Sobre as vossas experiências, devereis continuar, sem interrupção, enquanto puderdes. A nossa irmã Helena está incumbida de vir a auxiliar-vos por algum tempo.[1] Depois havereis de obter o concurso de muitos companheiros sobre a transmissão da palavra antes da grafia. Não vos impressioneis. Isso significa que estais desenvolvendo claramente o plano de vossa intuição. Agora podereis descansar. Boa noite. Basta por hoje. Que Deus recompense o vosso esforço.

EMMANUEL

[1] Nota da Organizadora: refere-se a Helena Maia, amiga de Maria, desencarnada ainda muito moça.

03/05/1936

# AO ROBERTO

Filhos, encerremos as preces da noite com o conselho para a saúde do irmãozinho **Roberto**.[1] Terminado o uso do *Tricalcine*, convém descansar dos preparados alopatas. Aconselho o uso do *Nux-Vomica* e do *Carbo Vegetal*, homeopatas. Deverá usar águas minerais por algum tempo e preservar sempre o fígado, dentro de um regime benéfico de alimentação. O seu estado orgânico também, ao período de desenvolvimento físico que está atravessando. Adeus. Deus esteja com todos. João de Deus está presente e vos saúda.[2] Ide repousar. Boa noite.

EMMANUEL

Notas da Organizadora: [1] refere-se a Roberto Joviano, meu irmão. [2] João de Deus Macário foi padre na paróquia de Vila Nova de Lima. Nasceu em 4 de janeiro de 1852 e desencarnou em 12 de dezembro de 1912. Orientou os trabalhos mediúnicos com a utilização da prancheta no culto do Evangelho no lar que o casal Joviano realizou, sempre às terças-feiras, de 1936 a 1959, em Pedro Leopoldo | MG, e no Rio de Janeiro.

06/05/1936

# UM IRMÃO MUITO SOFREDOR

"*Rua dos Arcos"*
*Onde está minha casa dos Arcos? Onde está a comitiva? Minha viagem a Vila Rica, passando pelo Ribeirão do Carmo... Onde foi o carro? Meus cavalos... Onde está o médico? Minha cabeça está esvaindo-se em sangue... Quem me acode? Pagarei bom preço!... Joaquim, vá depressa!... Minhas pratas..."*

Amigos, este **irmão nosso é muito sofredor**! Imaginem que depois de 100 anos de desencarnado não se convence de sua nova situação. Senhor cruel e desalmado de inúmeros escravos, até hoje vive expiando as suas atrocidades. Oremos por ele.

EMMANUEL

06/05/1936

# SEBASTIANISMOS

*Venho ao vosso meio em companhia da minha irmã Martha, com quem venho ligando, desde que nós ambas fomos nos encontrar no antigo Convento de Odivellas, nos tempos ominosos do nefasto D. João V. Até hoje, nós duas, através da rede das reencarnações, não nos separamos. Muitas das personalidades daqueles tempos reparávamos seus grandes desvios. Mesmo esse monarca libidinoso, depois de esbanjar o ouro do Brasil nos seus absurdos do absolutismo, nas suas imoralidades que a História comprova, foi um obscuro escravo no Brasil, tendo resgatado nos trabalhos do cativeiro os seus desregramentos do passado. Minha palestra não é ociosa. Procuro incutir-vos o amor ao cumprimento dos vossos deveres na face da Terra. Voltarei mais tarde. Quero contar-vos alguns casos de outrora. Adeus.*

SÓROR MARIA DA PURIFICAÇÃO

Filhos, agora podereis repousar. Maria da Purificação é uma dedicada companheira. Tem, contudo, um defeito: gosta muito de historiar as coisas alheias, tocando, por vezes, a indiscrições. Se com as atualidades não podemos convencer os homens, muito menos poderemos fazê-lo a poder de **sebastianismos**. Boa noite.

EMMANUEL

08/05/1936

# COMO DIZEM OS NOSSOS IRMÃOS PORTUGUESES

Meus amigos, convém guardar em vosso círculo íntimo a comunicação dessa jovem desencarnada. Agora ide dormir. Estais muito conversadores. É sempre bom uma piada no seio das lutas: *"Todo dia, enquanto o chicote vai e vem, descansam as costas"*, **como dizem os nossos irmãos portugueses**. Ide repousar. Boa noite. Paz, muita paz.

EMMANUEL

---

Nota da Organizadora: mensagem recebida por Chico Xavier, Rômulo e Maria Joviano, com a utilização da prancheta.

13/05/1936

# OREM PELA PAZ

*"Vamos, camaradas! Quem deseja seguir-nos? Estamos prestes a ganhar a empresa! Onde está o Tefe? E foi o Ricardo quem ganhou? Isso é demais!..."*

Amigos, **orem pela paz** desse espírito. Esse motorista sofre muito. Vossas preces lhe farão bem.

**EMMANUEL**

---

Nota da Organizadora: mensagem recebida por Chico Xavier e Fausto Joviano, com a utilização da prancheta. Fausto era irmão de Rômulo.

15/05/1936

# SOBRE JOÃO DE DEUS MACÁRIO

**João de Deus** é nosso grande amigo. Colabora conosco e devemos nos pôr felizes. É uma grande mentalidade. Poderão, de vez em quando, trazer-lhe alguma pergunta, quando estivermos em nossa intimidade, como hoje acontece. Perguntas de ordem elucidativa e não esses inquéritos extravagantes, aos quais dão tanta preferência os incrédulos e ignorantes. A hora vai adiantada. Não fiquem tristes ou desanimados. Estamos sempre ao lado de todos. Boa noite.

EMMANUEL

15/05/1936

# LEMBRAI-VOS DESTE MUNDO EM QUE VIVEMOS

Irmãos, já que vos reunis para o estudo, trago-vos a minha colaboração despretensiosa. Entre os vossos labores de cada dia, **lembrai-vos deste mundo em que vivemos** e que não conheceis. Se muitos daqueles que buscam a realização do impossível dentro das futilidades voltassem as suas vistas para a espiritualidade, grandes feitos haveríeis de presenciar, mesmo em vossos dias. Infelizmente, porém, a maioria dos que aportam no Espiritismo chega com o anseio do maravilhoso e esquece de que antes de querer é preciso merecer e sem a perseverança e o raciocínio necessários se abalançam a experiência cujo resultado é o fracasso mais fragoroso e cruel. Louvo a vossa tarefa. Brevemente, pretendo começar a escrever algo com a prancheta, com respeito ao *modus vivendi* deste outro mundo, para o qual tendes a regressar. Doravante, concorrerei com Emmanuel e convosco. Fui, também, padre. Desencarnei em 12 de dezembro de 1912, na antiga Vila Nova de Lima. Adeus. Voltarei.

JOÃO DE DEUS MACÁRIO

05/06/1936

# O RIO AINDA NÃO É OUTRO MUNDO

Deus vos dê paz. Ainda sou eu quem vos fala. Meu caro Xavier, muito vos prejudicastes hoje com o teu estado íntimo de intranquilidade, aguardando uma viagem tão natural![1] **O Rio ainda não é outro mundo** e já aprendeste muita coisa com o nosso convívio para estares com esses chiliques. Prepara-te para as peripécias, porque, se procuro te guiar espiritualmente, vou até colaborar para que passes alguns apuros para adquirires experiências, vais ver! Às escondidas, hei de me rir de tuas coisas de menino! Tua mãe hoje não conseguiu as suas narrações do Infinito por

[1] Nota da Organizadora: esta reprimenda carinhosa de Emmanuel a Chico deu-se às vésperas de sua viagem ao Rio de Janeiro para uma reunião na Federação Espírita Brasileira (FEB), onde o aguardavam mais de 3 mil pessoas. A publicação do *Parnaso de Além-túmulo* havia causado muita polêmica na imprensa e o médium estava preocupado em reunir-se com tamanha assembleia.

causa do teu estado assustadiço e nervoso.[2] Prejudicaste-me também na exposição de minha resposta e conseguiste quase subverter a ordem em nosso ambiente hoje. Quando sentares à mesa para as nossas confidências, faça-o com serenidade. Do contrário, não vale a pena o nosso esforço. Mas hoje te perdoamos. Não repitas, porém. Vai dormir e prepara-te para as aventuras de "Gulliver". Boa noite. Ide repousar.

**EMMANUEL**

---

Notas da Organizadora: mensagem recebida por Chico Xavier e Rômulo Joviano, com a utilização da prancheta. [2] À epoca, Chico trabalhava na recepção mediúnica do livro *Cartas de uma Morta*, ditado por D. Maria de São João de Deus, espírito que foi, na Terra, sua mãe. D. Maria era natural de Santa Luzia do Rio das Velhas | MG, vindo a desencarnar em Pedro Leopoldo, em 29 de setembro de 1915, quando Chico tinha apenas 5 anos. Foi a primeira entidade espiritual a se comunicar com ele. Com referência à mensagem reproduzida, cabe ainda ressaltar que em 2000, por orientação de nossa presidente no Culto Espírita-Cristão Maria de Nazareth, Suzana Maia Mousinho, fiz um estudo sobre o livro *A Caminho da Luz*. Para chegar até ele, estudei a ordem das publicações dos livros recebidos pelo nosso querido Chico Xavier, conforme a revista *Comunicação* e aprendi: primeiro livro - *Parnaso de Além-túmulo* (1ª edição em 1932, FEB, 2ª edição em 1935); segundo livro - *Cartas de uma Morta* (1ª edição em 1935, LAKE, 2ª edição em 1937). A mensagem de Emmanuel que temos aqui é de 5 de junho de 1936. A terceira publicação, *Palavras do Infinito*, traz a reportagem do *Diário da Noite*, do Rio de Janeiro, em 13 de junho de 1936, com as seguintes palavras: *"Mais de três mil pessoas assistiram, ontem, às experiências de Chico Xavier, na Federação Espírita Brasileira."* Então, podemos entender melhor esta mensagem de Emmanuel. Preparando-se para a reunião em vista, a primeira de grande público em sua carreira mediúnica, o Chico estava intranquilo. E as mensagens de Maria de São João de Deus, mencionadas pelo benfeitor espiritual, estavam sendo recebidas e fariam parte da segunda edição do *Cartas de uma Morta*, em 1937, onde encontramos a observação "2ª edição, revista e aumentada".

01/07/1936

# QUEM NÃO TEM REMÉDIO REMEDIADO ESTÁ

Encerrai os vossos trabalhos. Sobre o desejo de nossa irmã Júlia,[1] não foi possível cuidar do pedido quanto às minhas explicações da derradeira sessão. **Quem não tem remédio remediado está.** Se não concordaram, esperem oportunidades para chegarmos a acordo.

EMMANUEL

---

Notas da Organizadora: mensagem recebida por Chico Xavier e Rômulo Joviano, com a utilização da prancheta. Maria Joviano fez as anotações. [1] Em referindo-se à vovó Júlia.

06/07/1936

# ARAMIS

O nosso irmãozinho **Aramis** talvez possa vir falar-vos nesta noite. Mas convém fazerdes uma prece mental, com o fim de fortificá-lo na sua natural perturbação. Esperai dois minutos, orando mentalmente.

*"Mamãe e papai, eu quero hoje que me abençoem ainda, como no passado. Aproximando-se o meu novo dia na Terra, eu estou como que perturbado e enfraquecido. Disponho de poucos minutos para falar-te, mamãezinha, e neste momento sinto um grande auxílio espiritual, que não posso saber de onde vem para dirigir-te minhas palavras. Hoje parece ser a última noite em que te posso falar antes de retomar as vestimentas da carne. Mas, dentro em breve, falaremos. Quero continuar a ser o teu filhinho bem-amado. Sinto já, mamãezinha, como me apertarás de encontro ao peito. Enquanto os outros procurarem as festas, tu ficarás comigo, cantando para eu adormecer. Descobrirá nos meus olhos os sinais do meu carinho. Quando eu crescer, tu me alimentarás espiritualmente com a luz do Alto e me levarás ao asilo para vermos as meninas, a cujo lado tantas vezes tenho visto a tua bondade.*

*Renascerei, como sabes, muito perto de ti e quero ficar contigo muito, passeando nos teus braços. Não me deixes com as amas, mamãezinha, e nem consinta que eu faça 'estação de águas' sem a tua companhia. Não posso me demorar. Está voltando a sonolência de que me sinto possuído e me dizem aqui que a demora pode perturbar a saúde da que será minha futura mãezinha. Deus esteja contigo e com o papai também."*[1]

**ARAMIS**

Amigos, ide repousar. Já chega tanto para vós quanto para nós, que temos muitos afazeres. Parabéns à nossa irmã Júlia, por ter merecido o que desejava.[2] Boa noite. Paz.

**EMMANUEL**

---

Notas da Organizadora: [1] em referindo-se ao vovô Aurélio, a quem Emmanuel chama, na sequência, de "General" e de "Comandante". [2] Refere-se à vovó Júlia.

06/07/1936

*Na mensagem recebida nessa data, consta recado de Emmanuel para que Rômulo coloque a mão na prancheta para ouvir algumas palavras de seu pai, Arthur.*

**WANDA AMORIM JOVIANO**

08/07/1936

# AINDA SOBRE ARAMIS

*"Sinhá Júlia, muito aprecio vossa mercê. Tenho muito interesse pela felicidade da senhora. Vossa mercê não se lembra do bem que já me fez, mas eu lembrando é o quanto basta. Deus proteja muito a senhora. A velha preta,"*

MARIA

Trata-se de uma entidade amiga de nossa irmã presente.[1] Quero dizer à nossa amiga que sossegue no tocante aos seus temores pelo filho. As palavras de **Aramis** visavam tocar-lhe o coração, sempre torturado de saudades. Não queriam dizer que ele teria de ficar toda a vida consigo. Assim acontece com os que têm duas mães. O marotinho, se posso expressar-me assim, assim procedeu, fazendo-lhe reiteradas recomendações, pensando antecipadamente nas coisas e mimos daquela que será avó e mamãe ao mesmo tempo. Há muitos amigos nossos velando pela Amélia, de maneira que tudo esteja bem.[2] Estejam confiantes.

EMMANUEL

Notas da Organizadora: [1] em referindo-se à vovó Júlia. Mensagem recebida por Chico Xavier e Júlia Pêgo Amorim, com a utilização da prancheta. [2] Trata-se de Amélia Brandão Amorim, minha bisavó materna, mãe de Aurélio Amorim.

12/08/1936

# DEIXANDO A QUESTÃO DAS ESFERAS E DOS ASTROS PARA OUTRA OPORTUNIDADE

Amigo, incumbido de dizer-te algo sobre a tua saúde, é apenas desse assunto que irei tratar, **deixando a questão das esferas e dos astros para outra oportunidade.**[1] O princípio de arritmia experimentado não tem sua origem em nenhuma lesão, absolutamente. Aliás, as próprias palpitações que determinados organismos experimentam não têm causa em lesões. O verdadeiro cardíaco raramente sente irregularidades de pulsação. A arritmia em apreço é motivada quase que invariavelmente por perturbações gástricas, as quais, por sua vez, em teu organismo tiveram princípio no mau funcionamento do fígado. Do desequilíbrio hepático nasceram as dificuldades para a boa função do aparelho gastrointestinal e somente isso determinou o sintoma de arritmia, experimentado há alguns dias. Essa perturbação

[1] Nota da Organizadora: opinião de Emmanuel na data. Mensagem dirigida a Rômulo Joviano, psicografada por Chico Xavier, com a presença de Rômulo e de Fausto Joviano.

já foi dirimida, aconselhando-te somente a prosseguires com o teu regime alimentar para que o fígado não se perturbe e a regulares, um pouco, a questão do fumo que, de fato, não deixou de influenciar um pouco sobre a situação. Mas com o auxílio divino tudo isso passou e que Deus te auxilie e te proteja. Antes de encerrarmos as nossas preces, coloca-te em posição de paciente, pois, incorporando-me ao médium, quero aplicar-te uns passes magnéticos, com o objetivo de te fortificar o sistema nervoso. Deus dê paz a todos.

**EMMANUEL**

14/08/1936

# AS PROVAÇÕES COLETIVAS

Dentro das atividades da Justiça Absoluta, que rege o destino das criaturas humanas, não somente à individualidade estão afetos os problemas da reparação necessária pelas provas expiatórias. As coletividades, igualmente, são objeto dessas provações redentoras. Daí nascem os quadros dolorosos que a humanidade assiste, por vezes, no seio de determinados povos. A Espanha atual, arena de luta de elementos inovadores, com as suas profundas antinomias políticas, é bem um exemplo para a minha asserção. É verdade que a península, com esses movimentos revolucionários, representa uma afirmação peremptória da falência do ideal católico-romano para dirigir as atividades dos povos. Repleta de igrejas, cheia de conventos, povoada de organizações religiosas, a Espanha é a região do planeta onde os dogmas dos bispos romanos encontraram mais guarida e maior amplitude. Mas as grandes dores que crucificam o coração do povo espanhol têm as suas causas profundas nos crimes da organização inquisitorial, fundada pelo Papa Inocêncio IV, o que na pátria de Cervantes, como em nenhuma outra, estendeu-se terrivelmente, amargurando almas, destruindo esperanças, aniquilando vidas e matando corações. A Espanha de Philippe II, o infeliz organizador da "armada invencível", que a natureza fez sossobrar nas costas da Inglaterra, tem suas grandes dívidas para com a Justiça incorruptível que legisla do Infinito acima de todos os partidos exclusivistas das nações do mundo. Aí viveram os maiores "torquemadas" do planeta. Os abades aí estiveram, sufocando a liberdade e torturando os espíritos. Ações nefastas foram perpetradas na sombra. Na soledade dos claustros, foram levados a efeito movimentos terríveis *ad majorem Dei gloriam.*[1] Os sons de sinos dos mosteiros abafaram muitos soluços e muitas agonias no silêncio pesado das prisões. Os instrumentos abomináveis da Inquisição, que os vossos museus hoje conservam como objetos curiosos e dignos de estudo, ali foram inventados e multiplicados de maneira assombrosa. Todavia, Deus está sempre no leme do barco imenso da vida, conforme a assertiva de um dos vossos pensadores, e chegou um momento em que a longa série de abusos clericais teve o seu fim. Contudo, os profundos deslizes das coletividades foram registrados. Os gemidos de quantos sucumbiram sob os flagícios dos tribunais de Madrid, de Sevilha, de Granada ficariam vivos no espaço, reclamando justiça e misericórdia. Todos os quadros tenebrosos desse passado execrável são agora revividos. A comoção revolucionária domina a nação inteira. Frades e monjas são fusilados em massa. Levadas pelas depredações do extremismo, as duas falanges antagônicas, objetivando a posse do poder, cometem todos os atos possíveis de barbárie. Senhoras virtuosas são assassinadas estupidamente. Jovens e crianças são trucidados pela onda de morticínio e arrasamento. Os julgamentos sumários dão oportunidade às mais injustas sentenças de morte. Nas portas das igrejas, penduram-se cadáveres ensanguentados e nas ruas, às vezes, é necessário o concurso do querosene para consumir os elementos putrefatos de corpos inermes. Nos desfiladeiros de Madrid, as blasfêmias misturam-se aos prantos das preces sinceras e diante dessa paisagem de horror pergunta-se por Deus e por

[1] Nota da Editora: expressão latina que quer dizer "para maior glória de Deus".

Sua misericórdia. Semelhante cena de desolação representa, de fato, uma terrível imagem apocalíptica, assinalando a transformação necessária dos tempos. Todavia, em tudo isso reina a Justiça, a soberana e incorruptível Justiça. Deus não é estranho, na Sua infinita bondade, às desgraças e às expiações que laceram as almas dos homens e dos povos, porém essas amarguras são necessárias para a ablução dos espíritos no abençoado batismo do sofrimento e da dor. Riam os céticos das grandes virtudes, mas a Justiça se processa sem o concurso de nenhum homem. Guardai-vos do mal para que ele não vos atinja. Lembrai-vos da boa e da má semente. No mistério insondável da germinação, elas são origem de milhares de frutos. Felizes todos aqueles que souberem efetuar a necessária escolha.

EMMANUEL

10/09/1936

# PALAVRA FRATERNA

Meu amigo, é meu desejo, durante algumas próximas reuniões íntimas, trazer alguns irmãozinhos sofredores para que sejam confortados com a tua **palavra fraterna**. Na próxima semana, começaremos se Deus permitir. Não penses que os esforços que fazeis estejam perdidos. Existe sempre o proveito, ainda que não seja imediatamente visível. A tua saúde, meu caro amigo, é boa, devendo continuar evitando os golpes de ar frio para que as constipações não te perturbem. Deus dê uma boa noite a todos.

EMMANUEL

---

Nota da Organizadora: mensagem dirigida a Rômulo Joviano, recebida por Chico Xavier e Rômulo, com a utilização da prancheta. Maria Joviano fez as anotações.

# 1937

27/04/1937

# PROCURAREI ACOMPANHÁ-LOS EM QUALQUER CIRCUNSTÂNCIA

Meus filhos, muita paz vos deseja a nossa irmã Helena, que vos envia lembranças fraternais, dizendo estar saudosa dos bons amigos. Como de outras vezes, **procurarei acompanhá-los em qualquer circunstância** da viagem que vão empreender. Deus vos proteja sempre nas preces. Esperamos não vos esqueçais do nosso irmão Dutra.[1] Que Deus vos conceda boa noite, abençoando-vos o coração na Sua santa paz.

EMMANUEL

---

Notas da Organizadora: mensagem recebida por Chico Xavier e Maria Joviano, com a utilização da prancheta. Rômulo fez as anotações. [1] Dutra foi um amigo e colega de trabalho de Rômulo. Compareceu diversas vezes às reuniões do *Grupo Doméstico Arthur Joviano*.

17/06/1937

# SOBRE HELENA MAIA

Meus amigos, a nossa irmã **Helena** não está hoje presente, mas sempre que pode vem visitar os amigos. O seu espírito vem cumprindo uma missão de grandes méritos morais junto à infância desvalida do Rio e no primeiro ensejo haverá de trazer-lhes a sua palavra animadora e fraterna. Encerrai vossas orações desta noite. A paz de Jesus esteja com os bondosos amigos.

EMMANUEL

---

Nota da Organizadora: mensagem recebida por Chico Xavier e Maria Joviano, com a utilização da prancheta. Rômulo fez as anotações.

08/12/1937

# COMPANHEIROS DO CÉU E DA TERRA

Amigos, muita paz. A nossa irmã **Helena** virá em oportunidade próxima. O nosso irmão **Ambrósio** vai bem e desvelando-se constantemente pela edificação da sua **companheira de lutas na Terra**.[1] Agora ide repousar na paz da noite. Que Jesus vos abençoe. Muita paz vos deseja,

EMMANUEL

---

Notas da Organizadora: mensagem recebida por Chico Xavier e Maria Joviano, com a utilização da prancheta. Rômulo fez as anotações. [1] Ambrósio era irmão de vovô Aurélio e era casado com a norte-americana Marie Benson.

# 1938

*Não há muitas mensagens de Emmanuel em 1938. Entretanto, ele esteve presente às reuniões, conforme se deduz dos trechos das mensagens de Arthur Joviano nas datas indicadas e, na sequência, reproduzidos.*

**WANDA AMORIM JOVIANO**

1938

# SOCIEDADE DE ESTUDOS ESPÍRITAS

Alguns companheiros do Evangelho, em Minas Gerais, solicitam a minha opinião com respeito à fundação de uma **sociedade de estudos espíritas**, que desdobrará as suas atividades junto dos elevados programas da União Espírita Mineira, cooperando na realização de sua tarefa junto das coletividades. Certamente que os estudos da Doutrina, em seus variados aspectos, constituem pontos essenciais do estatuto que estabelece as suas diretrizes, mas julgamos de muita oportunidade e bom desejo de quantos se aproximam do labor doutrinário ávidos de luz e de conhecimentos, possuídos dos ideais unitivos, de cuja concretização nascerá a energia concentrada de todos, a fim de que se forme a consciência espírita no Brasil, junto dos indivíduos e das sociedades, energia essa da qual se deve esperar a renovação das atividades do homem comum, à base da filosofia cristã. Uma iniciativa dessa natureza merece a aprovação de todos os espíritos de boa vontade. Os tempos que correm são assinalados pelos mais estranhos fenômenos de ordem política e social, no seio de todos os povos. Uma onda reacionária parece dominar o pensamento moderno, fazendo-o regredir muitos séculos. Medidas draconianas são aventadas pela política administrativa, com o fim de coibir-se os voos da liberdade espiritual. As místicas sociais se recolhem nos polos antagônicos e irreconciliáveis do extremismo, digladiando-se improficuamente. Quase todos os religiosos das igrejas diversas, na atualidade, na sua posição de indolência intelectual, tendem para o materialismo e para o nihilismo do século. E diante dos quadros dolorosos que caracterizam a época, qual deve ser a atitude mental de quantos se interessam pela solução dos graves problemas da vida? Alguns pensadores opinam pela doutrina da não-violência, mas, considerando-se a necessidade da ação regeneradora, apelamos para a atitude desassombrada de todos os batalhadores, dentro da suprema resistência. E essa resistência calma e ativa, no setor do Espiritismo, deverá traduzir-se em movimentos renovadores, em luta contra a cristalização dos princípios regeneradores, a fim de que se verifique a sua aplicação plena à vida social, em combate contra o analfabetismo, contra o espírito sectário e separativista e em estudos, enfim, que objetivem o benefício e o esclarecimento de todos. Nessa obra, porém, são necessárias, acima de tudo, as armas da fraternidade e da tolerância. Vemos, pois, com carinho, essa iniciativa que se forma na mente dos bons trabalhadores da seara cristã, concitando-os à realização desses labores fecundos. O Espiritismo necessita da multiplicação de suas atividades junto de todos os núcleos das atividades humanas e, no Brasil, onde a semeadura evangélica é das mais abundantes e das mais promissoras, é preciso que se afine a mente geral nos profundos princípios da lógica e da moral cristã, sendo aconselhável que todos os elementos da Doutrina se unifiquem, em uma larga iniciativa de educação geral na codificação dos ensinamentos revelados, sem discussões esterilizadoras e sem exclusivismos dissolventes. Há necessidade de que se organize uma consciência espírita, na base da filosofia simples do Evangelho, apta a orientar os sentimentos coletivos num sentido de direção, dentro dos sagrados objetivos da paz e da fraternidade. É em virtude da ausência dessas diretrizes que muitas obras de benemerência social, filhas do esforço e da abnegação dos espiritistas, se têm perdido no confusionismo da época. Aos brasileiros generosos e pacifistas, por índole, cabe a grande tarefa de evangelizar, mas é preciso que os companheiros da causa da luz e da verdade se atirem, com desassombro e renúncia pessoal, ao trabalho de elucidação das massas, afastando-as do fanatismo, dos fetiches e do espírito de seita. Na Europa, onde o Espiritismo está mais ou menos encarcerado nas bibliotecas e nos laboratórios das convenções de toda ordem, o preconceito representa o mais sério obstáculo à formação de uma consciência coletiva dentro da filosofia de Jesus. Foi atendendo a essa situação, criada pelos preconceitos nas terras do Velho Mundo, que Charles Richet organizou a ciência metapsíquica, receoso de que os estudiosos europeus relegassem, *a priori*, os estudos do Espiritismo, desprezando-os como criminosa impertinência. A obra do sábio francês constitui o seu tato psicológico, em despertando a curiosidade indagadora dos seus contemporâneos, criando uma linha avançada para as suas pesquisas científicas, além dos métodos e das análises positivas. Os estudos de Richet, portanto, apesar de sua complicada terminologia, não representam outra coisa senão a obra aferidora da codificação kardequiana. Que se forme, pois, a mentalidade cristã na oficina da solidariedade e do conhecimento e que, nesse trabalho, cheio de atividades renovadoras, possa cada discípulo trazer a sua coragem e o seu bom desejo para, na luta abençoada pela aquisição do esclarecimento, aprender a temperar devidamente o aço do caráter e o ouro do coração. A Doutrina precisa de obreiros e de colaboradores devotados e nunca como agora houve tanta necessidade da iniciativa própria em favor do progresso geral. Se voltamos dos mistérios da morte falando aos homens da beleza dos planos divinos, não é para que as criaturas mergulhem num sonho beatífico e sim para que transformem os caminhos espinhosos e escuros da Terra em estradas de sabedoria e de felicidade real, com os seus esforços e com a sua operosidade. A movimentação dos estudos espíritas levará a efeito a dilatação da síntese e a simplificação de todos os princípios da filosofia cristã. Nesse campo vasto, onde se realizará a semeadura dos pensamentos esclarecidos e livres, através do intercâmbio de ideias, se bem dirigido pela tolerância e pela fraternidade de seus cultivadores muita luz há de brilhar para que se ilumine a paisagem ensombrada da face da Terra, a fim de que nos tornemos verdadeiros discípulos do único Mestre, que foi Jesus Cristo. Que todos estejam a postos e nos momentos oportunos não faltarão as vozes e as mãos amigas do Alto, a fim de prestarem auxílio aos bons trabalhadores. As possibilidades dos espíritos são também relativas, mas dentro da esperança imortal na Misericórdia Divina não esqueçamos, encarnados e desencarnados, da promessa de Jesus, que dá sempre de acréscimo àqueles a quem não faltam o esforço e a boa vontade.

**EMMANUEL**

---

Nota do Editor: mensagem em resposta a uma solicitação de Eugênio Carlos Monteiro e José Rodrigues Lellis. Ao pé da mensagem havia a seguinte nota: "*Tentando realizar o pensamento esclarecido de Emmanuel, realiza-se às quartas-feiras, na sede da União Espírita Mineira, interessantes reuniões de estudo, que ora versam sobre* O Livro dos Espíritos. *Nessas reuniões, visa-se, sobretudo, preparar trabalhadores eficazes para a grande tarefa que nos espera, porque os homens deverão ser as células vivas da Doutrina em ação*".

31/03/1938

# O DISCÍPULO AMADO

Meus amigos, muita paz. As vossas preces de amor se elevam ao Infinito em volutas divinas, estabelecendo o caminho claro e suave para as grandes revelações do sentimento e da fé. A personalidade do **discípulo amado** de Jesus, que foi Allan Kardec, foi lembrada por vós com as mais doces comemorações. O plano invisível associa-se ao vosso esforço votivo. Também nós nos reunimos, em outros planos, tentando projetar uma claridade nova sobre as sombras dos tempos ominosos que agora atravessais. Sim. A grande figura do mestre deve ser evocada. A sua vida de nobres exemplificações deve ser tomada como paradigma pelos obreiros novos. A sua obra foi a de um revolucionário divino, em complementação ao trabalho e ao sacrifício do maior revolucionário do mundo, que foi o divino Mestre. Allan Kardec é o hífen de luz unindo os repositórios sagrados de todas as gerações. O seu esforço ainda é o trabalho permanente da evolução de toda a cultura humana no Evangelho de Cristo. E agora, como nunca, essa semeadura deve ser cultivada. O mundo retrocede a passos largos para todos os processos de força. Um novo espírito de rapina desenvolve-se no seio das nações imperialistas do globo. Os ditadores se reúnem, apressando o extermínio das conquistas penosas da civilização. Sobre a fronte da humanidade, os corvos da ambição se reúnem para a carnificina e para a morte, dentro dos bastidores trevosos do armamentismo internacional. Onde a cultura e a conquista moral? Os grandes pregadores da sociologia encarecem as necessidades dos tempos: apela-se para todas as fontes do conhecimento espiritual, mas a realidade positiva é que tudo se apresta para as lutas finais nesse tenebroso apogeu da civilização. Semelhante fenômeno não tem suas origens na necessidade de matérias-primas, por parte dos países superlotados. Bem sabemos que das trocas depende toda a estabilidade da economia do mundo e o mundo produz o bastante em todos os seus setores para aquele que é o usufrutuário e não dono dos seus bens - o homem. Semelhantes fatos, de capital importância nos processos evolutivos da humanidade, têm os seus ascendentes no espírito de agressividade, no instinto de egoísmo do homem moral, que não soube elevar-se às altitudes do homem material, acompanhado das mais extraordinárias conquistas científicas. Os descendentes do primata antigamente cuidavam apenas do problema de viver, dominando, aos poucos, os segredos ocultos da natureza. A natureza foi, então, dominada. Criaram-se todas as facilidades e todas as comodidades da civilização no curso incessante dos séculos. O homem devassou o fundo dos oceanos, elevou-se à estratosfera, projetou viagens interplanetárias, organizou as ciências positivas, inaugurou inventos e devassou o recôndito do orbe, solucionando os seus enigmas, mas voltando para si mesmo nos tempos que correm, quando a radiotelegrafia e o avião transformaram o globo numa pequena moradia, regressando ao seu mundo interior o homem das filosofias avançadas esbarrou com o dístico do templo de Delphos. Eis aí, meus amigos, a grande função da codificação kardequiana nos tempos modernos: apontar ao viajor extenuado do planeta o conhecimento de si mesmo e a estrutura de sua personalidade imortal e indivisível, alargando as suas possibilidades e ampliando a sua visão espiritual. O grande trabalho do Espiritismo atualmente é o de preparar a mentalidade humana para a revolução sociológica que teremos que conhecer, em tempo oportuno. Não à base da filosofia amarga do homem econômico, do comunismo marxista, nem à margem dos processos de força dos estados totalitários. Mas revolução espiritual, renovadora do homem, sem contribuição de ordem política, revivendo-se o socialismo cristão em expressões puras e simples, das quais o microcosmo Galileia foi o teatro imortal. Revolução do mundo interior de cada um para a compreensão da paz, sem as armas, e da fraternidade, sem estatutos e disposições de ordem econômica. É por isso que, saudando a era nova convosco, depois dos últimos massacres que a ambição e o egoísmo dos homens terá de viver, em anos próximos, trago-vos a expressão da minha fervorosa crença no divino Modelo, aguardando o porvir cheio de confiança na misericórdia de Deus, na direção de fato e de verdade para todas as nações do planeta terrestre. E lembrando a figura nobre do grande discípulo e mestre generoso, que agora recordais, confirmo a expressão de um dos nossos amigos, quando lembrou a figura de Goethe apontando a universidade como salvação de sua pátria: aponto-vos igualmente o Evangelho restaurado, o estatuto de amor e de luz do Mestre, cuja prática, e de cuja observância, nascerá a grande verdade e a paz duradoura da felicidade humana.

**EMMANUEL**

---

Nota da Editora: mensagem psicografada por Chico Xavier na União Espírita Mineira, em sessão comemorativa ao desenlace de Allan Kardec, realizada a 31 de março de 1938.

01/04/1938

# A GRANDE IMPRENSA E O ESPIRITISMO

*Qual a opinião de Emmanuel sobre a organização de uma reunião espiritista especialmente dedicada aos elementos da imprensa, com o fim de esclarecê-los sobre os grandes princípios e elevadas finalidades da Doutrina?*

A ideia de organizar-se uma reunião de demonstrações mediúnicas ou de exposição doutrinária dos princípios libertadores do Espiritismo para os elementos representativos da grande imprensa no país poderia ser realizada como expressão das intenções mais generosas e mais justas, mas não acreditamos no êxito espiritual de semelhante empreendimento. Antes de tudo, temos de considerar que não temos uma novidade para oferecer às elites intelectuais do jornalismo, porquanto o corpo doutrinal do Espiritismo, em sua feição pura e simples, permanece no mundo há dois milênios com o Evangelho do divino Mestre. Além disso, somos forçados a reconhecer que os operários da oficina de Gutemberg no Brasil, em sua quase maioria, conhecem as finalidades grandiosas do labor espiritista no país. Grande número deles já tem assistido às mais extraordinárias manifestações do Alto, adquirindo as mais sólidas convicções íntimas. Entretanto, o critério das maiorias, o imperativo do estômago e das convenções sociais, em suas feições de ordem econômica, são mais fortes nas suas consciências, inibindo-os de proclamar a verdade. Os bispados são sentinelas avançadas de todos eles, com raras exceções. Acima das lições carinhosas e doces dos desencarnados pairam os compromissos com a política e com o clero, e nessa disposição de coisas os nossos programas de ação espiritual, dentro da oficina abençoada do pensamento evangélico, não lhes podem surgir com o caráter de suas necessidades imediatas. Queremos crer que o assunto das aquisições de crença e de fé ainda é da competência da dor e do raciocínio, transformando cada indivíduo na lição suave do Mestre para benefício de todos. No estado atual da grande imprensa, considerando-se a natureza dos seus compromissos que não nos cabe analisar, quase todos os jornalistas voltariam de uma reunião dessa natureza pensando na célebre maioria "romana", olvidando a não menos famosa maioria de analfabetos do território brasileiro. E ainda que a verdade da nossa consoladora Doutrina conseguisse abalar o edifício de suas concepções individuais, os operários da imprensa, satisfazendo às tendências mais fortes da maioria de seus leitores, teriam de explorar os aspectos da controvérsia e da confrontação em matéria filosófica e científica, tão ainda adstritos ao gosto da vida comum, longe das concepções do espírito imortal. A realidade é que não poderemos, de um dia para o outro, transformar a venalidade das consciências em sentimentos puros dos corações. E é por essa razão que não nos é possível esquecer a antiga tecla da educação espiritual de todas as criaturas. Somente nesse trabalho paciente e perseverante do ensino conseguiremos modificar o homem, transformando, em identidade de circunstâncias, o mecanismo de suas relações sobre a face da Terra. **Por muito tempo ainda a grande imprensa continuará mais ou menos afastada dos programas de esforço da Espiritualidade, porque, pela própria força das circunstâncias econômicas, a sua potência estará aliada à maioria humana nas suas indecisões e**

**nos seus desvios**. Mas como o terreno da publicidade é um campo infinito, onde cada qual pode plantar a semente do seu coração, compete aos novos trabalhos do Cristianismo Redivivo disseminar a boa semente da fé no campo extenso de seus penosos labores de cada dia. Compete-lhes aproveitar essa potência de esclarecimento geral, longe do personalismo e da divisão, amparando as obras sérias de divulgação dos princípios doutrinários, iniciando os grandes movimentos do jornalismo espiritualizado do porvir, mesmo porque a maior mensagem do plano espiritual, ainda e sempre, é o Evangelho do Senhor. Nenhum desencarnado pode exceder o terreno dessa maravilha que aí ficou para o aperfeiçoamento dos homens como um legado sublime de vida, de esperança e de amor. E nos tempos que correm o que se faz urgentemente necessário é a sua prática, porquanto, em face dessa necessidade, não encontrareis melhores elementos de educação e de propaganda.

EMMANUEL

Nota do Editor: mensagem recebida por Chico Xavier no Centro Espírita Luiz Gonzaga, em Pedro Leopoldo | MG.

11/04/1938

# PRINCÍPIOS DE FIM

**Os tempos que correm trazem para a igreja romana o cunho doloroso da insofismável realização das mais amargas profecias.** Conduzida a dominação política pela fatalidade histórica, dominação que lhe exaltou as tendências para a tirania espiritual, não compreendeu a elevação do reinado de Deus de que falava Jesus nas suas lições divinas. Arregimentando as forças humanas, criou um Estado para as suas atividades, cunhou moedas com a efígie dos seus chefes, organizou a guarda dos seus poderosos domínios, formando uma nova espécie de governo sobre a face da Terra, com jurisdição em todas as consciências. Enquanto o dogma religioso conseguiu se sobrepor à primazia e à excelência do raciocínio pelos processos inquisitoriais, a Igreja pôde coroar a fronte dos príncipes do mundo e distribuir os latifúndios terrestres, mantendo, na civilização do Ocidente, a plena imposição de sua vontade, eliminando os critérios racionais da consciência coletiva. Mas o século XIX preparou as modificações do século XX. À medida que o pensamento livre espalhava no orbe as suas claridades transformadoras, a instituição romana, contrariada com a sucessão dos acontecimentos, proclamava as suas últimas arbitrariedades com o *Sylabus* e com a infalibilidade papal de Pio IX. No acervo de suas propostas dogmáticas e incompreensíveis, havia um forte ascendente de autoridade, oriundo da admirável organização de sua disciplina, mas surge a inteligência de Leão XIII, na visão larga da reforma social de todos os sistemas. Pressentindo os conflitos entre o regime capitalista e a onda revolucionária dos partidos proletários, suas atividades se curvam ao esforço de conciliação do capital e do trabalho. Dessa atitude derivaram-se novas interpretações. A Igreja saiu de sua rigidez disciplinar para navegar nas correntes renovadoras e molhar-se, qual um barco fustigado pelo temporal, no oceano revolto. (...)[1]

**EMMANUEL**

---

Notas do Editor: mensagem recebida por Chico Xavier no Centro Espírita Luiz Gonzaga, em Pedro Leopoldo | MG. [1] Por se tratar de documento antigo, carcomido pelo tempo, não foi possível transcrever o final da mensagem, que se tornou ilegível.

12/04/1938

# SOBRE A MEDIUNIDADE PSICOFÔNICA DE CHICO

*A oração de Emmanuel, ouvida por nós, religiosamente,* ***como se fora falada em alta voz****, muito nos comoveu os corações.*

ARTHUR JOVIANO

19/09/1938

# SOBRE O "HÁ 2000 ANOS..."

*Tenho apreciado com vocês a produção do* ***novo esforço de Emmanuel****.*[1] *Temo-lo na conta de um grande sábio e a sua caridade constitui uma fonte de altos benefícios para quantos se lhe aproximam.*

ARTHUR JOVIANO

[1] Nota da Organizadora: refere-se ao livro *Há 2000 anos...*, cujo prefácio é datado de 2 de março de 1939. Primeira edição no mesmo ano.

22/06/1938

# VIGILÂNCIA EM JESUS

Meus amigos, mais uma vez rendo graças ao Senhor, desejando-vos muita paz. Enquanto o mundo se perde em lutas dispersivas e inglórias, procuremos edificar os nossos corações na oração e na **vigilância em Jesus**. Podeis encerrar as vossas preces. O nosso irmão João de Deus Macário está presente, orando pela vossa tranquilidade. Deus vos abençoe. Muita saúde e paz é o que vos deseja o irmão de sempre,

EMMANUEL

30/06/1938

# EDIFICAÇÕES DOUTRINÁRIAS

Meus amigos, muita paz. A luta prossegue sempre e é nela que conquistaremos todas as vitórias da Terra e do céu. Nossos planos de trabalho espiritual ficam procrastinados, como é preciso, em face das necessidades de ordem imediata. Necessidades que, sendo vossas, são também nossas, dentro da reciprocidade dos nossos laços fraternais. Deus vos abençoe. Cessadas as atividades mais urgentes, com o transcurso do mês entrante, voltaremos às nossas **edificações doutrinárias**. E que saibais perceber em todas as condições e circunstâncias a presença de nossa ação invisível, mas poderosa, é todo o meu desejo. Ajudar-vos-emos dentro do limite de todas as nossas possibilidades. Quanto ao fato íntimo que o nosso irmão Arthur[1] vem de comentar com a sua grandeza d'alma, está certo que irmãos nossos aí no mundo deem "cabeçadas", mas não é lícito que os que pensam fiquem de cabeça quebrada. Que Deus vos abençoe e dê paz.

EMMANUEL

---

[1] Nota da Organizadora: refere-se a Arthur Joviano.

# 1939

01/03/1939

# AO RÔMULO

O nosso irmão **Rômulo** deve continuar o uso do *Salicilato de Sódio* em nova fórmula até novas determinações. Não deve se lembrar de banhos frios. Deus vos conceda muita paz.

EMMANUEL

16/03/1939

# HÁ ENFERMEIROS NO PLANO TERRESTRE E NO PLANO INVISÍVEL

Meus caros amigos, desejo-vos muita paz. Antes de encerrarmos as nossas orações desta noite, venho fazer a verificação de saúde do nosso amigo. **Há enfermeiros no plano terrestre e no plano invisível**. Graças a Deus, vemo-lo bem melhorado e mais forte. Achamos boa medida cessar o uso do *Nux-Vomica*, por enquanto, continuando com o anterior tratamento, ao qual as injeções podem ser adicionadas, pois são de muito bom efeito para o seu organismo. Deve evitar, porém, as frutas ácidas e durante dois dias na semana o uso da água mineral, nos momentos comuns, ser-lhe-á de muita utilidade ao físico. As dores ao longo das costas hão de ceder igualmente, com o concurso dos preparados em uso e, de nossa parte, procuraremos auxiliá-lo na aplicação de fluidos curativos. Quanto ao mais, sabe o nosso irmão que estamos a postos para coadjuvar os seus esforços, sempre que possível. Ninguém melhor que a nossa irmã Júlia para lhe compreender o coração de soldado.[1] Quem diz soldado diz disciplina. Por isso não tenho necessidade de repetir a história do acerto dos passos. Em todo o caso, para equilibrar a situação, recordemos o rifão francês, que nos adverte: *"Deus quer o que querem as mulheres"*. Façamos um tratado de harmonia e que Deus conceda a todos muito boa noite.

**EMMANUEL**

---

[1] Nota da Organizadora: as recomendações de Emmanuel são para o vovô Aurélio e para a vovó Júlia.

12/04/1939

# ADEUS TEMPORÁRIO

Meus amigos, muita paz vos desejo. Antes de encerrardes as vossas preces, trago aos nossos irmãos meu costumeiro amplexo fraternal. O nosso amigo General deve agora restringir o seu tratamento ao elixir receitado para o estômago e às aplicações externas de substâncias de linimentos necessários para as costas, em toda a região lombar. Deve, portanto, paralisar no Rio o uso das injeções e dos fortificantes muito ativos, procurando, porém, manter o seu *standard* de alimentação. Todas as noites, depois de seu regresso, deve colocar um copo de água pura no seu apartamento de repouso, usando-o no dia seguinte. Irei fluidificar o líquido, especialmente para o seu organismo psíquico e anímico. Deus ajudará e o seu novo padrão de saúde orgânica há de continuar firme. Não tenho hoje outros comentários, a não ser o de nossa participação no **adeus temporário**. A vida terrestre tem esses imperativos e é por isso que, graças ao divino Mestre, temos sabido viver com amor e fé o minuto feliz que passa, louvando a sua inesgotável misericórdia. Que a nossa irmã Júlia continue recebendo as melhores contribuições do Alto para a sua obra educativa é a minha maior rogativa desta noite e reunindo todos vós, no meu coração, peço a Jesus que nos proteja e ampare sempre.[1]

**EMMANUEL**

---

[1] Nota da Organizadora: refere-se às atividades de vovó Júlia que, junto com outras senhoras, transcreveu o *Primeiro Dicionário da Língua Portuguesa* para o Braille. A referida obra encontra-se na biblioteca do Instituto Benjamin Constant, localizado na Praia Vermelha, Rio de Janeiro | RJ. Foram transcritas também várias obras fundamentais da Doutrina Espírita, trabalho iniciado por sua tia Engrácia Ferreira, desencarnada em 21 de abril de 1937.

29/06/1939

# A MESMA FÉ E ESPERANÇA

Meus amigos, que Deus vos conceda muita paz espiritual. Depois da palavra de nosso irmão Arthur, nada mais vos tenho a dizer senão da **mesma fé e da esperança** de sempre.[1] Confiados em Jesus, sem nos desviarmos da rota de sua misericórdia, haveremos de cumprir os seus desígnios divinos. O nosso amigo João de Deus Macário está presente, orando pelos seres incompreendidos e sofredores e, deixando-vos em paz, roga a Deus pelo vosso bem espiritual. O irmão de sempre,

**EMMANUEL**

[1] Nota da Organizadora: "A palavra do irmão Arthur" está na mensagem de 29 de junho de 1939, páginas 129 e 130 do livro *Sementeira de Luz*, editado pela Vinha de Luz Editora e lançado em 2 de abril de 2006, na Casa de Chico Xavier, em Pedro Leopoldo | MG, já em sua 4ª edição.

11/10/1939

# OS CARINHOSOS PENSAMENTOS ENVIADOS AO MEU CORAÇÃO

Meus filhos, Deus vos conceda muita paz. Antes de terminar as nossas orações, agradeço os vossos **carinhosos pensamentos enviados ao meu coração**, dentro da nova tarefa que me foi confiada.[1] Rendo graças a Jesus pelo estado de consolação em que se retirou o nosso irmão comunicante. João de Deus Macário está presente e vos saúda fraternalmente. Muito boa noite. Que Deus vos proteja e abençoe,

EMMANUEL

---

Notas da Organizadora: mensagem recebida por Chico Xavier e Maria Joviano, com a utilização da prancheta. Rômulo fez as anotações. [1] Emmanuel refere-se ao livro *50 anos depois*. O recebimento de suas primeiras páginas deu-se em 19 de junho de 1939.

13/12/1939

# A NECESSIDADE DA PRECE EM BENEFÍCIO DOS QUE SOFREM

Meus filhos, Deus vos conceda muita paz. A palavra do nosso irmão, que acaba de se comunicar, é bem um testemunho dos benefícios produzidos aos espíritos perturbados e sofredores que nos procuram nas reuniões íntimas do ritmo de trabalho semanal. Quando João de Deus vos afirma **a necessidade de vibrações da prece em benefício dos que sofrem**, ele se refere a muitos e a inúmeros amigos como esse de hoje, que se consolam em contato com a vossa presença nos fluidos consoladores das orações sinceras. Agradeçamos a Deus por essa possibilidade de levarmos um pouco de conforto a esses irmãos que, deserdados do patrimônio de conhecimentos espirituais sobre a Terra, atravessam as águas da morte geralmente desprovidos de remos para os balanços mais fortes do barco, na misteriosa travessia. De nossa parte, agradecemos aos queridos amigos pela cooperação valiosa e dizemos, convosco, graças a Deus! É de bom alvitre encerrarmos a mensagem recebida nesta noite no arquivo de nossas realizações afetivas, sem que venhamos a operar a sua repercussão em outros círculos que não sejam a nossa esfera de compreensão mais clara dos fatos e da essência das coisas. Boa noite e que Deus vos abençoe. Amanhã estarei convosco, orando pela felicidade do nosso Cneio Lucius. Que Deus ampare os nossos votos sinceros pela sua evolução e pela sua felicidade.[1] Com a afeição de sempre,

**EMMANUEL**

---

[1] Nota da Organizadora: Emmanuel refere-se ao aniversário de partida do vovô Arthur, ocorrida em 14 de dezembro de 1934. No ano de 39, portanto, relembrávamos os 5 anos de seu regresso à pátria espiritual.

# 1940

10/01/1940

# SOBRE "O CONSOLADOR"

Meus amigos, Deus vos conceda muita paz. Com respeito ao **nosso novo esforço**, julgo suficiente enquadrar o volume das questões, levantadas em 450, das quais retiraremos a bagagem necessária a um volume mais ou menos leve.[1] Agradecendo a vossa cooperação sincera de cada dia, sou sempre o amigo e servo humilde,

EMMANUEL

[1] Nota da Organizadora: refere-se ao livro *O Consolador*, com prefácio de 8 de março de 1940 e primeira edição em 1941, pela FEB.

17/04/1940

# A REVELAÇÃO ESPIRITUAL É COMO UMA FONTE

Meus filhos, desejo-vos a paz de sempre. Venho falar-vos de nossa satisfação em observar que a exemplificação de Célia está quase pronta para se projetar no mundo.[1] Entre nós, o acontecimento tem grande significação espiritual e estamos muito reconhecidos ao poder misericordioso de Deus, porque tudo que fizermos de bom vem de Sua bondade paterna. Com respeito às leves modificações no texto, não vos impressioneis, porquanto isso deve ser tomado como prova de cooperação da boa vigilância, que só nos resta agradecer. Aliás, nós ficamos com a melhor emoção, em vista de que qualquer outro círculo de pensamentos o coração não estará habilitado a sentir a mesma intensidade vibratória, porque pela nossa parte tivemos a ventura da revelação interior, conjugada com a sagrada possibilidade de ser útil. E sabemos que **a revelação espiritual**

[1] Nota da Organizadora: refere-se ao livro *50 anos depois*, publicado pela FEB.

**é como uma fonte**. Na nascente, a água tem um sabor específico e mais longe o líquido tem de se modificar com os elementos de seu curso, sendo razoável não nos preocuparmos, pois que toda água em movimento tanto caminha que chega ao mar purificada. E o mar, em nosso caso, é o mesmo Pai que nos deu a nascente. Deus vos abençoe e conceda paz. O livro de Humberto ficará adiado por mais algum tempo, até que as circunstâncias se ajustem aos nossos fins.[2] Deus esteja convosco.

**EMMANUEL**

[2] Nota da Organizadora: refere-se a Humberto de Campos e ao livro *Reportagens de Além-túmulo*, que foi publicado em 1945, pela FEB.

29/05/1940

# A GUERRA SANTA DO MUNDO INTERNO

Meus amigos, desejo-vos muita paz. Trago-vos os meus votos de muita tranquilidade e de boas-vindas, fazendo as minhas continências ao nosso amigo General, a quem guarde Deus, em Sua bondade. Nossa irmã Júlia acha-se adoentada, mas melhorará, e quanto ao nosso amigo noto-o, de fato, mais fortalecido, em seu estado geral, no que se refere às energias orgânicas, como convém a um comandante em tempo de guerra. Graças a Deus! Também nós estamos **na guerra santa do mundo interno** e não podemos prescindir da saúde física e da espiritual. Nossa irmã poderá continuar com a sua medicação por mais quatro dias consecutivos e, no caso de necessidade, o nosso amigo receitista renovará as suas prescrições. Quanto ao mais, meus filhos, que Jesus os proteja. Quero deixar consignado à nossa irmã Júlia toda a minha boa vontade em atender aos seus carinhosos apelos e desejando-vos toda a paz de espírito para a nossa felicidade geral despeço-me por hoje, o servo e amigo de sempre,

EMMANUEL

26/06/1940

# A MINHA ASSISTÊNCIA DE SEMPRE

Meus prezados amigos, Deus vos conceda muita paz. Antes de encerrarmos as nossas preces, quero reafirmar ao nosso irmão **a minha assistência de sempre**, dizendo-lhe que procuraremos auxiliá-lo em seu regresso. A situação geral é muito boa, mesmo porque é passado o perigo de intervenções problemáticas por inconvenientes. Assim, com a sua melhora geral, sua viagem será feita com mais tranquilidade, sendo justo que para o tratamento que se faz imprescindível procure o seu "clima familiar", em matéria de medicina na Terra, em vista de que um filho médico supera a qualidade de quaisquer especialistas.[1] Convém continuar com a Homeopatia e com a desinfecção pela água oxigenada, ou pelo *Líquido de Dakin*. No Rio, naturalmente, fará o tratamento antipiogênico e os necessários curativos locais com a assistência carinhosa do filho. Em seguida, quando a situação esteja normalizada, a Odontologia fará o resto. Que Deus nos auxilie e proteja como sempre. Devo dizer à nossa irmã Júlia que suas observações íntimas ficam comigo e logo que Deus mo permita procurarei satisfazer ao seu coração. Desejando-vos muita tranquilidade e muita luz para a execução da vontade de Deus, sou o irmão e servo de sempre,

EMMANUEL

---

[1] Nota da Organizadora: os conselhos são para o General Aurélio, prestes a retornar à capital do Rio de Janeiro. Emmanuel se referia a Armando Amorim, um de seus filhos, que era médico.

23/07/1940

# A SERENIDADE QUE VENCE TUDO COM JESUS

Meus amigos, Deus vos conceda muita paz. Também eu venho trazer-vos o meu voto sincero de muita tranquilidade. E de modo especial venho visitar o nosso amigo Comandante, a quem devo lembrar os tristes momentos do "tomate" amigo, que lhe preparou a fase de tratamento decisivo:[1]

*Vês, meu amigo Comandante,*
*O tomate o quanto pode*
*Sobre um dente recalcado*
*No recalque do bigode.*

Agradecemos a Jesus o fato de tudo haver passado, com a sua misericórdia infinita, e agora os dois únicos cuidados são mesmo os com o bigode e com o dente, tão delicados no tratamento de costume. Eis, pois, que registrando a vossa reunião com muita alegria, desejo-vos, como sempre, aquela **serenidade evangélica que vence tudo com Jesus e por Jesus**. Vosso irmão e servo,

EMMANUEL

---

[1] Nota da Organizadora: vovô Aurélio foi acometido por uma erupção no rosto. Emmanuel indicou-lhe o uso tópico do tomate e o caso ficou resolvido, o que serviu de inspiração, ao longo do tempo, para várias quadras do benfeitor ao amigo, como o leitor verificará no decorrer das páginas deste volume.

21/08/1940

# NA PAZ DE DEUS

Meus filhos, encerremos nossas preces **na paz de Deus**. O nosso irmão Arthur está presente e vos abraça. Jesus vos abençoe e que os nossos pensamentos possam receber a vibração santificada do seu amor. São os votos do irmão e servo humilde,

EMMANUEL

23/10/1940

# A HISTÓRIA DE BELMIRO COTA

*Doutor Rômulo, estou aqui para dizer ao senhor que Deus lhe pagará tudo o que tem feito por mim. O senhor, que antigamente me deu emprego, me deu agora também a luz. Estou cheio de alegria e peço a Deus que ajude o senhor, com toda a sua família. Do seu menor criado,*

BELMIRO COTA

Meus amigos, Deus nos abençoe. Esse irmão exemplifica para nós outros a situação de um espírito evoluído, que terminou a sua rude obrigação expiatória sobre a Terra. O velho homem do campo, chefe de numerosa família, que o não podia compreender, veio de Mais Longe para dar um testemunho de humildade real. Conheceu as dificuldades mais penosas, os trabalhos, as ingratidões dos laços de sangue, as enfermidades de um corpo que lhe vedava as manifestações de inteligência. Muitas vezes, refletiu maduramente sobre as ideias inatas que trazia de seu meio contrário às tendências de seu coração, mas o velho **Belmiro** não sabia que suas raízes espirituais se encontravam no antigo feudalismo italiano, onde abusou dos bens da fortuna, da inteligência e dos dons da terra. Sua última romagem foi laboriosa e redentora. Fortifiquemo-lo com o nosso auxílio e guardemos a lição. Estamos a ajudá-lo em sua nova fase. Deus vos abençoe.

EMMANUEL

# 1941

# O PÃO DE CADA DIA

Minha irmã, desejo-vos muita paz espiritual. Relativamente à consulta íntima sobre a vinda de nossa amiga, devo considerar que a organização do trabalho em torno de Paulo de Tarso não nos permitiria qualquer manifestação que exige uma porcentagem mais forte de energias mediúnicas. Pondero, porém, que a irmã em causa não necessita de fenômenos para consolidar suas convicções, devendo dizer apenas que ninguém pode privar as manifestações fraternais, ficando isso sob encargo de vossa ação, em virtude das atuais necessidades de serviço do médium, que será chamado a qualquer momento para o desempenho de suas obrigações atinentes ao **pão de cada dia**.
Vosso irmão muito humilde,

EMMANUEL

---

Nota do Editor: mensagem dirigida a Adélia Machado de Figueiredo e recebida por Chico Xavier no Centro Espírita Luiz Gonzaga, em Pedro Leopoldo | MG, sem referência precisa de data.

22/01/1941

# PACTO DE CRISTO

Meus amigos, Deus vos conceda muita paz e fortaleza espiritual para as lutas da vida. Depois da palavra de nosso irmão Arthur, encerrai as vossas preces. Acho justo meditardes na parte de sua mensagem em que se refere ao "**pacto de Cristo**". Mais tarde, o homem compreenderá que este é o da redenção, classificando suas lutas na Terra como combinações do aprendizado, quando não são pactos de sombra para cuja destruição convocam-se os sofrimentos e os desenganos do mundo. Agradecendo a vossa cooperação de sempre, sou o vosso irmão e servo humilde,

EMMANUEL

05/02/1941

# Influências curadoras

Amigos, Deus vos conceda muita paz. Associo-me aos votos de boas-vindas aos nossos amigos presentes. Que a Providência conceda a ambos um período de renovação plena e útil das energias orgânicas e das possibilidades espirituais. Para não me alongar muito, refiro-me à saúde de nossa irmã Júlia para concluir que os sintomas experimentados são de reumatismo incipiente, mas que passarão com o auxílio dos nossos irmãos que a assistem com **influências curadoras**, cooperando com os remédios medicinais. Quanto ao nosso irmão General, que Deus o ajude sempre. As expressões do resfriado leve são justas, em face da modificação com o clima da montanha, mas com a sua atitude de resistência tudo redundará em incidente insignificante. Aliás, noto-o muito mais forte, tão forte que lhe deixo nova lembrança em particular para terminar as rimas da estação passada:

*Agora, sim, General,*
*Seu sorriso é de quem pode.*
*Nem pomadas, nem tomates,*
*Nem feridas do bigode.*

Que Deus vos ajude e vos dê paz. Vosso irmão e servo,

Emmanuel

12/02/1941

# AO GENERAL AURÉLIO

Meus amigos, que Deus vos conceda muita paz. Para o nosso amigo **General**, será aconselhável o uso do *Natum Mur* e *Fermum Met*. - alternadamente - por uma semana. Nesse particular, o receitista indicará, a tempo, os melhores elementos. Quanto ao tratamento externo da garganta, este pode ser dispensado. Diversos irmãos vos saúdam. Com o nosso irmão Arthur, que se encontra presente, está a entidade de Mariquinhas, que saúda e abençoa o jovem Caio Márcio.[1] Que Deus vos proteja a todos, concedendo-vos muita paz. São esses os votos do vosso irmão e servo humilde,

**EMMANUEL**

[1] Nota da Organizadora: Mariquinhas era uma parente de Rômulo pelo lado paterno. Emmanuel se refere a Caio Márcio Renault, filho de Abgar Renault, primo de Rômulo. Passava, quase sempre, as férias escolares na Fazenda Modelo, em Pedro Leopoldo.

18/02/1941

# O PERFUME DA AMIZADE É A CLARIDADE DOS CAMINHOS

Meus amigos, muita paz vos desejo. Reunimos vossas preces num ramalhete de vibrações espirituais, que levamos conosco a uma esfera mais alta. **O perfume da amizade santa é a claridade dos caminhos**. Que Deus vos abençoe e vos conceda muitas graças. Desejando-vos todos os bens, deixa-vos intensas vibrações de amor e paz o servo e irmão humilde de sempre,

EMMANUEL

18/02/1941

# ESPERANDO EM JESUS

Meus amigos, Deus vos conceda muita paz. **Esperando em Jesus** que continueis na tranquilidade espiritual de sempre, agradeço-vos pela cooperação sincera e carinhosa de cada dia. Devo dizer à nossa irmã Júlia que sua lembrança será objeto de toda a minha atenção. Relativamente ao nosso amigo General, será justo prosseguir em seu tratamento, sendo que, com muito prazer, registro suas melhoras físicas, apreciáveis. Que Deus lhe conceda cada vez mais saúde e alegria, são os nossos desejos justos. Enviamos a Jesus esses votos e esperamos sua bênção de aprovação e aquiescências generosas. Que sua misericórdia infinita se estenda sobre nós, é a prece de vosso irmão e servo humilde,

EMMANUEL

18/02/1941

# A HISTÓRIA DO GRANDE APÓSTOLO DOS GENTIOS

Meus amigos, Deus vos conceda muita paz. Que Jesus recompense a todos pela cooperação ao esforço humilde **na história do grande apóstolo dos gentios**.[1] Sinto grande júbilo pelo adiantado da realização, acreditando que estamos de posse de 3/4 do esforço total. Que Deus vos abençoe. Quanto ao caso em perspectiva, procuraremos cooperar convosco para que tudo se harmonize na pauta da grande lição do "Faça-se-nos escravos na vontade do Senhor"! Podeis estar certos, porém, de nossa assistência para que todas as circunstâncias se ajustem com benefícios gerais. Que Deus vos compense e abençoe. Vosso irmão e servo humilde,

EMMANUEL

[1] Nota da Organizadora: refere-se ao romance *Paulo e Estêvão*, publicado pela FEB ainda no ano de 1941.

12/03/1941

# MANIFESTAÇÕES TRANSITÓRIAS

Amigos, muita paz vos desejo. Depois da palavra de nossos irmãos que se comunicaram, podemos encerrar nossas preces singelas. Quanto à saúde de nosso amigo General, estamos cooperando espiritualmente em seu restabelecimento geral. São fenômenos naturais que passam em **manifestações transitórias**. Dentro de nossos recursos espirituais, buscaremos auxiliar o generoso Comandante.

*Em sentando ou levantando,*
*Lembremos os bens da idade.*
*General, os reumatismos*
*São coisas da mocidade.*

Que Deus vos proteja e abençoe,

EMMANUEL

16/03/1941

# Os operários da edificação cristã

O trabalho é para a glória o que o arado é para o pão. Meus amigos, Deus vos conceda muita paz. Vedes agora como as vibrações estruturais construtivas atraem **os operários da edificação cristã** de todos os séculos. Quando os homens se reúnem e invocam os grandes pecados de calamidade, os crimes, os rebaixamentos humanos oferecem a oportunidade para que despertem nos seus caminhos os dragões do mal que jaziam adormecidos. Mas quando nos reunimos para as rememorações de feitos gloriosos do bem, os amigos de nossa redenção surgem inesperadamente para afirmar que estão conosco. A biografia de Paulo tem trazido muitas lembranças amáveis e preciosas de antigos companheiros de lutas. Se fosse registrar todos os pedidos de amigos do grande apóstolo, o livro custaria a chegar ao término. São negociantes de Colossos, proprietários de Laudiceia, antigos trabalhadores de Tessalônica, figuras de toda a Ásia, antigos filhos do cativeiro e do patriciado de Roma, que me trazem subsídios para iluminar o quadro em que viveu o inesquecível apóstolo. Mas a relação se torna impraticável, contudo, tudo o que eu puder trazer-vos de agradável não deixarei de o fazer. Deus vos conceda muita paz. Vosso servo e irmão humilde,

EMMANUEL

---

Nota da Organizadora: mensagem recebida por Chico Xavier e Rômulo, com a utilização da prancheta. Maria fez as anotações.

19/03/1941

# O DIA NÃO SURGE DE UMA SÓ VEZ

Meus amigos, Deus vos conceda muita paz. Nosso amigo Arthur, presente à reunião, vos saúda, em Cristo, desejando-vos tranquilidade espiritual. Para o nosso amigo Comandante, julgo de utilidade as fricções adequadas ao seu caso, ao longo das articulações. Bastarão algumas e as expressões de mal-estar físico terão de ceder. Quanto ao nosso irmão Rômulo, ser-lhe-á útil o uso do *Palatol*, daqui a uns 7 dias. Com esse preparado ficará melhormente instruído a repelir naturalmente a atuação dos resfriados sobre a caixa torácica. Relativamente à sucessão dos ataques de Influenza, não constitui isso acontecimento invulgar, mas sim fenômeno natural em certas fases do organismo, reconhecendo-se a complexidade do vírus que os provoca. Existem sempre resquícios do mesmo, compelindo o organismo a novas repetições. No entanto, fortifica-se, aos poucos, o conjunto geral dos agrupamentos celulares e o inimigo vai sendo eliminado devagarinho. Ainda aí vemos o cumprimento da lei de não violência para com as forças exteriores. **O dia não surge de uma só vez**, mas vem aos poucos, desfazendo as sombras matinais. A moléstia é essa sombra que se desfaz muito de leve para que o dia da saúde resplandeça. Já os amigos asseveravam que as enfermidades chegavam a galope, mas que se retiravam com imensa ociosidade. São fases, porém, do caminho. E todos os fenômenos se modificam. Rogando a Deus vos abençoe, sou o amigo e servo de sempre,

EMMANUEL

16/04/1941

# O LIVRO DE PAULO

Meus amigos, Deus vos conceda muita paz espiritual. Nosso irmão General lucrará com o regresso, podendo voltar ao ambiente doméstico, confortado e satisfeito. A estação de frio úmido nas montanhas não é aconselhável para quem pode experimentar sua passagem perto do mar. Nosso amigo receitista já providenciou o necessário, fazendo votos pelas suas melhorias. Quanto à palavra direta de nosso irmão Pêgo, não será possível esta noite.[1] Cumpre-me, no entanto, afiançar ao amigo Comandante que sua assistência acompanhará seus esforços no Rio, no que também buscarei cooperar, com os meus melhores elementos, apenas aconselhando lhe que trabalhe pela "Cruz" dos militares, mas sem transformá-la em cruz própria. É preciso não esquecer isso, pois as discussões em situações difíceis chegam e passam. **O livro de Paulo** toca ao seu termo. Grato pela vossa cooperação amiga e generosa. Mais alguns poucos dias e a tarefa estará concluída, necessitando somente dos complementos naturais em retificações, estudos e observações justas. Agradecendo-vos, de todo coração, rogo ao Senhor da Semeadura e da Seara vos cubra com as suas bênçãos. Do servo e amigo de sempre,

EMMANUEL

---

Notas da Organizadora: mensagem recebida por Chico Xavier e Rômulo, com a utilização da prancheta. Maria Joviano fez as anotações. [1] Emmanuel refere-se ao Marechal Pêgo, pai de vóvo Júlia, meu bisavô. Sobre essa entidade espiritual, vide maiores informações no livro *Militares no Além*, com mensagens de espíritos diversos psicografadas por Chico Xavier nas décadas de 30 a 50 (VINHA DE LUZ, 2008).

13/05/1941

# O VALOR DE NOSSOS LAÇOS ESPIRITUAIS

Meus amigos, Deus vos conceda paz. Trago-vos os nossos votos de tranquilidade em Jesus, regozijando-nos pela vossa excursão feita em paz de espírito. Não tenho outras observações mais justas que as do nosso irmão Arthur e faço das suas as minhas palavras para considerar **o valor de nossos laços espirituais** e render graças ao Mestre pelas nossas realizações humildes em marcha para uma vida maior. Que Deus vos proteja e abençoe. Desejando-vos Suas bênçãos de luz, sou o irmão e o servo humilde de sempre,

EMMANUEL

25/06/1941

# SOBRE "PAULO E ESTÊVÃO"

Meus amigos, Deus vos conceda muita paz. Agradeço-vos, de coração, pelas nossas alegrias na tarefa do esforço fraternal de cooperação. Os últimos retoques ao livro da **biografia romanceada de Paulo de Tarso** poderemos concluir em breves dias. Reconhecidamente, agradeço a leitura feita pelo nosso irmão. Não precisarão examinar mais detidamente o assunto, porquanto todas as anotações feitas pela sua observação são oportunas. Buscarei renovar as expressões e corrigir nos textos. Peço-vos uma leitura mais demorada do episódio das referências do apóstolo à proteção de Poppea Sabina e as possibilidades das riquezas iníquas. Não desejo oferecer um material para interpretações dubitativas ou bifrontes. Quanto ao mais, anexaremos o prefácio e o trabalho estará pronto! Que Deus vos recompense. Desejando-vos muita paz, sou o vosso amigo e servo de sempre,

EMMANUEL

02/07/1941

# DEUS É DEUS DE VIVOS E NÃO DE MORTOS

Meus amigos, Deus vos conceda muita paz. Observais um detalhe de nossas lutas com a palavra de nosso amado Lésio.[1] As coisas mínimas do coração estão vivas. Dois milênios são como dois meses e mais que nunca entendemos a afirmativa de Jesus de que **Deus é Deus de vivos e não de mortos**. Essa, meus filhos, é a razão de nosso dever procurando o Espiritismo para viver e com os vivos, porque não há espíritos mortos. Se alguém faz o estigma da morte pelo estacionamento entre futilidades ocas ou criminosas da Terra, deixemo-los exclamando, como Jesus, no caso de Lázaro: *"O nosso amigo dorme"*. Continuemos em nosso esforço com o Mestre, em nosso benefício. Deus vos conceda boa noite. Vosso irmão e servo humilde,

EMMANUEL

---

Notas da Organizadora: mensagem recebida por Chico Xavier e Maria Joviano, com a utilização da prancheta. Rômulo fez as anotações. [1] Lésio Munácio: personagem do livro *50 anos depois*. Vide maiores detalhes nas mensagens às páginas 222 e 283.

02/07/1941

# NO CÍRCULO DE NOSSAS PRECES ÍNTIMAS

*My friends, I die, my God!*
*My Father of the heaven.*
*Darkness and crosses.*
*I walk along difficult.*
*By Father's love, my friends!*
*Prayers, prayers, prayers!!!*
*I do not, I cannot..."*

Meus amigos, Deus vos conceda muita paz. Este é um amigo muito caro à minha alma, recentemente desencarnado no movimento belicoso atual.[1] Trouxe-o em minha companhia, entretanto, tão grande é a sua perturbação e sofrimento que ainda não me pode sentir. Acha-se como se estivesse no bojo da embarcação em que se desprendeu, pedindo socorro. Caso me seja possível, hei de trazê-lo novamente ao **círculo de nossas preces íntimas**, pois semelhante providência seria muito útil ao meu trabalho. Tenho em perspectiva um novo esforço, sobre o qual nada vos posso adiantar, mas peço aos bons amigos orarem comigo a Deus para vermos se alcanço mais essa dádiva do Pai. Boa noite, e que Deus vos abençoe.

EMMANUEL

---

Notas da Organizadora: mensagem recebida por Chico Xavier e Maria Joviano, com a utilização da prancheta. Rômulo fez as anotações. [1] Refere-se à Segunda Guerra Mundial, iniciada em 1939.

20/08/1941

# NO SERVIÇO DE SEMPRE

Meus filhos, Deus vos conceda muita paz. Estamos em vossa companhia **no serviço de sempre**. Que Jesus vos abençoe. Sentindo as justas necessidades espirituais de nosso amigo Comandante, a nossa irmã Amélia lhe veio deixar uma palavra do coração, pois ainda hoje visitá-lo-emos.[1] Relativamente aos trabalhos do Grupo Ismael, meus amigos, é de se ressaltar a grande afluência de ex-eclesiásticos naquele venerável grupo espiritual. [2] Isso tem as suas razões ponderáveis e conhecê-la-eis conosco quando chegarem os dias justos. Abençoemos a nossa oportunidade santa e trabalhemos quanto seja possível. Nosso irmão Arthur vos saúda e vos deixa um abraço. Pedindo a Deus por vossa saúde e paz, sou o vosso humilde servo de sempre,

**EMMANUEL**

---

Notas da Organizadora: mensagem recebida por Chico Xavier e Maria Joviano, com a utilização da prancheta. Rômulo fez as anotações. [1] Refere-se a Amélia Brandão Amorim, minha bisavó, mãe do vovô Aurélio. [2] O Grupo Ismael é uma reunião de estudos e trabalhos mediúnicos, integrante da FEB, com a participação de seus dirigentes. Foi fundado por Bezerra de Menezes em 3 de agosto de 1895, quando eleito presidente da Federação, ocasião em que estabeleceu a vinculação indissolúvel do Grupo, da Federação e da assistência aos necessitados à imortal divisa de Ismael: "Deus, Cristo e caridade".

24/12/1941

# VIBRAÇÕES DE AMOR

Meus amigos, Deus vos conceda muita paz espiritual. Desejando-vos as melhores **vibrações de amor**, trago-vos os meus votos de Natal venturoso, sob as bênçãos luminosas de Cristo. Que a sua misericórdia vos abençoe,

**EMMANUEL**

Nota da Organizadora: mensagem recebida por Chico Xavier e Maria Joviano, com a utilização da prancheta. Rômulo fez as anotações.

# 1942

10/01/1942

# SUGESTÕES VIVAS DE AMOR

Meus caros amigos, Deus vos conceda muita paz aos corações. Recebemos o nobre apelo de nosso irmão no sentido das máximas destinadas às obras de beneficência construídas sob a proteção do divino Mestre. Lembramos que será justo buscar nos ensinamentos diretos do Cristo as legendas desejadas. O Evangelho reúne ensinamentos de inultrapassável grandeza, cheias de profundo encanto espiritual. Creio que aí encontraremos inesgotável manancial de inspiração para esse generoso serviço. Bastará que recorrais a essa fonte, com dedicação, e defrontareis conselhos, consolações e advertências sublimes. Recordemos, baseados nessas lições sagradas, que se poderiam aproveitar belas legendas evangélicas, com ligeiras modificações, quanto estas:

*"Jesus é o pão que desceu do céu."*

*"Vinde a mim todos vós, os que sofreis, e encontrareis o alívio e a esperança."*

*"O bom pastor atende às suas ovelhas fiéis."*

*"O que o olho não viu e o ouvido não ouviu reservou o Senhor no céu aos que o servem com amor."*

*"O bom pastor dá a vida pelas suas ovelhas."*

*"Nenhuma das ovelhas se perderá."*

*"Faça-se em mim a vontade do Senhor."*

*"Jesus tem a água eterna e o pão vivo."*

*"Amai-vos uns aos outros como eu vos amei."*

Legendas como essas cremos que representam **sugestões vivas de amor**, conduzindo o coração a perspectivas mais altas. Não estamos fornecendo, entretanto, sentenças que devam ser observadas em sentido literal, mas sim sugerindo, na qualidade de irmão mais experiente e mais velho, indicando a fonte justa, onde os ensinamentos sagrados podem ser colhidos. Vosso servo e irmão humilde,

EMMANUEL

04/02/1942

# COM JESUS NA SENDA

Meus amigos, Deus vos conceda muita paz espiritual. Pedindo a **Jesus vos acompanhe os passos** e os serviços diários, sou o irmão e servo humilde de sempre,

EMMANUEL

13/03/1942

# A O VELHO AMIGO DE TODOS OS TEMPOS

Meus amigos, Deus vos conceda muita paz. Valho-me da tranquilidade desta hora para trazer as minhas saudações **ao velho amigo de todos os tempos**, bem como à nossa irmã Júlia, aos quais desejamos muita paz e boa saúde. Espero, General, que o vosso estágio aqui seja muito útil às disposições orgânicas gerais. Recomendamos ao bom amigo a questão do agasalho para as horas da manhã ou à tarde, em que a temperatura se venha a modificar pela influenciação da chuva. Apenas faço o lembrete porque desejamos vê-lo forte, robustecido e feliz. Não vos desejamos qualquer vicissitude da guerra, nem mesmo com os climas. Deus nos ajudará para que vos possamos auxiliar com os nossos recursos espirituais. Temos cooperado em favor dos nossos amigos ausentes, acompanhando-os com os nossos pensamentos de paz.

*General, a paz é sua.*
*Que o mau tempo sempre o acate.*
*Nossa guerra continua*
*Contra as lutas do tomate.*

Deus vos abençoe e proteja sempre. Vosso irmão e servo humilde,

EMMANUEL

18/03/1942

# LUZ DIVINA

Meus amigos, Deus vos conceda muita paz espiritual. Saúdo os nossos amigos recém-chegados do Rio, desejando-lhes muita alegria espiritual.[1] Nada tenho a acrescentar às páginas recebidas e esperando que o nosso amigo Comandante prossiga de boa saúde na estação de repouso em curso, peço ao Pai celestial vos abençoe a todos, concedendo-nos a Sua **luz divina**. Vosso irmão e servo humilde,

**EMMANUEL**

---

[1] Nota da Organizadora: refere-se ao General, vovô Aurélio, e à vovó Júlia.

25/03/1942

# ESTAMOS AO VOSSO LADO

Meus amigos, Deus vos conceda muita paz. **Estamos ao vosso lado**, como sempre. Encerrai as preces da noite e repousai na paz do Senhor. O vosso irmão e servo humilde,

EMMANUEL

08/04/1942

# FIXANDO OS PENSAMENTOS EM CRISTO

Meus amigos, Deus vos conceda muita paz. Venho agradecer-lhes a cooperação amiga no novo trabalho que estais a finalizar.[1] Essa contribuição foi muitíssimo valiosa para mim, e agradeço-a, de todo coração. É um esforço cuja idealização havia formado desde muito e não vos posso dizer da grata satisfação que a realidade do serviço me trouxe ao espírito. Agora estudaremos, com a serenidade do tempo, o melhor modo de apresentação. Um volume ou dois, as 365 páginas? Quem sabe? Temo que o livro se torne excessivamente volumoso! Por falar em livro volumoso, dentro de breves dias haveis de receber *Paulo e Estêvão* em restituição. É um trabalho que não seguirá o curso dos outros, quanto à sua veiculação na massa popular. Segui o processo de sua formação na livraria e posso dizer da extensão exigida pelo trabalho. Fiz o possível por sintetizar, mas a vida de Paulo e Estêvão não podia sofrer maior exiguidade, além daquela que me foi possível imprimir. A princípio, surgiu, entre os nossos amigos do Rio, a ideia da biografia dividida em dois volumes. Mas trabalhei contra ela. Um serviço em dois volumes costuma falhar ao impositivo da educação fácil. A ideia de um volume só,

---

[1] Nota da Organizadora: penso que Emmanuel se referiu ao livro *Renúncia*, com prefácio datado de 11 de janeiro de 1942 e primeira edição em 1943, pela FEB.

apesar de volumoso, ficou. Entretanto, o tamanho da obra a encareceu vivamente! Consola-nos o saber que não existem livros sobre a figura de Paulo menos baratos, apesar de terem surgido em outro tempo que não este, em que os impostos, as leis trabalhistas, os aluguéis, os empregados e tanta coisa mais condizente com o vosso mundo de preços exorbitantes para os pequeninos objetos materiais justificam o custo elevado desses esforços. A luta não foi pequena, mas o livro estará de volta em pouco tempo. Será como um filho enviado ao alfaiate que, pela carência da vida, não no-lo vestiu senão a preço forte! É difícil, mas o que se há de fazer? Pagaremos os preços e o trabalho de gastar a roupa há de prosseguir naturalmente. Esperemos. Quanto à nossa irmã de Santos, lamento não poder penetrar no assunto de sua impressão emotiva atual.[2] É o limite da seara, que não podemos nem devemos ultrapassar. Que ela se console **fixando os pensamentos em Cristo**, porque, se formos examinar a questão muito adentro, a melhor posição é a da caridade silenciosa, porque desfalques por desfalques já demos numerosos na "caixa" de Cristo. No entanto, a oportunidade ainda está viva para nós. Podemos trabalhar. Podemos pagar. Trabalhemos e paguemos. Ah, o silêncio, o silêncio!!! Mas o mundo é de ruídos na parte que concerne a serviços dos homens e temos de marchar assim mesmo! No capítulo do serviço de Deus, o sol ilumina um hemisfério inteiro sem a menor parcela de barulho perturbador. Boa noite para todos. Muita saúde ao General. E que Deus nos abençoe. Vosso irmão e servo humilde,

EMMANUEL

---

[2] Nota da Organizadora: penso tratar-se de uma senhora que visitava o Chico e que comparecia às reuniões públicas e, se não me engano, mantinha um orfanato em Santos.

10/06/1942

# DAS ALEGRIAS DOMÉSTICAS AOS CAMPOS DE SERVIÇO DA HUMANIDADE

Meus amigos, Deus vos conceda muita paz espiritual. Também nós formulamos votos sinceros para que sejais muito felizes nessa dilatação **das alegrias domésticas aos campos de serviço da humanidade**. Estarei convosco nas lutas, embora reconheça a ineficiência de minhas contribuições espirituais. Que o Senhor vos ilumine e proteja os corações, derramando sobre nós as suas bênçãos de infinito amor. São esses os votos do vosso irmão e servo humilde,

EMMANUEL

24/06/1942

# OS PASSOS EVOLUTIVOS DO CAMINHO ESPIRITUAL

Meus amigos, Deus vos conceda muita paz espiritual. Renovo-vos, igualmente, os meus votos de boas-vindas e rogando a Jesus que vos acolha os corações e nos ilumine em todos **os passos evolutivos do caminho espiritual**, sou o amigo e humilde servo de sempre,

EMMANUEL

12/08/1942

# PRESENÇA

Meus amigos, Deus vos conceda muita paz e vos dê **boa noite**. Vosso irmão e servo de sempre,

**EMMANUEL**

16/09/1942

# NA "BOA TERRA DOS DEVERES CUMPRIDOS"

Meus amigos, Deus vos conceda paz. Agradecendo-vos pelo interesse coletivo, dispensado ao assunto de minhas pobres palavras da reunião passada, peço a Jesus vos conserve a tranquilidade espiritual **na "boa terra dos deveres cumpridos"**. Muito boa noite e que as bênçãos sublimes do Mestre vos envolvam. É o que vos deseja o irmão e servo de sempre,

EMMANUEL

23/09/1942

# TODO TRABALHO ÚTIL SERÁ EFETUADO EM FAVOR DE NÓS

Meus amigos, Deus vos conceda muita paz. Nossas tarefas prosseguem no ritmo tranquilo de todos os dias. Graças aos poderes superiores, não é a nossa vontade que toma a frente, mas a do Senhor. Estamos acompanhando convosco o grande instante que se vive no Brasil e no mundo. Tenhamos fé em Cristo e nos dias que hão de vir. **Todo trabalho útil será efetuado em favor de nós** mesmos, porque as gerações de hoje são os povos de ontem e as famílias do porvir. O que construirmos de bom será adjudicado a nós mesmos. Deus vos conceda boa noite. Vosso irmão e servo humilde,

EMMANUEL

28/10/1942

# NA LIRA SUAVE DO BEM

Meus amigos, Deus vos conceda muita paz. Assinalamos nossa satisfação em vista do acordo geral quanto ao título para a história de Alcíone. [1] Ainda bem! Relativamente ao que ocorre face à nova edição do *Parnaso*, formulo votos sinceros para que surjam outros colaboradores para esse celeiro de harmonias da Espiritualidade.[2] Os nossos amigos operarão, no sentido material do trabalho, a reforma que desejarem. E contando com a possibilidade de novas contribuições, fiquemos a desejar essas expressões justas. Aliás, seria muitíssimo interessante que o trabalho fosse acrescido de outros valores. Envidarei esforços, nesse particular, sem, todavia, prometer isto ou aquilo. O *Parnaso* é um livro independente de nossa humilde cooperação e desejo-lhe o êxito indicável a todos os esforços generosos e santos. Esperemos pelo auxílio de Jesus que, naturalmente, concederá a vinda de outros irmãos esclarecidos **na lira suave do bem**. Está presente o nosso irmão Feliciano, que vos visita e saúda.[3] Boa noite. Desejando-vos muita paz espiritual, sou o vosso servo humilde,

EMMANUEL

Notas da Organizadora: [1] refere-se ao livro *Renúncia*, publicado pela FEB em 1943. [2] Refere-se ao *Parnaso de Além-túmulo*, uma coletânea de poemas de diversos autores espirituais, publicada pela FEB em 1932. [3] Refere-se ao Marechal Feliciano Taumaturgo Mendes de Moraes, sogro de Aurélia, irmã de Maria Joviano.

03/11/1942

# FESTA ESPIRITUAL

Meus amigos, Deus vos conceda muita paz de espírito. Associando-me às preces votivas desta noite, em que as vibrações de **festa espiritual** alegram tantos corações, formulo votos sinceros pela tranquilidade e bem-estar de todos. Esperando que o Pai de Infinita Misericórdia nos conceda as Suas bênçãos de paz e luz em todas as circunstâncias, sou o vosso irmão e servo humilde,

EMMANUEL

18/11/1942

# NO CULTO AMIGO DO AMOR FAMILIAR

Meus amigos, Deus vos conceda muito boa noite. Comungo ao vosso lado **no culto amigo do amor familiar** e rogo ao eterno Pai vos acolha as aspirações em Seu manto de proteção. Ide ao repouso, tranquilamente. A noite, com Cristo, é abençoada amiga. Deixo-vos em sua carinhosa mão. Que o Senhor nos ajude sempre e que lhe correspondamos ao auxílio infinito e sublime, são os votos sinceros do vosso irmão e servo humilde,

EMMANUEL

16/12/1942

# A LUZ DO BOM REPOUSO

Meus amigos, Deus vos conceda muita paz espiritual, enchendo-vos o coração com **a luz do bom repouso**, após o dever cumprido. Agradecendo a Jesus as dádivas recebidas no plano visível e no invisível, e associando-me de coração aos votos sinceros do nosso irmão Arthur, sou o amigo e servo humilde de sempre,

EMMANUEL

# 1943

13/01/1943

# O DIVINO TERRENO DA FRUTIFICAÇÃO

Meus caros amigos, desejo-vos muita paz. Associo-me de todo coração aos votos carinhosos do nosso irmão Arthur, desejando-vos muito bem-estar e tranquilidade em Cristo. Que o Senhor orvalhe os vossos campos de trabalho, fazendo crescer as flores da esperança, até que toquem **o divino terreno da frutificação** plena e farta. Que essas bênçãos se derramem sobre todos nós, auxiliando-nos corações e pensamentos, são os votos do vosso irmão e servo humilde,

EMMANUEL

03/02/1943

# As moléstias, filhas do serviço, são palmas de espiritualidade

Meus amigos, Deus vos conceda muita paz. Também nós estamos ao vosso lado no serviço de saúde física. Apraz-nos a satisfação de verificar vossa excelente saúde espiritual, no capítulo de socorro necessário ao corpo. Como vemos, o organismo é comunidade celular importante e ativa. Urge prodigalizar-lhe expressões harmônicas. É o que estamos procurando consolidar, contribuindo com os remédios indispensáveis. Esperamos em Deus estareis novamente bem dispostos fisicamente, em breves dias. **As moléstias, que são filhas do serviço, são palmas de espiritualidade**. Não vos desejamos palmas semelhantes à maneira de espinhos do jardim, mas não podemos deixar de lhes reconhecer o profundo valor no campo das experiências que purificam, enriquecem e nobilitam. Que Deus vos conceda muita paz. São as preces do vosso irmão e servo humilde,

EMMANUEL

17/02/1943

# LEVEZA DE CORAÇÃO E CONSCIÊNCIA

Meus amigos, Deus vos conceda muita paz espiritual. Ao encerrar nossas preces, desejo-vos **a bênção do dever bem cumprido, a mesma que guardais no coração, com alegrias santificadas**. O nosso irmão Arthur traduziu por nós todos a visita de paz que desejamos seja de saúde física igualmente. Que Deus vos abençoe e ilumine. O servo e irmão humilde de sempre,

EMMANUEL

24/02/1943

# MINHAS SAUDAÇÕES

Meus amigos, Deus vos conceda muita paz. Deixando-vos as **minhas saudações**, desejo-vos uma noite cheia de bênçãos. Que a paz do Senhor vos reconforte cada dia. São os votos do vosso irmão e servo humilde,

EMMANUEL

03/03/1943

# AS BÊNÇÃOS A QUE TODO SERVIÇO NOBRE FAZ JUS

Meus amigos, desejo-vos muita paz de espírito. Atendido o trabalho, recebidas **as bênçãos a que todo serviço nobre faz jus**, descansai na tranquilidade dos trabalhadores fiéis. Felizes de vós que esquivais ao carregamento de pedras inúteis do mundo. O travesseiro dos que sabem suar é um tesouro oculto. Fazem lembrar o "tapete mágico" com elementos desconhecidos para conduzir o coração a mil esferas diferentes de tranquilidade e luz. Guardai a vossa paz no Senhor. Quem atende a esse princípio conhece o estado de guerra com o mundo interior. Não há contradição. No esforço de iluminação e combate do dia, é a paz da noite com o Senhor no espírito. Que ele nos ajude e abençoe sempre. Vosso irmão e servo humilde,

EMMANUEL

10/03/1943

# SE PUDESSE ME FAZER VISÍVEL...

Meus caros irmãos, que as forças divinas vos abençoem os esforços de cada dia. Aqui estamos, comemorando, no coração, a volta do nosso irmão General e de nossa irmã Júlia. **Se pudesse me fazer visível aos vossos olhos**, naturalmente me ouviriam dizer: "Bravos!", e me veriam em continência amiga. Ainda bem! Desejamos aos queridos amigos dias de felicidade, paz espiritual e saúde. Em particular, devo dizer ao nosso irmão Aurélio de nossa cooperação ao lado de seus serviços ultimamente. A "Cruz dos Militares" é uma cruz de amor e beneficência, e Jesus o recompensará relativamente aos serviços que não se cansa em desenvolver. A nossa irmã Júlia há de ser, como sempre, a devotada cooperadora. Aqui se encontra nossa amiga Engrácia,[1] e outros familiares carinhosos que a cumprimentam amorosamente, formulando votos de sua paz espiritual no Senhor Jesus. Nosso contentamento é justo em ver reunida tão grande assembleia doméstica para o culto da palavra amorosa com o Plano Superior. Que o Senhor vos ajude cada vez mais, enriquecendo-vos de bênçãos maiores. E, para finalizar, devo concluir que todos nós estamos satisfeitos, na seguinte forma:

*Em paz espiritual, com o nosso bom General.*
*Em júbilo triunfante, com o nosso bom Comandante.*
*E em júbilo, paz e amor, com o nosso bom provedor.*

Vosso irmão e servo humilde,

EMMANUEL

---

[1] Nota da Organizadora: refere-se à minha tia-avó, tia da vovó Júlia.

17/03/1943

# EXPRESSÕES DO ALTO

Meus caros amigos, que as forças divinas vos concedam muita paz. Antes de encerrardes as vossas orações da noite, desejo-vos bem-estar e um repouso cheio de expressões da tranquilidade espiritual que se dispõe a receber maiores dádivas para o trabalho a seguir. O nosso irmão Arthur vos saúda e afirma não haver esquecido o problema do calcificante. Ao nosso amigo General, a certeza de nossa cooperação costumeira. As dores experimentadas ao longo da caixa torácica originam-se das mudanças de temperatura, por vezes, súbitas, o que, entretanto, não dá para preocupações. Tudo marchando em ordem, graças à **Espiritualidade Superior**. Que os prezados irmãos façam uma perfeita estação de "bons ares" e de "boas águas" também. Desejando-vos, a todos, muito bem-estar espiritual e muita saúde, sou o vosso amigo, irmão e servo de sempre,

EMMANUEL

24/03/1943

# O PÃO DO CORPO E A LUZ DO ESPÍRITO

Meus amigos, que as forças divinas vos abençoem como sempre e que saibais converter essas bênçãos em **pão do corpo e luz do espírito**, são os meus votos sinceros. Tenho procurado cooperar nos passes ao nosso amigo General, experimentando justa satisfação em vê-lo bem disposto e fortalecido. O contato com a natureza lhe faz muito bem e creio que fará ótimas aquisições de energia nova para os seus trabalhos intensos da vida em cidade grande. Desejo-vos, a todos, muito boa noite. Que a paz de Cristo vos envolva o coração. É esse o desejo de vosso irmão e servo humilde,

EMMANUEL

31/03/1943

# RELEMBRANDO ALLAN KARDEC

Meus amigos, que as forças divinas vos concedam muita paz e saúde física. Vimos, inda agora, de grandes **comemorações espirituais consagradas a Allan Kardec** e trouxemos para vossos corações os reflexos dessas luzes, que, por nossa vez, também recebemos pelo excesso de misericórdia do Pai.[1] Que eles permaneçam convosco, simbolizando energia e revigoramento, são os nossos votos. Partilhando de vossa alegria espiritual pelo surgimento da história de Alcíone, em letras da imprensa, agradeço a Jesus o muito que nos confiou. Tenho envidado esforços para que um amigo venha trazer-vos pequena série de impressões da vida além-túmulo e espero em Jesus possa ele atender brevemente a esse nosso apelo.[2] Caso possamos conseguir a concessão de semelhante trabalho, vejo no empreendimento uma realização muito interessante e proveitosa. Que Jesus se digne de abençoar-nos os bons propósitos. Notificamos ao nosso General que amigos nossos, inda agora, lhe aplicaram passes de reconforto às suas células orgânicas, esperando, pois, que continue bem disposto e fortalecido na sua tarefa. E desejando-vos muita paz, meus amigos, paz que desejamos se estenda a todas as criaturas e coisas da Criação, sou o vosso irmão e servo humilde de sempre,

**EMMANUEL**

---

Notas da Organizadora: [1] em 31 de março é relembrada a desencarnação de Kardec, ocorrida no ano de 1869, em Paris. [2] Refere-se ao espírito André Luiz e aos seus livros elucidatórios sobre a vida espiritual. O primeiro da referida série é *Nosso Lar*, psicografado por Chico ainda em 1943, vindo a lume, pela FEB, em 1944.

07/04/1943

# OS TESOUROS ETERNOS DA ORAÇÃO

Meus amigos, que as forças divinas vos concedam muita paz. Aqui estamos, como sempre, orando convosco. **Quem ora trabalhando, como vos acontece, trabalha enriquecendo a si mesmo com tesouros eternos**. Vossa prece está cheia de serviço espiritual e essa circunstância nos reconforta o coração. A saúde do nosso amigo Comandante segue invicta. Essa afirmativa causa-me satisfação ao fazê-la, por verificar a excelente disposição orgânica do nosso amigo a quem Jesus confiou tantos trabalhos na intimidade familiar e nos círculos coletivos. Ainda bem! O nosso irmão Arthur Joviano vos deixa lembranças afetuosas e desejando-vos a paz do trabalho justo, filho do dever bem cumprido, sou o vosso irmão e servo humilde,

EMMANUEL

14/04/1943

# NOS MESMOS PROPÓSITOS E SERVIÇOS

Meus caros amigos, que as forças do bem vos concedam energia constante para a vitória espiritual. Em nome dos nossos amigos espirituais, aqui presentes, deixo-vos os votos sinceros de uma noite cheia de estrelas na consciência, luzes e fulgurações na vida íntima. Que o Senhor vos dê paz. Relativamente ao nosso bom amigo General, não precisamos comentar a continuidade do interesse afetivo. Nosso pensamento acompanha-lo-á sempre, seja na ordem de avançar ou na determinação de prover. Nossa assistência amiga não se afastará do caminho a que nos sentimos tão ligados, **nos mesmos propósitos e serviços**. Para a saúde, somos de opinião que deve prosseguir com as fricções de álcool ao longo das costas, em toda a região, porquanto essa providência ativará a circulação. Se o nosso irmão Marechal Pêgo tanto se referiu à vigilância, creio que nosso conselho humilde não é despropositado.[1] Vigiar a harmonia orgânica é um esforço dos mais nobres. Assim, pois, lembro isso apenas reportando-me quanto ao mais, aos

[1] Nota da Organizadora: Marechal Pêgo era o pai de vovó Júlia, portanto, meu bisavô.

alvitres e indicações do médico amigo que o assiste frequentemente, além do filho. Dessa forma, tudo continua em "boa forma" para o melhor.

*General, sem disparate,*
*Guardemos nossa alegria.*
*Jamais recorde o tomate*
*Em sua provedoria.*

O nosso irmão Arthur, que se encontra presente, deixa-vos um abraço. E renovando-vos os meus votos de paz e felicidade, confiança e otimismo no Senhor, sou o irmão de sempre e vosso servo humilde,

**EMMANUEL**

21/04/1943

# JARDIM MENTAL

Meus amigos, que as forças divinas vos amparem os pensamentos, fazendo com que floresçam em **primaveras de santificada tranquilidade espiritual**. Estamos ao lado de nosso amigo General, buscando reanimar-lhe o espírito sensível e dedicado. Que o Senhor nos ajude e fortaleça a cada um. Desejando-vos a luz da paz divina, sou o vosso irmão humilde e servo de sempre,

EMMANUEL

19/05/1943

# A SERENIDADE DO CRISTO

Meus amigos, desejo-vos muita paz. Trazendo-vos, igualmente, os nossos votos de boas-vindas, **rogamos ao Senhor vos conceda a serenidade de sua divina bênção**. Recolhei-vos em paz, e que o Mestre nos abençoe.

EMMANUEL

22/05/1943

# ACENDAMOS A LUZ ONDE EXISTAM TREVAS

Meus amigos, que as forças divinas vos abençoem para o bom combate com as sombras. **Acendamos a luz onde existam trevas**. Busquemos Jesus onde se busque, comumente, a ilusão. Cumprindo o vosso dever de trabalhadores, ide repousar em paz. Que o Senhor vos abençoe e nos proteja, são os votos sinceros do irmão e servo humilde,

EMMANUEL

09/06/1943

# DESCANSAI O CORAÇÃO NAS MÃOS DO ETERNO

Meus amigos, que o Senhor da Vida vos abençoe, recebendo-nos os votos de gratidão e as nossas rogativas de mais luz. Terminada a vossa prece, **descansai o coração nas mãos divinas do Eterno**. Só os que trabalham bem conseguem repousar devidamente. Valei-vos de vossas conquistas espirituais no justo aproveitamento do repouso físico. Digno é o trabalhador do salário que lhe compete e a serenidade é também remuneração, apenas com a diferença razoável de que só o Pai pode outorgá-la, como é de justiça. Procurai-a cada vez mais e que o Senhor nos ajude a todos. Vosso irmão e servo humilde,

EMMANUEL

24/06/1943

# O TESTEMUNHO É SEMPRE SOLITÁRIO

Meus amigos, que as forças divinas vos concedam muita paz de espírito. Sempre convosco unimos nossas vozes às vossas vozes, agradecendo ao Pai o muito de possibilidades e bênçãos que Sua divina misericórdia nos há concedido. Tenho acompanhado vossas meditações, meu amigo, e peço ao Mestre guarde a energia com que tendes sabido interpretar a situação.[1] **O testemunho é sempre solitário**. Jesus orava no monte sem a presença de companheiros. Recorreu, muita vez, ao deserto, orou no horto aparentemente sem ninguém e embora houvessem três cruzes no Calvário uma só era dele, porque as outras pertenciam aos ladrões. Não existe outro recurso para o acesso à verdadeira luz. Paulo sentiu a gloriosa visão que o cegou às portas de Damasco cercado de três irmãos

[1] Nota da Organizadora: refere-se a Rômulo Joviano.

que nada viam e esteve absolutamente só nas catacumbas para o sacrifício supremo. Nenhum companheiro do apostolado conheceu outra senda. O trabalho é da humanidade. A missão pode incluir muita gente em suas atividades, a obra pode, às vezes, representar o esforço de muitos, mas o testemunho é, invariavelmente, de um só. Lembrai-vos sempre de que nossos pensamentos amigos vos seguem. O Senhor nunca nos faltará! Relativamente às nossas atividades espirituais, creio próximo o dia em que um amigo virá trazer-vos certas impressões de além-túmulo, que julgo muito preciosas e oportunas.[2] Que Jesus nos atenda aos desejos sinceros, satisfazendo nossa aspiração de trabalho. Boa noite. Guardai a paz de Cristo. Vosso irmão e servo humilde,

**EMMANUEL**

---

[2] Nota da Organizadora: em referindo-se a André Luiz.

07/07/1943

# NOSSO LAR: COLÔNIA DE TRANSIÇÃO

Meus amigos, que as forças do bem vos concedam saúde e paz. Agradeço-vos a contribuição ao novo trabalho em início.[1] Não desejo comentar demasiadamente o assunto para que as vibrações gerais se façam sentir quando a obra estiver segura, mas não posso deixar de encarecer o valor da experiência que nos é trazida. Se o Pai permitir que possamos ir até o fim do trabalho, verificarão conosco a excelência de semelhante serviço, porque o autor pretende oferecer todos os detalhes possíveis de sua permanência numa colônia de transição, entre milhares de colônias dessa natureza, e diversas entre si, quanto aos pormenores de organização, que rodeiam a Terra.[2] Continuemos trabalhando. Grato ao vosso concurso amigo, deseja-vos a paz de Jesus o amigo e servo de sempre,

**EMMANUEL**

---

Notas da Organizadora: [1] refere-se ao livro *Nosso Lar*, ditado por André Luiz. [2] As demais obras da chamada "Série André Luiz" são (em ordem de recepção psicográfica): *Os mensageiros, Missionários da Luz, Obreiros da Vida Eterna, No mundo Maior, Agenda cristã, Libertação, Entre a Terra e o Céu, Nos domínios da mediunidade, Ação e reação, Evolução em dois mundos, Mecanismos da mediunidade, Conduta espírita, Sexo e destino, Desobsessão, E a vida continua...*, todos publicados pela FEB.

14/07/1943

# TUDO A SEU TEMPO

Meus amigos, que as forças divinas nos concedam muita paz. O nosso trabalho prossegue com muito ânimo de nossa parte, entretanto, não prejudiqueis vossas atividades necessárias. Cada coisa em lugar próprio e **tudo a seu tempo** constituem programa de quem se organiza para o bem. Aqui está presente a nossa Dinari,[1] que vos traz notícias de Adelaide,[2] dizendo-vos que ela vai indo muito bem com o auxílio divino. Não somos mais extensos em vista da conveniência de que o nosso amigo se medique mais cedo, de acordo com as observações paternas, considerando o frio que sopra para os vossos veículos físicos.[3] A palavra "veículos" fica melhor que "matéria". Que o Senhor vos abençoe, são os votos do vosso irmão e servo humilde,

**EMMANUEL**

---

Notas da Organizadora: [1] sobrinha de Aurélio, desencarnou queimada, em decorrência da explosão de um fogareiro a álcool em que cozinhava. [2] Refere-se a Adelaide, irmã de vovô Aurélio. [3] Em referindo-se a Rômulo e "as observações paternas" foram de Arthur Joviano.

05/08/1943

# A ASSISTÊNCIA DO MESTRE NÃO NOS FALTARÁ

Meus amigos, que as forças do bem vos protejam o coração e iluminem os caminhos. Continuemos o trabalho útil, convencidos de que **a assistência do Mestre divino não nos faltará**. Descansai na sua paz e que as suas bênçãos se multipliquem em vosso lar e em vossas almas, são os votos do irmão e servo humilde,

**EMMANUEL**

11/08/1943

# A LEI DO TRABALHO, DO DESCANSO, DO MOVIMENTO E DA PAUSA NECESSÁRIA

Meus amigos, que as forças divinas nos protejam e inspirem sempre. Rogando a Jesus derrame sobre vós a sua bênção, encerremos nossa prece. Ide repousar como quem conhece **a lei do trabalho e do descanso, do movimento e da pausa necessária**. Que o Pai nos fortaleça, são os votos do vosso irmão e servo humilde,

EMMANUEL

18/08/1943

# COM AS FORÇAS SUPERIORES DA VIDA

Meus amigos, que **as forças superiores da vida** nos auxiliem e inspirem. Ide repousar na paz de Cristo. Que ele vos abençoe e vos renove energias diárias, são os votos sinceros do irmão e servo humilde,

EMMANUEL

25/08/1943

# A PROVIDÊNCIA DIVINA É SEMPRE A PROVIDÊNCIA

Meus amigos, que as forças divinas vos concedam muita paz. Deixando-vos a visita espiritual dos que vieram até nossas preces desta noite, comunicamos-lhes que auxiliaremos o nosso amigo Clóvis com os nossos recursos.[1] **A Providência é sempre a providência**. Confiemos na bondade do Senhor, que tudo opera em favor do bem. Boa noite. Vosso irmão e servo de sempre,

EMMANUEL

[1] Nota da Organizadora: refere-se ao cunhado de Maria, casado com Aurélia. Clóvis, nesta encarnação, padeceu de distúrbios neurológicos. Esteve em dolorosa prova de alienação mental por longo tempo. Nota constante do livro *Sementeira de Luz*, à página 31, publicado pela Vinha de Luz Editora, em 2006.

01/09/1943

# AOS QUE ESTIMO COM O CORAÇÃO

Meus amigos, que as forças divinas vos concedam muita paz. Faço minhas as palavras do nosso irmão Arthur, no que se refere à nossa assistência de amigos, acrescentando, para o nosso irmão, a nossa visita paternal.[1] Com os recursos espirituais trazidos para a melhoria dos sintomas experimentados, creio que esta não se fará esperar. Aguardemos, pois, na Bondade Divina e não guardeis qualquer impressão pelo fato de me referir nesta noite a esse assunto. Afinal de contas, não posso andar proibido de visitar **aos que estimo com o coração**. Que o Senhor nos auxilie a todos, são os votos do servo e irmão humilde,

EMMANUEL

[1] Nota da Organizadora: em referindo-se a Rômulo.

08/09/1943

# SOBRE O "NOSSO LAR"

Meus amigos, muita paz espiritual vos desejo. Agradecendo em nosso nome a feitura material do **novo livro**, estamos igualmente satisfeitos com o término do trabalho.[1] Oxalá possa o autor continuar, em futuro breve, desfazendo certos enganos e colocando a responsabilidade do homem no lugar devido! Agradecemos a vós todos pela cooperação prestada, porque não é muito fácil atender aos esforços dessa natureza. Que o Senhor vos anote a dedicação, levando ao vosso crédito esse serviço de amor às construções espirituais. Não convirá a remessa imediata do volume ao Rio.[2] É mais razoável aguardar-se o prefácio do próprio autor e efetuar a revisão justa. Há tempo. A maior pressa é a do aproveitamento da oportunidade. Depois de pronta a equalização, o ato de servir diretamente poderá vir depois. Gratíssimo, pois, ao vosso esforço. Rogamos ao Senhor da Vida nos abençoe e nos proteja sempre com o nosso compromisso individual de empregar utilmente essas bênçãos e essa proteção. Boa noite. Que a paz reine em vossos corações e em vosso lar, são os votos do vosso amigo e servo humilde,

EMMANUEL

---

Notas da Organizadora: [1] refere-se a *Nosso Lar*, com prefácio de 3 de outubro de 1943. [2] Cumpre esclarecer que a maioria dos livros recebidos por Chico, de 1938 a 1952, foi escrita à máquina no gabinete destinado a esses trabalhos, no andar térreo da residência da família Joviano. As páginas recebidas, a cada dia, eram depois levadas pelo Chico para o gabinete de Rômulo e lidas à noite pelo casal, que aguardava, com muito interesse, as do dia seguinte, qual bendita novela. As páginas eram arquivadas por Rômulo, que, ao final de cada livro, as remetia à FEB, no Rio de Janeiro.

17/09/1943

# OS FRUTOS NO BEM E NA VERDADE

Meus amigos, que as forças do bem vos ajudem a colher **os frutos dos esforços no bem e na verdade**. Saudamos a todos os nossos amigos, porém, particularizando os cumprimentos ao nosso Comandante, que é o "leader" da mesa familiar. Graças à Providência, assinalamos-lhe as melhoras físicas, de ordem geral. Entretanto, deve continuar o uso da medicina preventiva, com os nossos bons sentinelas homeopáticos. Relativamente ao mais, temos tido o prazer de aplicar-lhe passes e outros recursos de nossa "especialidade espiritual", cooperando com os nossos recursos no seu equilíbrio orgânico. Não será, pois, necessário senão que continue a confiar na nossa amizade velha e confortadora. Assim, pois, meus amigos, desejamos ao vosso coração a paz possível e coragem para os trabalhos de cada dia. Vosso irmão e servo humilde,

EMMANUEL

23/09/1943

# NO "LADO DE CÁ"

Meus irmãos, que as forças do bem vos assistam. Ide descansar o corpo para que as bênçãos divinas vos revigorem as possibilidades físicas em silêncio e para que continuemos juntos no mesmo trabalho de espiritualização **no "lado de cá"**. Deixai um pouco as vossas realidades-sonhos e vinde buscar os sonhos-realidades. Nesse balanço de atividades, encontrareis o pão da vida. Que o Senhor nos abençoe e nos proteja, são os votos de vosso irmão e servo humilde,

EMMANUEL

23/09/1943

# SOBRE "OS MENSAGEIROS"

Meus amigos, que as forças do bem vos abençoem e iluminem como sempre. Está presente o nosso amigo André,[1] que vos agradece e que continua em serviço espiritual para **a nova série de páginas que promete para breve**, se tanto nos permitir o Senhor. Que Jesus nos ampare os corações e nos fortaleça. Repousai na sua paz. Vosso irmão e servo humilde,

EMMANUEL

[1] Nota da Organizadora: refere-se a André Luiz e ao livro *Os Mensageiros*.

13/10/1943

# A PAZ DA OBRIGAÇÃO BEM CUMPRIDA

Meus amigos, que as forças do bem nos amparem e iluminem sempre. Terminando as vossas preces, recolhei-vos **à paz da obrigação bem cumprida**. Atendestes ao dever da lavoura espiritual. Plantastes, cuidastes e colhestes, nos diversos setores em que se desdobraram vossas meditações e orações. Repousai, pois, na paz do Senhor Jesus. Desejando-vos muita paz e alegria, sou o irmão e servo humilde,

EMMANUEL

---

Nota da Organizadora: nessa noite, Vovô Arthur não se comunicou, mas esteve presente e houve a comunicação de Nhanhá e de Rosalina (D. Sinhá). Nhanhá, desencarnada em 23 de fevereiro de 1943, era avó paterna do primo de Rômulo, Caio Márcio Renault, que passava, muitas vezes, férias escolares na Fazenda, em Pedro Leopoldo. Rosalina (D. Sinhá) era mãe de Lurdes e casada com Avelino Fernandes. As famílias Joviano e Fernandes foram amigas em Belo Horizonte e no Rio de Janeiro, onde foram também vizinhas, na Praia do Flamengo. A família Fernandes residia no "Castelinho", situado na esquina da Rua Dois de Dezembro e que, ainda hoje, existe e é utilizado para eventos culturais.

20/10/1943

# SEJA A VOSSA PRECE UMA LUZ PARA AS ESTRADAS NOTURNAS DO SONHO

Meus amigos, que as forças divinas vos iluminem, como sempre. Repousai na tranquilidade do dever cumprido. **Seja a vossa prece uma luz para as estradas noturnas do sonho.** Que o Senhor nos ajude a todos. Vosso irmão e servo humilde,

EMMANUEL

27/10/1943

# DO AMOR QUE SANTIFICA

Meus amigos, que as forças do bem vos concedam muita paz ao coração. Repousai na tranquilidade do dever que constrói e **do amor que santifica**. Que o Senhor vos encha o caminho de bênçãos de luz eterna, são os votos sinceros do vosso irmão e servo humilde,

EMMANUEL

24/11/1943

# REPOUSAI NA PAZ DO MESTRE

Meus amigos, que as forças do bem vos abençoem, conferindo-vos muita harmonia ao coração. **Repousai na paz do Mestre**. Que ele vos proteja sempre e nos ilumine a todos, são os votos do irmão e servo humilde,

EMMANUEL

08/12/1943

# O EVANGELHO COMO GUIA DIÁRIO

Meus amigos, que as forças divinas vos concedam muita paz espiritual. Estamos pedindo ao Senhor vos conceda vasos espirituais cada vez maiores para recolherdes conosco a maior extensão de suas bênçãos. Que ele vos ajude e oriente, guiando vossos passos **na senda evangélica dos testemunhos de cada dia**. Que a energia divina esteja em vossas possibilidades humanas, fortalecendo-vos para o caminho, são os votos sinceros do irmão e servo humilde,

EMMANUEL

22/12/1943

# QUE O NATAL INTENSIFIQUE A LUZ DO ENTENDIMENTO

Meus caros amigos, que as forças do bem vos auxiliem nas lutas purificadoras da existência terrestre. Fazemos dos votos de nosso amigo Arthur também os nossos. **Que o Natal de Jesus nos encha de alegria e coragem como sempre, intensificando a luz de nosso entendimento** e dilatando-nos a visão divina. Que o Pai vos abençoe sempre, são os votos do vosso irmão e servo humilde,

EMMANUEL

29/12/1943

# FORTE É AQUELE QUE ENCONTROU O CAMINHO

Meus caros amigos, que as forças sublimes do bem vos concedam muita paz espiritual. Interpreto, igualmente, a visita de numerosos irmãos nossos, que vos visitam por motivo do ano novo. Dentre eles, destaco Lésio Munácio, que vos cumprimenta e agradece os bons pensamentos emitidos a favor do livrinho que será confeccionado quando o Pai permitir, salientando que não faltam às criancinhas que lhe são tuteladas ao generoso espírito o conforto necessário.[1] Tranquilizemo-nos, pois,

[1] Nota da Organizadora: refere-se ao livro *Coletânea do Além*, editado pró-Abrigo Batuíra, com prefácio de 10 de setembro de 1945. Conforme mensagem de Emmanuel, datada de 19 de setembro de 1945, à página 283, Lésio Munácio, personagem do romance *50 anos depois*, é o pioneiro do Espiritismo no Brasil, ou seja, é Batuíra. As demais identidades de Batuíra são reveladas no livro *Mensagens de Inês de Castro*, organizado por Caio Ramacciotti e lançado em 2006 pelo GEEM - Grupo Espírita Emmanuel, com mensagens psicografadas por Chico Xavier em 1977. Nas palavras de Geraldo Lemos Neto, que assina a apresentação da referida obra, *"Lésio Munácio é o cristão do século II da cidade de Minturnes, que adotou o pseudônimo de Marinho e que acolhe em sua casa a presença de Célia Lucius, encaminhando-a, depois, a Alexandria. No século XIV, em Portugal, Lésio Munácio é a personalidade de Dom Dinis, esposo da rainha santa Isabel de Aragão (Veneranda, personagem de* Nosso Lar, *de André Luiz), pai de Dom Afonso IV e avô de Dom Pedro I, este último protagonista de uma intensa saga de amor com Inês de Castro. No século XVI, Lésio Munácio / Dom Dinis é a personalidade de João Ramalho, destemido português que fundou o que hoje são as cidades de São Bernardo do Campo e Santo André, vizinhas de São Paulo, por sua vez fundada por Padre Manoel da Nóbrega / Emmanuel. Na sequência das vidas sucessivas, Lésio Munácio / Dom Dinis / João Ramalho retorna, por fim, no século XIX, como o português Antônio Gonçalves da Silva, cognominado Batuíra, em São Paulo, onde converteu-se em valoroso pioneiro espírita-cristão do Brasil".*

e aguardemos a oportunidade precisa. Outros amigos vos trazem os seus votos de paz e todos, em conjunto, suplicamos ao Eterno transforme as nossas aspirações em bênçãos que vos reconfortem e iluminem cada vez mais. Possam todos os anos terrestres ser para nós, encarnados e desencarnados, períodos de realização ativa com o Senhor. Estamos à procura da luz divina, da qual sentimos alguns raios, como o viajor que vê, surpreendido, a estrela da manhã depois de longa noite. Que o Senhor nos dê forças para caminhar. Cada dia é uma divindade de vinte e quatro mãos. Cada semana é um período de sete realizações divinas. É assim que podemos prosseguir, construindo em nós, acendendo novas luzes para o nosso coração e espalhando o bem máximo com os outros. À medida que soubermos valorizar cada vez mais a bênção do tempo, cada vez mais se dilatarão as nossas possibilidades. Não procuremos o repouso do mundo. Procuremos o descanso no Senhor Jesus. Na Terra, a paz costuma ser imobilidade ao corpo e tormento ao espírito, mas para o espírito que está na Terra, e que conhece a glória do Pai, o verdadeiro repouso é o do coração tranquilo, ainda mesmo que o corpo se estraçalhe nas lutas. Essa paz é a riqueza dos fortes e **forte é todo aquele que encontrou o Caminho**, acendeu a luz da Verdade e se põe em marcha em busca da Vida. Essa a suprema edificação para a qual todas as outras são cursos de preparação. Boa noite, meus amigos! Que a paz do Senhor vos envolva em sua claridade divina. Vosso irmão e servo humilde,

**EMMANUEL**

# 1944

22/03/1944

# PORTAS ADENTRO DO ESPIRITISMO

Meus caros amigos, que as forças divinas vos concedam muita paz e fortaleza de ânimo na luta terrestre. Agradecendo-vos pela cooperação generosa de sempre, peço a Jesus pela vossa tranquilidade e eterna iluminação. O trabalho de Humberto, sem dúvida, poderá constar de 40 produções, que ele próprio orientará, com certeza, na primeira oportunidade.[1] Como é avançado o número de interpretações evangélicas por nós efetuadas com o amparo divino para o *Caminho, Verdade* e *Vida*, e o trabalho no mesmo gênero que o acompanhará, de futuro, interromperemos o serviço com a página de hoje até que possamos organizar o primeiro volume acima mencionado, para verificar, depois, o programa que se lhe seguirá.[2] E enquanto termina o esforço de Humberto na conclusão de *Novas reportagens*, o nosso amigo poderá separar as "chapinhas" que melhor nos sugiram ideias de responsabilidade, serviço, entendimento e compromisso individuais, **portas adentro do**

Notas da Organizadora: [1] refere-se a Humberto de Campos e à obra *Lázaro Redivivo*, que foi lançada em 1945 e consta de 49 capítulos. [2] O livro *Caminho, Verdade e Vida* foi lançado em 1949, pela FEB.

**Espiritismo**. Desse modo, se permitir o Senhor, iniciaremos a organização do *Caminho, Verdade e Vida* com o material a ser revisto de abril em diante, nas oportunidades que surjam. E enquanto elaboramos os nossos votos de novas produções, pedimos a Jesus nos inspire com o seu divino pensamento nos futuros trabalhos que a sua misericórdia nos confiar. Ele saberá melhor o que devemos receber e nele devemos confiar, agora e sempre. Boa noite, e que o Senhor vos conceda muita paz. Vosso humilde amigo e servo em Jesus,

**EMMANUEL**

12/05/1944

# A CRÍTICA É SEMPRE BOA

Meus amigos, que as forças divinas nos fortaleçam. Não tenhamos cuidado com a crítica dos que não estão no mesmo plano de apreciação e análise do que vamos observando. Aliás, **a crítica é sempre boa**. É apenas de se lamentar que haja tanto espírito anárquico no seio de nossas atividades espirituais, mas também queixarmo-nos por isso seria imitar o lavrador que se atormenta por ver muitos espinhos e zonas áridas no campo que o Senhor lhe concedeu, esquecido de que o fogo consome os espinhos e de que o adubo regenera o terreno estéril de mistura com a água reconfortante. Prossigamos, pois, sem desfalecimentos e abençoemos os que não possam concordar, por enquanto, com a responsabilidade moral e com o espírito de serviço. Que o Senhor vos ampare e vos conceda muita paz.

EMMANUEL

17/05/1944

# PROSSIGAMOS ATENDENDO A JESUS

Meus amigos, que as forças divinas vos fortaleçam nas lutas. Não temamos na caminhada terrestre, seja envolvidos em fluidos carnais ou em diferentes roupagens inacessíveis ao olhar comum. **Prossigamos atendendo ao Senhor Jesus**. Referentemente aos passes, meu amigo, buscaremos solucionar esse assunto informativo tão logo surja a oportunidade.[1] Creio também que a medida levará grandes benefícios a muitos, porque o passe é medicação viva, eficiente e imediata, não só à disposição do homem encarnado, mas de todos nós, cujo quadro de experiência não se fixa propriamente na superfície do planeta, condicionada às leis fisiológicas conhecidas. Que o Senhor vos conceda muita saúde para valorizardes os bens da vida e muita paz, a fim de escolherdes, em Cristo, o tesouro das experiências de cada dia. Vosso irmão e servo humilde,

EMMANUEL

---

[1] Nota da Organizadora: em referindo-se a Rômulo Joviano, que dava passes, à noite, no Centro Espírita Luiz Gonzaga, em Pedro Leopoldo | MG.

02/06/1944

# DAI SEMPRE TUDO O QUE POSSUIRDES DE BOM

Meus caros amigos, que o Senhor Supremo da Vida vos conceda muita paz espiritual, luz divina e saúde física. Congratulamo-nos convosco, igualmente, pelo regresso ao lar. Prossegui animados em vossas lutas da Terra. **Dai sempre tudo o que possuirdes de bom**. O Senhor multiplicará as bênçãos. Forneçamos o mínimo. Ele conferir-nos-á o máximo. Trabalhemos, pois, sempre cheios de otimismo e confiança no Divino Poder. Quanto ao "mundo velho", formado nas paisagens nobres, mas inferiores da vida, esse, meus amigos, preferirá sempre o "touro que rime com o ouro". Antes de Cristo desejará o cristal e longe de amar as cruzes preferirá os cruzeiros. O tempo, todavia, é o amigo bom. Cada um se enriquecerá ao seu toque. Que Jesus nos abençoe a todos. Vosso irmão e servo humilde,

EMMANUEL

26/07/1944

# A MISERICÓRDIA E A SABEDORIA DO SENHOR

Meus amigos, que o Senhor vos conceda muita paz. No momento, não tenho a oferecer-vos senão a continuação do vosso estudo evangélico de ontem.[1] O versículo seguinte fala muito alto a nós todos: *"Olhando, notaram que a pedra já fora removida, pois era muito grande"*. O escândalo é muito pesado para que seja desfeito tão-só pelas mãos nossas, ainda frágeis. Esperemos em Cristo, olhando o bastante, porque quando menos esperarmos esse calhau enorme terá sido retirado com **a misericórdia e a sabedoria dele**, certos de que mais uma página sombria do túmulo do passado se transformou em pombo de luz, simbolizando o espírito de redenção e de vida. Que o Senhor nos abençoe a todos. Vosso irmão e servo humilde,

EMMANUEL

---

[1] Nota da Organizadora: Emmanuel faz referência ao culto do Evangelho no lar realizado na véspera, terça-feira, 25, quando foi estudado, no Evangelho de Marcos, Capítulo 16, o versículo 3.

09/08/1944

# ADVERTÊNCIA

Meus amigos, que o nosso Mestre vos conceda a sua divina paz. Relativamente à nossa combinação de hoje, continuemos no mesmo programa para qualquer eventualidade. Será interessante apenas que **nos acautelemos** quanto à possibilidade de uma reunião, que somente deverá ser realizada nas condições previstas, caso surja novo assédio. Guardemo-nos na paz de nosso Senhor Jesus Cristo. Que ele vos guarde agora e sempre, são os votos do irmão humilde de sempre,

**EMMANUEL**

13/09/1944

# UM LIVRO PARA BATUÍRA

Meus amigos, que as forças divinas vos abençoem o coração nas lutas de cada dia. Cooperaremos convosco na escolha dos materiais para **o livro consagrado a Batuíra**.[1] Continuai selecionando e, em seguida, efetuaremos o serviço sob as bênçãos do Pai. Que a Sua misericórdia nos auxilie e fortaleça sempre para que possamos fortalecer a nós próprios e auxiliar aos nossos irmãos, são os votos de vosso irmão e servo humilde,

EMMANUEL

[1] Nota da Organizadora: refere-se ao livro *Coletânea do Além*.

18/09/1944

# BÊNÇÃOS DEPOIS DO DIA BEM VIVIDO

Meus amigos, que as forças divinas vos concedam muita paz. Encerrai as vossas orações na paz do Senhor Jesus. Conquistastes o vosso salário de **bênçãos depois do dia bem vivido**. Que o nosso amoroso Pai vos enriqueça de luzes. O nosso amigo André poderá fornecer o quarto capítulo: versará sobre o Vampirismo.[1] Temos de seguir passos vagarosos. Que o Pai nos abençoe. Vosso irmão e servo humilde,

EMMANUEL

[1] Nota da Organizadora: refere-se a André Luiz e ao livro *Os Mensageiros,* lançado em 1944 pela FEB.

20/09/1944

# A LUZ DO CRISTO NOS MODIFICA PARA SEMPRE

Meus amigos, que as forças superiores da vida vos concedam muita paz. Ouvindo-vos as considerações sobre a drosófila, lembramo-nos de um belo símbolo. É que somos, todos nós, as drosófilas "conscientes" de Jesus Cristo. O cientista do mundo obriga as suas pequeninas cobaias a receber-lhe os jatos de luz transformadora. Jesus, porém, dá-nos a liberdade de receber-lhe ou não a luz edificante e redentora. A persistência no jato de luz terrestre modifica a variedade da drosófila em caráter definitivo. A permanência de nosso espírito na **luz de nosso Senhor Jesus Cristo nos modifica para sempre**, dando-nos ascensão e portas abertas em Plano Superior. A rigor, portanto, tudo o que vai pela ciência dos homens tem símiles ainda mais belos nas atividades do espírito. Relativamente à mensagem do Irmão X, somos de opinião que deva surgir para o ano próximo. Não convém despertar novas forças combustíveis para a fogueira do desentendimento e do ódio. Creio mesmo, embora não fosse esse o nosso parecer dias atrás, que não será conveniente incluir o nosso bom amigo no corpo de colaboradores desse pequeno livro destinado à obra de Batuíra. As forças do mal ainda rugem surdamente. Há velhos monstros à solta, sentimentos malignos à espreita. Tudo que fizermos para caminhar aquelas "milhas de concessão", a que se refere o nosso Mestre, será bem empregado. Talvez não partilhe a mesma opinião o nosso companheiro interessado no assunto, mas há momentos em que o parecer prevalecente deve ser o do justo Juiz — aquele que é a base divina de todo direito vivo. Desse modo, caminharemos com as Escrituras. Há no silêncio grandes forças de vitória real e preferimos essas forças, porque tudo que é voz do mundo também silenciará um dia para a visão do Verbo Maior. Quanto aos trabalhos em organização, quando puderdes podereis concatenar o livro para os órfãos, já em perspectiva, bem como o *Caminho, Verdade e Vida*, no que poderemos colaborar convosco.[1] Porquanto, senão algumas páginas esparsas ou pequenas produções de ordem geral, há muito poucas probabilidades de qualquer trabalho novo neste ano. Sendo assim, quando vos for possível, podereis aproveitar o material existente. Desejando-vos muita paz e luz, sou o vosso irmão e servo humilde,

**EMMANUEL**

[1] Nota da Organizadora: trata-se do *Coletânea do Além*, de diversos autores, pró-Abrigo Batuíra, editado pela Livraria Allan Kardec, São Paulo. Penso que Emmanuel se refere à segunda edição, pois no folheto *Comunicação*, número 150, ano 19, consta o ano de 1943 como o de lançamento, editado pela Federação Espírita do Estado de São Paulo (Feesp). Sobre o Abrigo Batuíra, informamos que *"a casa funcionou em São Sebastião, interior do Estado de São Paulo, entre os anos de 1945 e 1990, como Instituição Cristã Beneficente Verdade e Luz - Abrigo Batuíra. Funcionava como internato e colônia de férias para crianças carentes. Fundada em 1904, atualmente a Instituição continua realizando projetos sociais nas cidades de Poá, São Paulo e Porto Ferreira, e tem como presidente o sobrinho-neto do fundador Batuíra, Arnaldo Pandolfi."* Fonte de consulta: www.saosebastiao.sp.gov.br. Acesso em: 03 abr 2007.

04/10/1944

# NOSSO TRABALHO DE INTERCÂMBIO E COOPERAÇÃO COM O PLANO DA CARNE

Meus amigos, que o Senhor nos ilumine e nos abençoe a todos. O trabalho de nosso amigo André vai muito bem.[1] Considerando de utilidade, seja copiada a primeira mensagem, intitulada "O psicógrafo", para ser enviada aos nossos amigos do Rio. As demais poderão ser guardadas para a confecção do serviço que ele pretende dar. Creio que ele tem material mediúnico para gastar até sexta-feira ou sábado, quando terminará, segundo cremos, o capítulo que intitulou "Desenvolvimento mediúnico". Em seguida, será compelido a interromper para continuar depois, logo que oportuno. Isso ocorre porque, no momento, falta-nos o que já podemos chamar de "unidades-força". Não nos faltam ideias, nem realizações, mas é preciso condicionar as nossas possibilidades às vossas, sem

[1] Nota da Organizadora: refere-se a André Luiz e ao livro *Os Mensageiros*.

alterarmos a boa lei. André Luiz arquitetou um trabalho nas linhas já conhecidas, a constituir-se de vinte capítulos, aproximadamente. Ao nosso ver é serviço valioso pelos detalhes técnicos que oferecerá, relativamente ao **nosso trabalho de intercâmbio e cooperação com o plano da carne**. Que Jesus nos ajude a marchar pelo melhor caminho. Rogando a sua paz para todos nós, sou o vosso irmão e servo humilde,

EMMANUEL

11/10/1944

# BOM É O REPOUSO PARA OS QUE TRABALHAM

Meus amigos, que as forças divinas vos iluminem a senda diária. Encerrai as vossas preces na confiança de Jesus. **Bom é o repouso para os que trabalham**. Que o Pai nos abençoe a todos, são os votos do irmão e servo humilde,

EMMANUEL

25/10/1944

# COM JESUS, AGORA E SEMPRE

Meus amigos, que as forças divinas vos concedam muita luz e paz. Encerrai as vossas orações na tranquilidade que **Jesus** nos concedeu. Que esse bem-estar vos felicite onde estiverdes, **agora e sempre**, são os votos do amigo e servo humilde,

EMMANUEL

01/11/1944

# ENTRE CRIANÇAS DO ENTENDIMENTO

Meus amigos, que as forças do bem vos auxiliem sempre. Estamos satisfeitos pelo término do quinto capítulo das elucidações de André Luiz. Aparentemente moroso, o trabalho vai sendo levado a efeito com a calma e a ponderação preciosas. Cada página tem de ser muito estudada para observarmos até que ponto podemos ser úteis nesses adiantamentos da verdade, no campo de vossas vibrações e relações no mundo para vós invisível e daí a necessidade de vagar e maturação de cada raciocínio. André Luiz é o autor efetivo dos serviços, mas há que obedecer a outros que nos dirigem e que desejam com justiça saber o que estamos nós, os espíritos desencarnados, fazendo com os ensinamentos que nos dão. Estabelecer a média do que deve ser dito, de acordo com as possibilidades gerais de todos aqueles aos quais o trabalho se destina, é serviço que se efetua depois de muitos exames, sugestões, retoques do assunto e várias discussões. É um relatório quase da vida dos homens encarnados na esfera dos que se encontram fora dos círculos carnais e vice-versa, e as afirmações requerem muita medida, porque há que atender a conselho de Paulo, no que concerne ao alimento espiritual. Para crianças, o leite da razão, para adultos, os pratos sólidos mais comuns, entretanto, **somos trabalhadores entre maiores espirituais e crianças do entendimento**. É indispensável atender a todos, sem ferir a nenhum. Esperamos que André possa reiniciar seu esforço em breves dias. Estamos discutindo a melhor maneira de lançamento da sua tese relativa à oração. Esperemos. Que o Pai nos ajude e abençoe a todos. Desejando-vos muita paz e felicidade, sou o vosso irmão e servo humilde,

**EMMANUEL**

15/11/1944

# UM VALIOSO TRABALHO NO CAMPO DAS IDEIAS NOVAS

Meus amigos, que as forças divinas vos abençoem. Felicitamo-vos pela vinda de *Os Mensageiros*. É **um valioso trabalho a mais no campo das ideias novas**. André Luiz manifestará o seu contentamento na primeira oportunidade. Boa noite, e que o Senhor vos conserve a paz espiritual. Vosso irmão e servo humilde,

EMMANUEL

29/11/1944

# A VONTADE DO PAI

Meus amigos, que as forças divinas vos concedam muita paz espiritual e boa saúde. Cumprida **a vontade do Pai**, descansa o trabalhador na serenidade da boa consciência. Repousai, pois, após o trabalho do dia. Que Jesus vos conceda o salário divino de suas divinas bênçãos. Muita paz e bom ânimo, alegria e luz é o que vos deseja o amigo e servo humilde,

EMMANUEL

06/12/1944

# SALÁRIO DE PAZ

Meus amigos, que o Senhor da Vida vos conceda muita paz e luz. *"Digno é o trabalhador do seu salário"*, diz-nos a lição evangélica, amorosa e sábia. Guardai o vosso **salário de paz** com alegria. Que o Pai nos ilumine a todos no caminho da realização divina, são os votos do vosso irmão e servo humilde,

**EMMANUEL**

13/12/1944

# TRANQUILIDADE CONSCIENCIAL

Meus amigos, guarde-vos o Senhor em sua divina paz. Encerrai as vossas orações na **tranquilidade do dever cumprido**. Que o Pai nos fortaleça e nos guie nos caminhos de Sua vontade santa. Vosso irmão e servo humilde,

EMMANUEL

20/12/1944

# REPOUSO CONSTRUTIVO

Meus amigos, que o Senhor vos conceda muita paz espiritual. Depois do trabalho, recebei do Senhor a bênção do **repouso construtivo**. Que a sua divina mão nos oriente no cumprimento de nossos deveres, são os votos do vosso irmão e servo humilde,

EMMANUEL

27/12/1944

# Como nas Bodas de Caná

Meus amigos, que as forças divinas vos concedam muita paz. Aos votos de nosso irmão Arthur, associamos igualmente os nossos, felicitando-vos no aniversário de felicidade conjugal.[1] Que Jesus, **como nas Bodas de Caná**, vos transforme os elementos mais simples dos caminhos de luta em vinho reconfortador de júbilos cristãos, no desempenho de vossas tarefas sagradas.[2] Desejando-vos a paz e a luz, com muita saúde física para os vossos deveres de cada dia, sou o irmão e servo humilde,

EMMANUEL

---

Notas da Organizadora: [1] os cumprimentos foram dirigidos ao casal Joviano, que, na data, comemoraram 21 anos de casados. [2] Vide João, 2.

# 1945

03/01/1945

# O ELIXIR DA ENERGIA ÍNTIMA É UM MEDICAMENTO DE EFICÁCIA ETERNA

Meus amigos, que o Senhor nos conceda muita paz no trabalho de cada dia. Antes de encerrar os nossos trabalhos, saudamos o Comandante, desejando-lhe felicidades na estação de repouso na montanha. Graças à Providência, o nosso amigo experimenta excelentes disposições orgânicas, com a invejável postura espiritual e física para comandar em quaisquer circunstâncias. **O elixir da energia íntima é um medicamento de eficácia eterna**. Aqueles que o descobrem e o aplicam, como acontece ao nosso caro General, descobre a "si mesmo" e sabe caminhar, com desassombro, para diante e para o Alto. General Aurélio, receba as nossas saudações muito cordiais e as nossas felicitações sinceras pela sua boa saúde. Não recordaremos os velhos processos desintoxicantes do "tomate". Agora devemos seguir avante, esquecendo qualquer ligação com o passadismo. Essa é a razão que impede o verso habitual. Que Jesus nos conceda as suas bênçãos divinas, são os votos sinceros do irmão e servo humilde,

EMMANUEL

10/01/1945

# NO ANIVERSÁRIO DE MARIA JOVIANO

Meus amigos, que as forças do bem nos iluminem as sendas a percorrer. Associamo-nos aos votos de felicidade e paz pela passagem do **aniversário de nossa irmã** aqui presente.[1] Faltam relativamente poucos minutos para o nascer do dia. Sejam, pois, nossas saudações as primeiras que, com as aleluias de um sino da vida, toquem a alegria dos corações pela santa alegria familiar. Deus vos conceda, minha amiga, luz, paz e vida como sempre: luz para iluminar os que permanecem convosco, paz para aliviar-lhe todas as lutas e vida para a vossa edificação cada vez mais alta para a vida eterna. Cumprimentamos a todos os nossos amigos presentes, destacando o nosso prezado General, a quem desejamos boas realizações nos serviços do repouso em curso. Que o Pai nos abençoe, são os votos sinceros do irmão e servo humilde,

EMMANUEL

[1] Nota da Organizadora: em referindo-se ao aniversário de Maria Joviano, em 11 de janeiro.

31/01/1945

# JESUS, O PROVEDOR DIVINO

Meus amigos, que o Senhor da Vida nos conceda muita paz. Nossos irmãos, que se acham presentes, vos saúdam em Cristo Jesus, desejando-vos todo o bem. Não temos qualquer lembrança a acrescentar quanto à medicação do nosso amigo Comandante. E **Jesus, que é o Provedor divino**, não esquecerá o "provedor da Cruz", sempre dedicado e fiel aos seus misteres e responsabilidades. O trabalho de nosso amigo André Luiz vai muito bem e não está distante do término.[1] Urge simplificar para não complicar e reduzir o alimento com proveito para que não hajam distúrbios na assimilação. Boa noite. Que o Pai eterno nos proteja e abençoe. Vosso irmão e servo humilde,

EMMANUEL

[1] Nota da Organizadora: o trabalho de André Luiz mencionado é o livro *Missionários da Luz*, com prefácio datado de 13 de maio de 1945 e primeira edição no mesmo ano pela FEB.

07/02/1945

# NÃO É JUSTO DEIXAR OS PROBLEMAS EM NUVENS DE OBSCURIDADE

Meus amigos, que as forças do bem vos concedam muita saúde, paz e luz. Relativamente ao novo esforço de André Luiz, fazeis muito bem exteriorizando qualquer pequena dúvida que a primeira leitura vos suscite. Urge simplificar para melhor atender. Esses serviços são levados a efeito para o coração do povo, em primeiro lugar. E **não é justo deixar os problemas versados em nuvens de obscuridade**, com exceção dos casos, aliás, frequentes, em que somos obrigados a não levantar, em demasia, o véu da revelação. Não devemos superar a média geral dos conhecimentos comuns, sendo, não obstante, compelidos a esclarecer as questões tanto quanto seja possível. Notificamos ao nosso amigo Comandante que a entidade em visita da semana passada lhe pede auxílio espiritual através de preces, auxílio esse, aliás, a que se recomenda a todos vós. Embora detentor de muitas qualidades elevadas, o irmão a que nos referimos necessita de ajuda e oração. Que Jesus o proteja, dando-lhe de acordo com as suas necessidades. Boa noite para todos. Guarde-nos o Senhor em sua paz divina. Vosso irmão e servo humilde,

EMMANUEL

14/02/1945

# O ESFORÇO DO PLANO ESPIRITUAL É IMENSO

Meus amigos, que as forças do bem nos auxiliem na execução de nossos deveres. Visitando-vos, de modo especial, esperamos que os recursos trazidos por nós vos sejam úteis à restauração das energias orgânicas e à preservação delas, face às vibrações perturbadoras que se verificam, a bem dizer, em toda parte neste doloroso momento do mundo. Assim dizemos porque **o esforço do plano espiritual é imenso** para colocar-vos a cavaleiro de epidemias fulminantes. As emanações pestíferas, oriundas dos quadros de guerra, vão sendo acentuadas de maneira espantosa. Não fosse a misericórdia de Cristo, imprevisíveis seriam as consequências, mas devemos confiar nele, nosso Mestre, Condutor e Senhor. Ao nosso amigo General, deixamos nossa visita atenciosa, esperando melhoras para o ouvido enfermo. Que Jesus nos fortaleça a todos, são os votos sinceros do amigo e servo humilde,

EMMANUEL

28/02/1945

# NA PÁSCOA

Meus amigos, que as forças divinas nos concedam muita paz para as tarefas do bem. O nosso irmão André Luiz, quase a termo de seu novo trabalho, vos agradece a cooperação carinhosa de sempre e com esse agradecimento peço-vos encaminheis aos nossos amigos do *Reformador* a mensagem do Irmão X.[1] **O mês próximo é consagrado a Jesus Crucificado** e a sua palavra ao Amigo Sublime da Cruz, quando não possa servir à família do sangue, servirá à família humana e cristã. Quando não possa ser publicado em março, poderá sê-lo em abril. Meu caro General, temos trabalhado nos passes de garantia

---

[1] Nota da Organizadora: "(...) *fundado em 1 de janeiro de 1883, é* Reformador *o órgão mais antigo da imprensa espírita brasileira, jamais interrompido em sua publicação. Nas páginas dessa revista mensal, o leitor encontrará excelente colaboração de estudiosos confrades, belas e edificantes mensagens mediúnicas, em prosa e verso, notícias extras e curiosas, traduções, transcrições, etc., ficando, ainda, a par dos lançamentos dos livros editados pela FEB. (...)*". Fonte de consulta: *Luz no Lar*, FEB.

ao dedo dilacerado. Estimo a sua fortaleza e felicito-lhe as boas disposições. Foi um simples acidente, que passará sem nuvens, entretanto, não convém expor o dedo ao sol quente por muitos minutos, enquanto perdure o tratamento. A propósito, poderei dizer-lhe:

*Comandante, o dedo enfermo*
*Está livre de infecção,*
*Louvando a virtude pronta*
*Do tomate e do limão.*

Agora, meus amigos, deixo-vos as minhas saudações cordiais. O Senhor vos guarde para sempre. Vosso amigo e servo humilde,

**EMMANUEL**

07/03/1945

# CONSELHOS DO RECEITISTA AO COMANDANTE

Meus amigos, que as forças divinas vos concedam muita saúde física e saúde espiritual. Continuando **as indicações ao amigo Comandante**, lembramos que não deve interromper o curativo diário à noite, ainda por alguns dias, prosseguindo no uso do *Salicilato de Sódio* até sábado. De domingo a terça-feira, usar, alternadamente, *Ruta, Carbo Veg*. (da 5ª djn.) e *Hamamellis*. São conselhos do receitista que transmito com prazer, desejando-lhe restabelecimento em breves dias. Graças à Providência, o dedo vai muito bem e tudo segue dentro da harmonia. Apenas pedimos ao amigo evitar qualquer pancada sobre os tecidos em processo de cicatrização normal. Que Jesus conceda a todos a sua alegria. Com esse voto, sou o vosso amigo e servo humilde,

EMMANUEL

21/03/1945

# RECEITA AO GENERAL (1)

Meus amigos, que as forças divinas nos concedam sempre a sua paz. Antes do nosso amigo receitista apresentar indicações para a nossa irmã Júlia, registro aqui afetuosas visitas ao nosso amigo General, a quem felicito pelas melhoras do dedo. Creia o Comandante que seu triunfo é expressivo. A ferida foi muito profunda e agora podemos assinalar com satisfação o seu restabelecimento. É sinal de que o seu departamento geral de saúde está em dia com todos os trabalhos de reparação. Isso é significativo e confortador. Aconselhamos ao nosso amigo a usar ainda um vidro do *Salicilato*, de seu conhecimento. Em seguida, faremos **indicações homeopáticas**. A medida é preventiva contra o fundo reumático natural. Despedimo-nos e rogamos a paz divina para todos. Vosso amigo e servo humilde,

EMMANUEL

27/03/1945

# RECEITA AO GENERAL (2)

Meus amigos, que as forças divinas vos concedam muita paz e luz. Antes de encerrar as nossas atividades da noite, transmito ao nosso amigo General as **indicações do receitista**, que são as seguintes, para uma semana: *Ruta, Arnica M.* (5ª), *Carbo Veg.* e *Ipecacuanha*. Recomendamos ao nosso amigo Comandante vigilância sobre o dedo, no que se refere a possíveis pancadas. Deve mantê-lo tal como está, a descoberto, para consolidar o processo de cicatrização, mas é preciso estar cuidadoso para não feri-lo nessa fase delicada de tão legítimo êxito de sua boa saúde de ordem geral. Boa noite para todos. E que o Pai vos ajude sempre e nos ilumine. Vosso irmão e servo humilde,

EMMANUEL

04/04/1945

# SEMELHANTE SERVIÇO DE SAÚDE NOS ALEGRA MUITO

Meus amigos, que as forças divinas vos concedam muita paz espiritual. Apresentamos ao nosso amigo General os nossos votos de boa viagem, desejando-lhe, junto dos familiares, muita saúde, bom-ânimo e alegrias. Felizmente, o dedo ferido foi cicatrizado e não foi preciso medicações violentas. **Semelhante serviço de sua saúde nos alegra muito**. Foi uma experimentação muito forte de resistência. E o equilíbrio orgânico provou bem a sua integridade. Que o Pai de Bondade e Misericórdia fortaleça os nossos irmãos em todos os seus trabalhos e testemunhos. Mais uma vez, renovo aos seus corações os nossos votos de muita paz. E desejando-vos muita saúde e tranquilidade em Cristo, sou o amigo e servo de sempre,

EMMANUEL

11/04/1945

# MISSIONÁRIOS DA LUZ: TRABALHO DE MUITA IMPORTÂNCIA

Meus amigos, que as forças divinas vos concedam muita paz de espírito. Interpretando os sentimentos de nosso amigo André Luiz, consigno aos seus os nossos agradecimentos pelo término do **trabalho novo, que reputamos de muita importância** para despertar consciências adormecidas. Urge arrebatar as concepções gerais ao campo menos digno do menor esforço. Enquanto os católicos romanos estão aguardando o Céu, os espiritistas esperam os mundos felizes. Admite-se a aquisição da felicidade eterna em troca de meras atitudes exteriores na esfera doutrinal? Impossível a preponderância de tais ilusões. É por isso que desejamos fazer soar o sino da realidade. Nem Céu nem mundos felizes imediatos, mas "nós mesmos", com as nossas virtudes e defeitos, edificações e deficiências, bracejando nas águas da luta universal por nos fazermos dignos do Pai que nos deu a vida. Creio que semelhante serviço não tem a presunção de transformar ninguém de um momento para outro, todavia, é roteiro para as consciências mais avisadas, que estejam efetivamente interessadas em espiritualização. Para os companheiros mais infantis, prosseguirá o quadro de sempre - o prado verdejante das boas esperanças, onde se cansarão de brincar quando o entendimento lhes amadureça o raciocínio. Examinando nesse prisma, consideramos o serviço muito valioso e pedimos ao Mestre vos recompense a cooperação e o carinho. Considerando a elevada posição da figura máxima das narrativas de André, sugiro que o trabalho seja intitulado *Missionários da Luz*. O missionário envolve o cooperador que trabalha administrando ou obedecendo, e Alexandre bem merece esse título, como servo fiel de nosso Senhor Jesus Cristo. É, porém, uma sugestão. Não a tenham como definitiva. O serviço impessoal é sempre mais belo e proveitoso e se outro título surgir, mais adequado, será para nós motivo de muito prazer o reajustamento. Pensamos em apresentar esse, porque, de fato, os trabalhadores que figuram em todas as cenas são filhos da luz espiritual, criaturas nas quais as sombras estão dissipadas, não obstante permanecerem a serviço dos irmãos encarnados. Cada figura dessas, que André Luiz apresenta, é muito respeitável e é por isso que escolhemos para o conjunto a designação de "missionários", acrescentando-lhes a condição de habitantes ou expoentes da luz divina. Continuemos examinando e servindo no que seja melhor. Peço-vos para que ambas as mensagens "O psicógrafo" e "Materialização" sejam apresentadas no original datilográfico do livro em sua forma já impressa no *Reformador*, sem as páginas originárias — rogo-vos isso porque ambas foram já corrigidas pelos nossos amigos em sua pontuação, etc. - e não desejamos que esse ou aquele colaborador da tarefa entre em luta por causa de uma ou outra vírgula. Será melhor. A paz é a base do trabalho cristão e só devemos modificar-lhe o aspecto quando a substância do trabalho cristão assim exija. Por detalhes, porém, nunca! Solicitamos ainda para que o processo ao envio seja o mesmo de todas as ocasiões idênticas. Se algo houver no setor da modificação, que isso se verifique por nossos amigos, porquanto a cada um cabe uma responsabilidade, em vista de que esse serviço é originariamente do Alto. No que me toca, ainda não produzi coisa alguma, sendo que tenho tão-somente recebido para transmitir e sinto-me feliz por ter cumprido o meu compromisso de entregar à circulação geral as ideias renovadoras que nos foram confiadas. Mais uma vez, meus amigos, agradeço-vos em nome de todos nós, e desejando que a bênção de Jesus nos felicite os corações sou o vosso amigo e servo humilde,

EMMANUEL

18/04/1945

# A GRATIDÃO DE ANDRÉ LUIZ

Meus amigos, que o Senhor nos conceda a sua bênção. **André Luiz, mais uma vez, agradece a todos**. Na primeira oportunidade, talvez amanhã, finalizaremos o serviço. Que o Pai nos abençoe. Vosso amigo e servo humilde,

EMMANUEL

25/04/1945

# CONSTRUÇÕES ESPIRITUAIS PARA A TERRA E PARA O CÉU

Meus amigos, que as forças divinas vos concedam muita paz. Que a vossa noite seja repleta de **construções espirituais para a Terra e para o céu**, para o corpo e para a alma. Que o Pai nos abençoe e ilumine sempre, são os votos do vosso amigo e servo humilde,

EMMANUEL

11/05/1945

# SOBRE O "MISSIONÁRIOS DA LUZ"

Meus caros amigos, que as forças divinas nos protejam e iluminem sempre. Fazemos nossa a satisfação do amigo que nos falou com tanta emoção. Guardemos a bênção, estendendo-lhe os benefícios. O Senhor é o infinito de bondade e misericórdia. **Relativamente ao *Missionários da Luz***, creio que será útil o envio do original nos dias próximos. Estimarei que o prefácio seja datado de 13 de maio corrente. Que o Pai vos abençoe e nos proteja sempre. Vosso amigo e servo humilde,

EMMANUEL

16/05/1945

# BOM ÂNIMO

Meus amigos, que as forças divinas vos renovem as energias orgânicas e nos concedam muita paz e **bom ânimo**. Que o salário do bom trabalhador vos seja conferido dos planos de Mais Alto. E encerrando as nossas preces com o reconhecimento invariável ao nosso divino Mestre, deseja-vos muita saúde e alegria o amigo e servo humilde,

EMMANUEL

23/05/1945

# NAS TAREFAS DA VONTADE DO ETERNO

Meus amigos, que as forças divinas nos concedam muita paz e bom-ânimo **nas tarefas da vontade do Eterno**. Que Ele nos conceda bastante luz para o caminho e nunca nos falte com o Seu amparo, são os votos do amigo e servo humilde,

EMMANUEL

30/05/1945

# A TODOS VÓS QUE TRABALHAIS CHEIOS DE FÉ

Meus amigos, que o Senhor da Vida vos guarde na realização espiritual. Rogamos a Ele nos seja concedida a graça de refletir a Sua vontade soberana e santificada, onde quer que estejamos para a nossa felicidade e próprio bem. Que a Sua bondade se manifeste para **todos vós que trabalhais cheios de fé**, são os votos do amigo e servo humilde,

EMMANUEL

06/06/1945

# ABENÇOADO SEJA O VOSSO TRABALHO

Meus amigos, que as forças divinas nos removam sempre para o Alto. **Abençoado seja o vosso trabalho**! Que o Senhor nos ampare e ilumine, são os votos sinceros do amigo e servo humilde,

EMMANUEL

13/06/1945

# SERVIÇOS DA NOITE

Meus amigos, que as forças divinas nos concedam muita paz. Rendamos graças ao Mestre pelas lições do dia e que a sua paz nos acompanhe a alma nos **serviços da noite**. Que sejais felizes na vossa semeadura do bem, no dever bem cumprido, é o voto muito sincero do amigo e servo humilde,

EMMANUEL

22/06/1945

# QUE TODA LIÇÃO NOS TRAGA LUZ E PAZ

Meus amigos, que as forças divinas nos abençoem, agora e sempre. Seja cada lição do caminho a manifestação do Senhor para o nosso espírito de aprendizes. E **que toda lição nos traga luz e paz**, incorporando mais realidade divina à nossa construção humana. São os votos do vosso amigo e servo humilde,

EMMANUEL

30/06/1945

# O DOM DE CONFIAR NO AMOR DE DEUS

Meus amigos, que as forças divinas nos concedam a sua luz. Que o Pai vos recompense o trabalho de cada dia, acrescentando-vos **o dom de confiar em Seu infinito amor**, em meio às lutas purificadoras da vida, são os votos do amigo e servo humilde,

EMMANUEL

04/07/1945

# SEGUI, DE PASSO FIRME

Meus amigos, que as forças divinas vos concedam muita paz. **Segui, de passo firme**, em vossas realizações. O Pai não deseja o extermínio de nossos ideais de trabalho. Pede apenas que conduzamos cada um deles à luz de Seu amor. Que a vossa boa vontade e a vossa fé sejam abençoadas. Vosso amigo e servo humilde,

EMMANUEL

11/07/1945

# DISCÍPULOS DO EVANGELHO

Meus amigos, que as forças divinas nos concedam muita paz. Agradeço-vos, em nome do Irmão X, a colaboração prestada no trabalho a termo.[1] Que o Senhor vos recompense o ânimo, acrescentando-vos a luz e a paz que tendes recebido de Mais Alto. Que todos vós possais continuar em vosso esforço de filhos do Altíssimo e **discípulos do Evangelho** de nosso Senhor Jesus Cristo, são os votos do vosso amigo e servo humilde,

EMMANUEL

[1] Nota da Organizadora: refere-se ao livro *Lázaro Redivivo*, com prefácio de 22 de dezembro de 1945 e primeira edição pela FEB em 1946, escrito após rumoroso caso judicial, cuja sentença foi dada em 14 de agosto de 1941. *Lázaro Redivivo* é o primeiro livro de Humberto de Campos como Irmão X.

18/07/1945

# A ESTRELA DA FÉ VIVA

Meus amigos, que as forças divinas vos concedam muita luz aos caminhos terrestres, fazendo brilhar **a estrela da fé viva** que acendestes no santuário de vossas consciências. O Irmão X agradece-vos a cooperação e conosco pede ao Mestre divino vos recompense pela colaboração carinhosa e amiga. Promete escrever o prefácio brevemente, com um título que sugira o seu atual problema de renovação, não mais como homem da Terra, mas como filho do eterno Pai, em processo de evolução noutros planos, onde o seu coração vibra por uma família maior que a consanguínea, que, embora respeitável e querida, preferiu manter-se a distância. Que a paz do Senhor permaneça conosco, abençoando-nos a boa vontade, são os votos do amigo e servo humilde,

EMMANUEL

26/07/1945

# PLENITUDE DE BÊNÇÃOS E ALEGRIAS

Meus amigos, que as forças divinas nos concedam a luz, a vida e a paz. Formulamos votos sinceros para que a excursão vos seja **plena de bênçãos e alegrias**. Que a paz do Senhor Jesus esteja convosco em toda parte, fortalecendo-vos na execução de sua vontade soberana e sábia, é o desejo do vosso amigo e servo humilde,

EMMANUEL

15/08/1945

# ENTENDIMENTO E AMOR PARA A NOSSA JORNADA

Meus amigos, que as forças divinas nos guardem o coração. Erguemos nosso pensamento ao Mestre, rogando-lhe bastante luz para o nosso **entendimento e bastante amor para a nossa jornada** na vida. Que ele nos conceda fartamente desses tesouros, revigorando-nos cada vez mais o raciocínio e o sentimento para que possamos aproveitar todos os minutos no manancial da sua divina graça, são os votos sinceros do irmão e servo humilde,

EMMANUEL

12/09/1945

# LUZ PARA TODOS OS PROBLEMAS

Meus amigos, que as forças divinas vos concedam muita paz. Que o Senhor Jesus vos encha os caminhos de **luz para todos os problemas** e de tranquilidade para todas as lutas. São os votos sinceros do amigo e servo humilde,

EMMANUEL

19/09/1945

# INSTRUÇÕES EDITORIAIS

Meus amigos, que o Senhor vos fortaleça na luta de cada dia, inspirando-vos o coração no caminho da paz e do bem. Ao término dos trabalhos em curso, agradeço-vos, em nome dos nossos amigos, e rogamos ao Pai conceder-vos a bênção de Seu infinito amor. Que o vosso espírito de cooperação se transforme em tesouros internos de vosso mundo interior, constituindo-se em claridades do reino divino, que cada espírito recebeu do Criador como divina herança. Relativamente ao livro do Irmão X, ele próprio escolherá o título ao grafar o seu prefácio, sendo que o nosso amigo agirá de acordo a não se fazer recordado em palavras. Quanto ao trabalho destinado à Casa de Batuíra, seria interessante o título alvitrado, *Coletânea Batuíra*. Mas os nomes próprios dos desencarnados em capas de livros costumam ser um processo de evocação permanente do trabalhador que precisa liberdade para bem servir ao Senhor, razão pela qual sugerimos *Coletânea do Além*. Desse modo, o nosso irmão não será chamado permanentemente ao trabalho de colaboração com os encarnados em situações dispensáveis. Por essa mesma causa não conseguistes colocar um nome próprio no *50 anos depois* e nem no *Renúncia*, conservando-se tão-somente o que escolhestes como lembrança ao meu humilde nome, no que concordamos, porque o meu trabalho ainda se verifica, por enquanto, no ambiente mais imediato da esfera em que permaneceis ainda. Como vedes, tudo se justifica e, em nosso caso, o pseudônimo não nos ligará tão diretamente a quantos pronunciem o título do nosso pequeno trabalho de 1937. O livro do Irmão X poderá ser remetido ao nosso amigo Manuel Quintão[1] logo seja recebido o prefácio e a coletânea poderá ser enviada ao presidente do Abrigo Batuíra. Se enviardes a carta de Lésio Munácio com a solicitação, convirá copiá-la como sendo do próprio Batuíra para que os nossos amigos menos prudentes não iniciem um movimento de exumação do passado, convindo que se saiba que o pedido é direto do patrono espiritual da instituição. **Com esses detalhes, apenas desejamos facilitar a vossa tarefa**. Que o Mestre divino vos conceda muita luz e paz, são os votos do amigo e servo humilde,

EMMANUEL

---

Notas da Organizadora: [1] Manuel Quintão era, à época, presidente da FEB. [2] A mensagem de 29 de dezembro de 1943, à página 222, traz nota explicativa que nos revela a identidade espiritual de Batuíra como sendo Lésio Munácio.

26/09/1945

# GLÓRIA INFINITA

Meus amigos, que as forças divinas vos concedam saúde e paz. Rogamos ao Mestre e Senhor nosso acenda em vossa estrada interior a estrela de sua **glória infinita**. E que possais iluminar todos os detalhes da senda com a sua claridade bendita, são os votos sinceros do vosso amigo e servo humilde,

EMMANUEL

10/10/1945

# FORTALEZA NOS TESTEMUNHOS DIÁRIOS DE FÉ

Meus amigos, **que a divina paz vos fortaleça nos testemunhos diários de fé** em todos os planos de serviço a que fordes chamados. Que Jesus nos ajude a decifrar os caracteres de seus ensinamentos a cada dia, a fim de que sejamos instrumentos fiéis em sua divina mão, é o desejo do amigo e servo humilde,

EMMANUEL

17/10/1945

# O REPOUSO COMO NOVA ESTAÇÃO DE BÊNÇÃOS PARA A ETERNIDADE

Meus amigos, que as forças divinas vos concedam muita saúde e paz espiritual. Terminada a nossa tarefa da noite, rogamos a Jesus vos santifique **o repouso, convertendo-o em nova estação de bênçãos para a vida eterna**. Que ele vos proteja sempre e nos abençoe a todos, são os votos do amigo e servo humilde,

EMMANUEL

21/10/1945

# RECOMENDAÇÕES DE ARTHUR JOVIANO AOS NETOS

Meus amigos, que as forças do bem nos amparem e protejam em todas as circunstâncias da vida. **O nosso irmão Arthur, que se acha presente, saúda-vos em nome do Mestre e fala particularmente aos netos** de sua assistência, recomendando ao Roberto bastante preparo na Matemática e afirmando seu auxílio à neta no caso do ingresso definitivo ao novo quadro de lutas.[1] Quanto ao nosso amigo General, ser-lhe-á conveniente o uso, de três em três dias, à noite, de uma gota de *Óleo de Rícino* no ouvido. É um tratamento preparatório para futuras indicações. Esperamos que o seu valoroso coração continue firme. Sua posição orgânica, em geral, é excelente e não precisa inquietar-se, certo de que tudo vai indo bem no processo de cada dia. Desejando-vos muita paz, saúde e luz divina, sou o irmão e servo humilde,

EMMANUEL

---

[1] Nota da Organizadora: em se referindo à minha nomeação na função de *Praticante de Escritório da Tabela de Mensalistas do Ministério da Agricultura*, ocorrida em 1 de agosto de 1945.

24/10/1945

# EM NOSSA CONDIÇÃO DE APRENDIZES

Meus amigos, que as forças divinas vos concedam muita paz. Finda a nossa hora de graças, repousai com o pensamento de discípulos voltado para o Mestre divino, o que faremos nós outros, os desencarnados, **em nossa condição de aprendizes**. Que o Senhor vos ilumine sempre, são os votos do amigo e servo humilde,

EMMANUEL

31/10/1945

# NO EDUCANDÁRIO "TERRA"

Meus amigos, que as forças divinas nos auxiliem e abençoem. Findo o trabalho, seja a paz do Senhor o nosso salário. Cada noite fecha-se a porta do **educandário em que vos encontrais transitoriamente**. Que possamos guardar, todos nós, a lição recebida do Mestre, em cada dia, são os desejos do amigo e servo humilde de sempre,

EMMANUEL

14/11/1945

# PARA O CORAÇÃO FIEL A JESUS

Amigos, que as forças divinas nos abençoem e ajudem agora e sempre. Desejando-vos a ventura divina - salário que nunca se perde **para o coração fiel a Jesus** - associamo-nos aos votos do nosso amigo,[1] rogando ao Senhor da Seara vos encha as mãos de sementes de luz, paz e felicidade para que a vossa lavoura se faça cada vez mais proveitosa e mais bela. São os votos do amigo e servo humilde,

EMMANUEL

[1] Nota da Organizadora: em referindo-se a Arthur Joviano, que na mensagem da noite cumprimenta a Rômulo e Maria pelo 10º aniversário do *Grupo Doméstico Arthur Joviano*, cuja primeira reunião teve lugar em 13 de novembro de 1935, na residência do casal.

28/11/1945

# TERRA ESPIRITUAL DE NÓS MESMOS

Meus amigos, que as forças divinas nos concedam muita paz. Que a bênção de Jesus permaneça conosco, a fim de que o arado não nos seja pesado no amanho da "**terra espiritual de nós mesmos**", são os nossos votos à Divina Providência. Recebemos o apelo quanto ao título do livro do Irmão X. Fazemos nova sugestão, propondo a substituição por *Lázaro Redivivo*. Se for necessário, sofrerá nova modificação. Boa noite para todos. Vosso amigo e servo humilde,

EMMANUEL

05/12/1945

# A PALAVRA DO APÓSTOLO

Meus amigos, que as forças divinas vos guardem o espírito entre as perturbações redentoras da Terra. Que o Senhor nos auxilie a recordar **a palavra do apóstolo**, quando nos adverte de que *"tudo ocorre para o bem dos que amam o Pai"*.[1] Vosso amigo e servo humilde,

EMMANUEL

[1] Nota da Organizadora: Emmanuel faz referência ao apóstolo Paulo, que na Carta aos Romanos (8: 28) se expressa assim: *"Sabemos que todas as coisas cooperam para o bem daqueles que amam a Deus, daqueles que são chamados segundo o seu propósito"*.

12/12/1945

# CONFIDENCIAL

Meus amigos, que as forças divinas nos concedam luz e paz, com saúde para a execução da divina vontade. Encontrando-se o livro de André Luiz em vias de término, poderemos comentá-lo com amigos como se estivesse sendo agora recebido, **não sendo conveniente alegar a fase de acabamento** para despertar menos animosidade. E caso recebam a visita de nossos irmãos de costume, será prudente não possibilitar-lhes a leitura. São demasiadamente entusiastas e, por vezes, a alegria excessiva complica. Porquanto, enquanto um trabalho não atingiu a fase final muitas modificações podem sobrevir. Estimamos naturalmente o entusiasmo e a alegria, mas no tempo próprio. A videira fornece no Evangelho símbolo de vida eterna a Jesus nos ensinamentos de João Evangelista, contudo, é razoável considerar que a mesma vinha que fornece vinho vitalizador pode proporcionar vinho embriagador. Questão dos vinhateiros da Terra. Por falar em alterações, um amigo nos lembrou que o *Lázaro Redivivo* deveria conter determinada e direta alusão à figura recordada no título, porque, em verdade, há, nos Evangelhos, dois Lázaros que atravessaram os pórticos do sepulcro, prodigalizando os ensinamentos: o Lázaro da parábola do rico e o Lázaro de Betânia. Fixando no título a figura do irmão de Marta e Maria, lembrarmos ao

Irmão X a possibilidade de substituir o prefácio para melhor elucidação ao leitor.[1] O título, é, de fato, expressivo, mas precisamos dar-lhe consistência e orientação. Enfim, é providência que o Irmão X tomará logo seja possível, ao finalizar-se o livro novo de André Luiz.[2] Apenas fazemos o aviso preliminar. Que o Pai conceda a todos vós muita saúde, paz e bênçãos, é o voto muito sincero do amigo e servo humilde,

**EMMANUEL**

---

Notas da Organizadora: [1] constou do prefácio a explicação: "*Conta-se que Lázaro de Betânia...*". [2] Em referindo-se ao livro *Obreiros da Vida Eterna*, publicado em 1946 pela FEB.

19/12/1945

# LUZ NA ESTRADA

Meus amigos, que a paz do Senhor permaneça conosco. Associando-nos aos votos do irmão Arthur, **rogamos a Jesus vos ilumine a estrada** a percorrer. Que a misericórdia do Pai nos siga de perto na luta de cada dia, são os votos do amigo e servo humilde,

EMMANUEL

26/12/1945

# OS NOSSOS AGRADECIMENTOS MUITO SINCEROS

Meus amigos, que as forças divinas vos concedam muita saúde e paz. Ao terminar o trabalho de André Luiz, trazemos a todos vós **os nossos agradecimentos muito sinceros**.[1] Que o Senhor nos ilumine as estradas e nos fortaleça a fé sempre, e cada vez mais, para que a visão do Mais Alto nos arrebate o pensamento, cada dia, para o amor do Senhor. São os nossos votos. Associando-me aos votos do nosso irmão Arthur, para que o 1946 seja pródigo de bênçãos e luzes, sou o amigo e servo humilde,

**EMMANUEL**

[1] Nota da Organizadora: refere-se ao livro *Obreiros da Vida Eterna*.

# 1946

02/01/1946

# BOAS-VINDAS AO ANO DE 1946

Meus amigos, que as forças divinas vos concedam muita paz espiritual à mente e muita luz divina ao coração. **Que a porta do ano novo de 1946** vos conduza aos celeiros da graça de Jesus, abertos a todos os corações de boa vontade. Que a vossa jornada, tanto quanto a nossa, se faça com a proteção do Senhor, através dos caminhos diversos do dia e da noite, da alegria e da dor, da facilidade e do obstáculo, são os votos sinceros do vosso amigo de sempre e servo humilde,

EMMANUEL

08/01/1946

# A O ENCONTRO DO CRISTO

Meus amigos, que as forças divinas nos guardem a todos. Associando-me aos votos de paz e felicidade a que se reportaram os nossos amigos que hoje vos escreveram, peço a Jesus nos ilumine as estradas, através das quais cada um de nós foi chamado ao **encontro da redenção**. Paz a nós todos é o que vos deseja o amigo e servo humilde,

EMMANUEL

09/01/1946

# LIVRO DA VIDA

Meus amigos, que as forças divinas nos envolvam em seus eflúvios de luz e paz. Rogando ao Mestre nos abençoe o entendimento para que lhe fixemos as lições de cada dia, aprendidas no **livro da vida**, associo-me aos votos de nosso irmão Arthur e desejo-vos muita saúde, paz e alegria. Vosso amigo e servo humilde,

EMMANUEL

16/01/1946

# BÊNÇÃO PARA AS TAREFAS

Meus amigos, muita paz. Que as forças divinas nos orientem a jornada para o divino Senhor. Que as **suas bênçãos vos santifiquem** os trabalhos, são os votos do amigo e servo humilde,

EMMANUEL

19/01/1946

# À MARIA PHILOMENA ALUOTTO BERUTTO (D. NENÉM)

Minha irmã, Jesus te ilumine e ampare sempre. Continua cooperando na Casa de Bethânia, que não foi fundada para simples tentativa de serviço espiritual. A instituição, que nos merece tanto carinho, foi organizada sob os auspícios de elevados orientadores do plano invisível, que ali situaram o símbolo da casa de Lázaro, o redivivo. Marta - a santa da atividade - e Maria - a santa da meditação - constituem ali dois apelos evangélicos palpitantes para que o espírito feminino, inspirando-se na ação e na oração, no esforço prático e no trabalho espiritual, colabore na renovação do homem moderno, triste "Lázaro" da inteligência, sepultado no abismo da impiedade e da ignorância, da ruína e da morte, requisitando o socorro de suas irmãs para que o Mestre, seu divino Amigo, venha reencontrá-lo para restituir-lhe os dons da vida eterna. Coopera, pois, nessa obra de amor e redenção, e não desfaleças. O Senhor está conosco!

EMMANUEL

---

Nota do Editor: mensagem recebida em Pedro Leopoldo | MG, por Chico Xavier, no Centro Espírita Luiz Gonzaga, dirigida à presidente da Congregação Espírita Feminina Casa de Bethânia, D. Maria Philomena Aluotto Berutto, nossa querida D. Neném, que foi, por 33 anos, presidente da União Espírita Mineira (UEM). A Congregação Espírita Feminina Casa de Bethânia, hoje um departamento da UEM, contou também, em sua fundação, com a colaboração devotada de sua mãe, D. Carmela Caruso Aluotto, grande amiga de Chico Xavier desde a década de 40.

23/01/1946

# CONSTRUÇÃO DO TEMPLO DE NÓS MESMOS

Meus amigos, que as forças divinas nos concedam luz para a jornada e recursos para a **construção do templo de nós mesmos**. Desejando-vos muito bom ânimo nos ensinamentos diários que o Senhor nos oferece no livro prático da experiência vivida, sou o amigo e servo humilde de sempre,

EMMANUEL

31/01/1946

# Capacidade de servir

Meus amigos, que as forças divinas nos concedam muita paz. Rogando ao Mestre nos ilumine a estrada a percorrer com a bênção de seu amor infinito, e esperando que essa bênção dilate em nosso espírito o amor e a **capacidade de servir**, deixa-vos sinceros votos de paz e alegria, saúde e luz divina o amigo e servo humilde,

EMMANUEL

06/02/1946

# SENTIR, APRECIAR E OPERAR COM JESUS

Meus amigos, que as forças divinas vos concedam muita paz espiritual e boa saúde. Que o Mestre nos conceda sempre a faculdade de **sentir com os seus sentimentos, apreciar com o seu juízo e operar com as suas mãos**. Em breves dias, o nosso amigo André Luiz titulará o seu trabalho último.[1] Depois das páginas esparsas dos últimos dias, silenciaremos por algum tempo para ver o que é possível trazer à mente infantil. Esperemos no Senhor Jesus. De hoje a alguns dias falaremos, então, a respeito. Jesus vos conceda muita paz e luz divina. Vosso amigo e servo humilde,

EMMANUEL

---

[1] Nota da Organizadora: Emmanuel se refere ao livro *Obreiros da Vida Eterna*, com prefácio datado de 25 de março de 1946 e intitulado "Rasgando véus".

13/02/1946

# O CAMINHO MELHOR PARA AS REALIZAÇÕES

Meus amigos, que as forças divinas nos inspirem **o caminho melhor para as realizações** que nos competem a cada dia. Que o Mestre abençoe a vossa boa vontade nas lições redentoras da estrada humana, acrescentando seus dons sublimes à vossa diligência, são os votos do amigo e servo humilde,

EMMANUEL

13/03/1946

# JORNADA DE REDENÇÃO

Meus amigos, muita paz. Que as bênçãos divinas vos fortaleçam na **jornada de redenção**, é o nosso voto de sempre. Guardai-vos na paz do Senhor, como associados fiéis de sua obra na Terra. Que ele nos ajude e ilumine sempre, são os desejos do vosso amigo e servo humilde,

EMMANUEL

20/03/1946

# Relativamente ao "Obreiros da Vida Eterna"

Meus amigos, que as forças divinas vos concedam muita luz e paz nos testemunhos de cada dia. Nossas saudações aos bons amigos General Aurélio e irmã Júlia, desejando-lhes muita felicidade e restauração das forças orgânicas. O calor do Rio nos últimos meses têm sido verdadeiramente angustioso, bem o reconhecemos. E assim nos referimos porque lhe conhecemos o caráter anormal, oriundo de perturbações atmosféricas. Que Jesus conceda ao nosso amigo e à nossa irmã muita serenidade e seu conforto. **Relativamente ao *Obreiros da Vida Eterna***, logo ao fim da semana pretendemos imprimir-lhe as corrigendas naturais precisas, de acordo com a leitura que vem sendo feita pelo nosso amigo,[1] acreditando que devamos enviar o original na semana próxima, na pauta normal. Será interessante a medida, porque o *Lázaro Redivivo* já foi devidamente entregue aos destinatários onde se encontram, isto é, no mundo! Que Jesus o proteja! Visitando ao nosso amigo Comandante, de modo especial, desejamos ao seu

[1] Nota da Organizadora: refere-se "ao nosso amigo" Rômulo Joviano.

bom coração fortalecimento cada vez maior! Não podemos nos esquecer de que se ele tem carregado uma espada com muita dignidade, está carregando, presentemente, uma "cruz" com muito brilho. Prossigamos lutando e confiando em nosso Pai celeste. Por fim, para não perder o costume, deixamos-lhe a senha de sempre:

*General, que o Pai*
*Lhe dê calmas noites, belos dias,*
*Muito zelo com tomates,*
*Martelos e pescarias.*

Do amigo e servo humilde,

**EMMANUEL**

27/03/1946

# AO AMIGO COMANDANTE

Meus amigos, que as forças divinas vos concedam muita paz. O nosso **amigo Comandante** poderá usar o composto de *Glicerina - Car. de Sódio* para o ouvido em que experimenta maiores alterações, 3 gotas pela manhã, 3 gotas à noite. Convém-lhe, ainda, a continuidade dos elementos homeopáticos, mormente o *Cannabis ind.* — continuamos a colaborar em seu benefício através de passes. Boa noite para todos. Muita paz deseja o amigo e servo humilde,

EMMANUEL

---

Nota da Organizadora: vovô Arthur esteve presente à reunião, mas não se manifestou.

10/04/1946

# SOBRE A OBRA DE VENERANDA

Meus amigos, que as forças divinas nos concedam luz e paz espiritual - luz para o caminho diário e paz no serviço a fazer. Muito gratos à colaboração prestada nos **trabalhos de Veneranda.**[1] Somos de parecer que ambos, em pastas separadas, poderão ser entregues por nossos amigos em mãos do antigo cooperador de nossas atividades humildes. Esperemos que os companheiros da Federação se incumbam da parte final, relativamente a desenhos, etc., etc. Se conseguirem despertar o interesse infantil pela fixação das imagens, cremos que o esforço de Veneranda será muito bem aproveitado. Cumprimentamos o nosso amigo General pelas decisões alusivas ao voo, que parece adiado ainda desta vez. De qualquer modo, buscaremos acompanhar-lhe espiritualmente a viagem, cooperando para que todas as providências nos corram harmoniosamente. Boa noite e que a paz vos seja tão frutuosa como a luta, que o repouso constitua para todos um grande motivo de bênçãos, como tem sido o trabalho de cada dia. Felicidade, paz e saúde é o que vos deseja o amigo e servo humilde de sempre,

**EMMANUEL**

---

[1] Nota da Organizadora: refere-se aos livros *O Caminho Oculto* e *Os Filhos do Grande Rei*, ditados pelo espírito Veneranda, e publicados pela FEB, com primeira edição em 1947. Para saber mais sobre Veneranda, sugerimos a leitura de *Nosso Lar*, primeira obra da "Série André Luiz" e *Mensagens de Inês de Castro*, da psicografia de Chico Xavier e organização de Caio Ramacciotti, editado em outubro de 2006 pelo Grupo Espírita Emmanuel (GEEM), de São Bernardo do Campo | SP, já na 17ª edição.

17/04/1946

# Pensamentos de amizade

Meus amigos, que as forças divinas vos concedam muita saúde, luz espiritual e paz no coração. Valemo-nos do ensejo para desejar-vos uma viagem feliz, rica de alegrias da alma. Agradecemos ao nosso amigo Comandante, em particular, pelos **pensamentos de amizade** que nos tem proporcionado, e regozijamo-nos pelo êxito da temporada de repouso no campo, à distância dos embates mais fortes. Assim, pois, com a nossa sincera gratidão a ele e à irmã Júlia, oferecemos ao nosso bom amigo a quadra da despedida:

*General, boa viagem*
*Na doce paz do Senhor.*
*E que a "Cruz dos Militares"*
*Seja leve ao provedor.*

Desejando-vos muita paz, sou o amigo e servo humilde de sempre,

**Emmanuel**

08/05/1946

# MAIS UMA ETAPA DE LUTA

Meus amigos, que as forças divinas vos concedam muita paz. Cumprimentando-vos igualmente pelo término de **mais uma etapa de luta** pelo dever bem cumprido, pede a Jesus pela tranquilidade de todos vós, o amigo e servo humilde,

EMMANUEL

29/05/1946

# CADA DIA É UM NOVO DETALHE REALIZADO

Meus amigos, que as forças divinas vos concedam muita paz espiritual. Esperando no Senhor que façamos de **cada dia um novo detalhe realizado**, sentido e vivido no reino divino dentro de nós mesmos, deseja-vos muita saúde e tranquilidade o amigo e servo humilde,

EMMANUEL

05/06/1946

# SOBRE OS LIVROS EM CURSO

Meus amigos, que as forças divinas nos envolvam em sua paz restauradora. Associando-nos aos votos do irmão Arthur, também nós vos desejamos muita felicidade, saúde e alegria. O nosso amigo Casimiro Cunha agradece-vos a colaboração e amanhã fornecerá o pequeno prefácio versificado de seu trabalho consagrado às crianças.[1] Logo em seguida, far-se-ão as pequenas retificações necessárias ao livro de Neio Lúcio e, logo após, poderemos iniciar a organização do *Caminho, Verdade e Vida*.[2] **Peço a Jesus nos conceda possibilidades para isso e tudo faremos de acordo com a sua divina determinação.** Pode, talvez, demorar ou não a confecção do trabalho, mas faremos o que for possível pela conclusão metódica. Esperando que o Mestre nos ajude, segundo as nossas necessidades, e agradecendo-vos como sempre, o amigo e servo humilde,

EMMANUEL

---

Notas da Organizadora: [1] refere-se ao livro *História de Maricota*. Natural de Vassouras | RJ, Casimiro Cunha figura entre os poetas cujos poemas integram o livro *Parnaso de Além-túmulo*, psicografado por Chico Xavier em 1932. Era cego por acidente, ocorrido aos 16 anos de idade. Tinha apenas instrução primária. Era espírita confesso. Compareceu inúmeras vezes ao culto doméstico "Arthur Joviano", deixando sua presença registrada em carinhosas poesias, posteriormente publicadas no livro *Cartas do Evangelho - poesias mediúnicas de Casimiro Cunha*, pela LAKE. Nota constante do livro *Sementeira de Luz*, à página 7 da primeira edição. [2] Intitulado *Mensagem do Pequeno Morto*, uma obra voltada à evangelização infantil e que teve sua primeira edição em 1947.

12/06/1946

# NO MANTO DO REPOUSO DA NOITE

Meus amigos, que as forças divinas vos concedam muita paz e saúde. Desejando-vos muita tranquilidade **no manto de repouso da noite**, pede ao Senhor vos enriqueça de bênçãos e luzes o amigo e servo humilde,

EMMANUEL

19/06/1946

# RENOVAÇÃO NECESSÁRIA

Meus amigos, que as forças divinas nos concedam muita serenidade para a contemplação do plano exterior e energia para lutarmos conosco, dentro de nós mesmos, na própria **renovação que nos é necessária**. Desejando-vos esses bens, que procuramos também para nós, sou o vosso amigo e servo humilde de sempre,

EMMANUEL

03/07/1946

# DESCANSAI NO SENHOR DEPOIS DO TRABALHO COM OS HOMENS

Meus amigos, que as forças divinas nos abençoem a todos. **Descansai no Senhor depois do trabalho com os homens**. Que a sua bênção nos fortaleça, é o desejo muito sincero do vosso amigo e servo humilde,

EMMANUEL

17/07/1946

# O EVANGELHO DE VOSSAS VIDAS

Meus amigos, que as forças divinas nos concedam a sua bênção. Desejando-vos muita tranquilidade em Jesus Cristo, para que possais escrever o **Evangelho de vossas vidas**, saúda-vos, com sinceros votos de alegria e paz, o amigo e servo humilde,

EMMANUEL

24/07/1946

# FRUTOS DA PAZ

Meus amigos, que as forças divinas nos concedam muita paz espiritual e saúde eterna. Desejando-vos a tranquilidade dos que bem souberam iluminar o seu dia com o trabalho e com o dever bem cumprido, pede a Jesus vos conceda uma noite cheia dos **frutos da paz** o amigo e servo humilde,

EMMANUEL

31/07/1946

# SOBRE OS TRABALHOS PSICOGRAFADOS

Meus amigos, que as forças divinas vos concedam muita paz. Associando-nos aos votos de nosso amigo, rogamos ao Senhor vos guarde a saúde e a tranquilidade.[1] **Cremos que ambos os trabalhos concluídos**, o de Neio Lúcio e o de Casimiro Cunha, podem ser datados para que sejam entregues pelos amigos aos nossos companheiros quando estiverem de retorno ao Rio, dentro das mesmas diretrizes de sempre. O nosso amigo João de Deus vem estudando a possibilidade de trazer-nos algo de sua inspiração para a literatura infantil e fazemos votos para que ele realize esse propósito de benefício geral.[2] Talvez possa atender brevemente a esse plano. Sabemos que ele foi grande educador da alma popular em suas experiências últimas em Portugal. Que o Mestre nos conceda semelhante alegria! Desejando-vos muita paz no Senhor, sou o amigo e servo humilde de sempre,

EMMANUEL

---

Notas da Organizadora: [1] em referindo-se ao vovô Arthur. [2] Trata-se do livro *Jardim da Infância*, ditado a Chico por João de Deus, com primeira edição publicada pela FEB, em 1947. João de Deus nasceu em São Bartolomeu de Messines, no Algarve, Portugal, em 8 de março de 1830, e morreu em Lisboa, em 11 de janeiro de 1896. Estudou Direito na Universidade de Coimbra entre 1849 e 1859. Nesse período, conviveu com notáveis homens de letras, entre os quais se destacam Teófilo Braga e Antero de Quental. (...) Aí desenvolve a sua veia poética, dedicada sobretudo à mulher, a Deus e à natureza. (...). Fonte: www.gomes-mota.nome.pt/joao/cartilha/joao_deus.html. Acesso em: 28 abr 2007.

14/08/1946

# NA TERRA ONDE NOS ENCONTRAMOS EM TRÂNSITO

Meus amigos, que o Senhor nos guarde e abençoe a todos. Rogando ao Amor Infinito nos proteja na viagem de serviço em processo **na terra onde nos encontramos em trânsito**, deseja-vos muita paz e luz divina o amigo e servo humilde de sempre,

EMMANUEL

20/08/1946

# LOUVOR AO TODO-PODEROSO

Meus amigos, que o Senhor da Vida nos conceda a todos a sua divina bênção para o caminho de cada dia. Que possamos encerrar nossas preces **louvando ao Todo-Poderoso**. São os votos ardentes do amigo e servo humilde,

EMMANUEL

11/09/1946

# A BONDADE DA PROVIDÊNCIA

Meus amigos, que as forças divinas nos abençoem. Rogando para nós a dádiva da luz interior com que possamos apreender **a bondade da Providência** e a glória da vida, sou o vosso amigo e servo humilde de sempre,

EMMANUEL

25/09/1946

# SAUDAÇÃO

Meus amigos, que as forças divinas nos protejam a todos. Desejando-vos uma noite de paz no Senhor, **visita-vos** o amigo e servo,

EMMANUEL

02/10/1946

# O ESPÍRITO É O TABERNÁCULO DA VONTADE DO SENHOR

Meus amigos, que as forças divinas nos concedam muita paz. Desejando-vos a boa tranquilidade, que faz do **espírito o tabernáculo da vontade do Senhor**, dentro de todas as lutas do caminho, sou o vosso amigo e servo humilde de sempre,

EMMANUEL

09/10/1946

# QUE NOS CUREMOS COM O DIVINO MÉDICO

Meus amigos, que as forças divinas nos guardem em sua luz poderosa e infinita. Que essa luz nos esclareça, iluminando-nos o campo íntimo, onde devemos agir com as resoluções de cada dia e com as meditações de cada noite para **que nos curemos segundo o divino Médico**. Aprendamos conforme o Mestre dos mestres, analisemos de conformidade com o justo Juiz e sirvamos com a humildade e a alegria do Senhor, que é também o sublime Servidor. Votos do amigo e servo agradecido de sempre,

EMMANUEL

30/10/1946

# EMBAIXADORES DA AMIZADE

Meus amigos, que as forças divinas nos guardem a todos, concedendo-nos o refúgio de sua paz. Também nós trazemos felicitações pelo esforço de espiritualidade superior a que vos devotastes nos últimos dias como **embaixadores da amizade** e formulamos votos pelo vosso bem-estar, como sempre. Relativamente aos livros, falaremos em outra oportunidade. Tudo seguirá bem com a vontade divina do Senhor! Que essa vontade seja a nossa luz, é o desejo do amigo e servo humilde de sempre,

**EMMANUEL**

11/12/1946

# AS INSTALAÇÕES DA CASA MENTAL

Meus amigos, paz. Que as forças divinas nos auxiliem. Cremos seja, de fato, aconselhável guardar o livro de João de Deus até janeiro próximo, a fim de observarmos como agir. O outro convirá prosseguir em arquivo até deliberação diferente. As observações do nosso amigo sobre **as instalações da casa mental** são interessantes.[1] Coincidem com os nossos propósitos de algo fazer nesse campo de elucidações quanto ao cérebro como "casa da mente". Para isso, o nosso irmão André Luiz estuda, presentemente, um meio de trazer-nos um trabalho desse teor, que fixe as diretrizes da compreensão geral sobre cérebro, mente e desequilíbrio - contribuição de nossa esfera no socorro aos alienados mentais. Vamos acompanhar os serviços preparatórios. Se ele conseguir o que deseja, consoante os desígnios de Mais Alto, então dará início ao trabalho, talvez, em breves dias. Se isso acontecer, rogar-vos-ia o objeto sacrificial de mais uma cópia do trabalho para a hipótese de alguma transformação no serviço. Talvez seja mero trabalho de precaução. Entretanto, dar-nos-íamos por satisfeitos com essa cooperação de vossa parte, solicitando-vos, ainda, reserva sobre a presente comunicação, sem fundamentos de certeza plena quanto aos dias que virão. Antecipando-vos agradecimentos, sou o vosso amigo e servo humilde,

EMMANUEL

[1] Nota da Organizadora: refere-se a Rômulo Joviano.

18/12/1946

# ANIVERSÁRIO DE RÔMULO

Meus amigos, muita paz. Desejando-vos a todos a luz divina e partilhando as felicitações do nosso amigo Arthur, endereçadas ao **estimado aniversariante**,[1] peço ao Pai celestial nos envolva em Sua bênção, multiplicando-nos as oportunidades de edificação própria em Seu divino serviço. Que a paz esteja com todos nós, são os votos sinceros do amigo e servo humilde,

EMMANUEL

---

[1] Nota da Organizadora: em referindo-se ao aniversário de Rômulo no dia seguinte, 19 de dezembro.

20/12/1946

# SOBRE O TÍTULO DO NOVO TRABALHO DE ANDRÉ LUIZ

Meus amigos, muita paz. Que Jesus vos abençoe, multiplicando-vos as energias no vosso serviço. Era nossa intenção trazer-vos **o título do novo trabalho de André Luiz**. Entretanto, embora a conveniência de remeter-se o livro aos canais de costume para o desempenho de sua missão junto ao espírito popular, ainda não nos foi possível extrair do contexto a denominação adequada ao serviço, com vistas à mente geral. Desse modo, esperamos trazer-vos a nossa sugestão, nesse sentido, até a semana próxima, de vez que o livro se encontra na época adequada de "partir". Que o Senhor nos inspire e fortaleça a todos na execução da tarefa designada a nós outros, são os votos sinceros do amigo e servo humilde,

EMMANUEL

25/12/1946

# CRISTO NO SANTUÁRIO DO CORAÇÃO

Meus amigos, que as forças divinas nos iluminem a todos. Desejando-vos as alegrias do Natal do **Cristo no santuário do coração** consagrado aos seus soberanos e justos desígnios, sou o amigo e servo humilde de sempre,

EMMANUEL

# 1947

# A luta é enorme e requisita o socorro da fé viva

Minha irmã, Jesus seja conosco. Guarde-te o coração a palavra divina, a cujo sublime comando sempre obedeceste na missão árdua a que foste chamada, no campo doméstico. **A luta é enorme e requisita o socorro da fé viva** para que as situações purificadoras não entibiem o espírito. Relativamente aos teus propósitos de algo receber do "coração" que partiu, somos de parecer aguardes mais algum tempo para atender ao justo desejo. De momento, não nos é possível trazer-te a palavra direta do espírito carinhoso que se devotou inteiramente ao bem dos seus e que, de modo especial, se afinava com a tua ternura e compreensão filial no templo da família. Continua rendendo culto amoroso à sua memória. Tuas recordações e tuas preces fazem-lhe imenso bem. E tão logo seja possível a realização, cooperaremos para que tua alma bem formada receba o júbilo da sua palavra reconfortadora e estimulante. Que Jesus te proteja e ilumine, são os votos do amigo e servo humilde,

**Emmanuel**

---

Nota da Organizadora: mensagem dirigida a Maria da Glória Murat Carvalho, residente à Av. Vieira Souto, 176, Ipanema, Rio de Janeiro | RJ. A mensagem foi remetida a ela pelos Correios. Não há referência da data precisa de recepção mediúnica.

1947

# ESCREVENDO À IRMÃ ELZA

M**inha irmã**, que Jesus te fortaleça o ânimo abatido na jornada difícil dos dias últimos. Não esmoreças sob os golpes da luta. A tempestade não se eterniza. Transforma simplesmente. E não te faltarão braços amigos e robustos de nossa esfera de ação, amparando-te na travessia desta experiência humana. Rogamos-te, apenas, coragem e fé viva. O divino Amigo, que é Jesus, fará o resto. À noite de cada dia, coloca meio litro de água pura no quarto de dormir, água essa que poderás beber, à vontade, no curso do dia imediato e que estará fluidificada pelas nossas possibilidades espirituais, atendendo-te as necessidades psíquicas. Tua posição requisita acréscimo de energias e essas energias ser-te-ão ministradas, de nosso plano, através da água simples e pura. E com os recursos da prece obterás o refazimento necessário da confiança. A meditação com a oração constitui remédio salutar, suscetível de fornecer-te a mais ampla resistência ao espírito. Esperando, pois, que te fortaleças na viva esperança em nosso Pai celeste, convicta de que tudo faremos em teu favor, sou o amigo e servo humilde,

EMMANUEL

---

Nota da Organizadora: mensagem dirigida a Elza S. A. de Almeida, residente à Rua Alves de Britto, 15, Tijuca, Rio de Janeiro | RJ. A mensagem foi remetida a ela pelos Correios. Não há referência da data precisa de recepção mediúnica.

01/01/1947

# ESTEJA O VOSSO TEMPO CHEIO DE BÊNÇÃOS E LUZES

Meus amigos, que as forças divinas nos concedam a todos a paz e a alegria de ser úteis na obra divina. Associo-me às felicitações do nosso prezado irmão Arthur. **Esteja o vosso tempo cheio de bênçãos e luzes**, tanto quanto desejamos esteja repleto o nosso tempo aqui. Fortaleça-nos o Senhor, já que somos ainda fracos na edificação do seu divino reino. Ilumine-nos a sua graça, já que ainda não nos foi possível expulsar todos os resquícios de sombras do passado, que nos povoam o coração. Use-nos o Mestre como seus instrumentos fiéis, já que entre as incertezas da luta em que vivemos, tanto aí, em vosso plano, quanto nesta esfera de trabalho que vos é imediata, e onde nos movimentamos sem o corpo físico, nem sempre é fácil conhecer a direção justa a ser adotada. Que o Pai nos abençoe e proteja. Finalizando, cumprimento ao nosso amigo General Aurélio pela excelente situação geral em que visita o campo. Seu estado orgânico, suas disposições de espírito são os melhores possíveis. Nesta saudação, incluo todos os irmãos que chegaram, enriquecendo-vos a paisagem doméstica de alegria e bem-estar. E, de modo especial, comungo nossa satisfação abraçando o Comandante, dedicando-lhe singela recordação:

*General, Deus vos conceda,*
*Neste ano, em cada dia,*
*Muitas bênçãos à saúde*
*E paz à provedoria.*

*Em todo e qualquer trabalho,*
*Seja rude, seja brando,*
*Mantenho-me ao vosso lado,*
*Como sempre, cooperando.*

*E em tudo o que eu não puder*
*Servir como vosso escravo,*
*Recorreremos, nós dois,*
*Ao Senhor do Desagravo.*

**EMMANUEL**

15/01/1947

# SAUDAMOS A TODOS

Meus amigos, que o Senhor nos conceda muita paz. Nosso irmão Arthur está presente e cumprimenta-vos, recomendando ao neto muita preparação para as tarefas em fevereiro próximo.[1] **Saudamos a todos**, desejando-vos muita felicidade em Cristo Jesus. O nosso amigo Comandante vem sendo muito beneficiado com a estação de repouso, à distância do campo tumultuário do Rio. Estamos satisfeitos identificando-lhe as boas disposições. Boa noite para todos. Que Jesus nos guarde, iluminando-nos os caminhos, são os votos do irmão e servo humilde,

EMMANUEL

[1] Nota da Organizadora: em referindo-se ao meu irmão Roberto Joviano.

22/01/1947

# NOSSO IRMÃO FIGNER

Meus amigos, que as forças divinas nos fortaleçam. Peço-vos coopereis, durante uma semana, consagrando dois a cinco minutos de oração pelo fortalecimento imediato do **nosso irmão Figner** em sua nova luta.[1] Basta dediqueis esse tempo a ele à noite, antes do sono do corpo físico. Desejando-vos muita saúde e paz, sou o vosso amigo e servo humilde de sempre,

EMMANUEL

[1] Nota da Organizadora: em referindo-se ao espírito Frederico Figner, que ditou a Chico Xavier o livro *Voltei*, com o pseudônimo de Irmão Jacob, publicado pela FEB em 1947.

29/01/1947

# LEMBRANÇA AO GENERAL

Meus amigos, muita paz. **Ao nosso amigo General Aurélio, deixo a seguinte lembrança**:

*Meu prezado Comandante,*
*A paisagem é boa.*
*Tenhamos, porém, cuidado*
*Com comidas na lagoa.*

Vosso amigo e servo humilde de sempre,

EMMANUEL

05/02/1947

# PAZ NOS CORAÇÕES

Meus amigos, que as forças divinas permaneçam conosco. A nossa amiga Martha, especialmente dedicada à irmã Júlia, está presente e me recomenda transmitir-lhe um abraço.[1] Que **a paz do Senhor nos felicite os corações**, agora e sempre. Encerrai vossos trabalhos na bênção divina com que foram iniciados. Vosso amigo e servo humilde,

EMMANUEL

[1] Nota da Organizadora: refere-se a Martha Pernambuco, afilhada de vovó Júlia.

12/02/1947

# É SEMPRE ÚTIL CONSIDERAR EM TUDO A VONTADE DE DEUS

Meus amigos, que as forças divinas nos auxiliem a todos. Desejamos aos nossos amigos um regresso feliz, pedindo aos "mensageiros da paz" ajudá-los a encontrar todas as circunstâncias que favoreçam a volta em paz, contentes e felizes. Que Jesus nos autorize a satisfação de sempre repetir esses momentos de calma, dentre os quais temos tido oportunidade de valorizar-lhe as bênçãos. Agradeço-vos a cooperação prestada ao novo trabalho de André Luiz, que reputamos de grande interesse para a defesa contra o desequilíbrio, isto é, contra o mal. Esperemos em Jesus possa o serviço ser completado até março próximo, quando, se Deus nos permitir, desejaríamos fosse remetido em duas vias o original, como sempre, ao nosso companheiro de lutas, e a cópia ao presidente da instituição que fomos chamados a servir.[1] Estamos trabalhando para que não haja delongas do nosso lado, considerando a oportunidade do

---

[1] Nota da Organizadora: Emmanuel faz menção ao novo trabalho de André Luiz, o livro *No Mundo Maior*, cuja primeira edição se deu em 1947, pela FEB. Quanto "ao nosso companheiro de lutas", refere-se a Manuel Quintão, presidente da FEB até 1943, tendo sido sucedido por Antônio Wantuil de Freitas, companheiro de Diretoria.

serviço referido. Cremos, pois, que, doravante, podemos comentar o trabalho em processo terminal. Esperamos em Jesus possamos ir até o fim. Assim dizemos porque **é sempre útil considerar em tudo a Vontade Divina**, que põe e dispõe, planeja e executa, segundo melhor Lhe parece. Fica, pois, consignado aqui o nosso reconhecimento. Particularmente ao General Aurélio, apresentamos as nossas despedidas:

*Meu prezado Comandante,*
*Seguimos em sua escolta,*
*Rogando ao Pai lhes conceda*
*Boa viagem de volta.*

*Que Jesus o guarde livre*
*De toda a perturbação,*
*De modo a não repetir-se*
*O banho em trajes de Adão.*

Lembranças do amigo e servo,

EMMANUEL

13/03/1947

# SOBRE O ÚLTIMO TRABALHO DE ANDRÉ LUIZ

Meus amigos, muita paz. Desejando-vos luz e tranquilidade para que não vos falte visão do caminho e a alegria de avançar dentro dele, peço ao Senhor vos favoreça, como sempre, com a sua bênção. **Em nome de André Luiz, e em nosso próprio nome, agradecemos vosso concurso valioso na confecção do trabalho último** em que o nosso irmão busca auxiliar com tanto devotamento na solução do problema de socorro às entidades perturbadas, ainda não em processo de loucura total, aí na esfera carnal e aqui, em nossos círculos. Pedimos ao nosso amigo Rômulo ajudar-nos com uma recapitulação rápida da leitura do trabalho para as corrigendas precisas ou para que a fraseologia se faça mais clara onde esteja obscura. Desse modo, caso seja possível, pretendíamos que a remessa fosse igualmente feita a 25 de março corrente, qual aconteceu ao *Obreiros da Vida Eterna*, que seguiu em data idêntica, destinando-se a primeira via ao nosso antigo companheiro e a segunda ao nosso amigo presidente atual da instituição de que somos servidores. Quanto ao nome, na próxima quarta-feira tentaremos trazer a nossa sugestão para ser aproveitada ou substituída, conforme as necessidades do esforço coletivo. Mais uma vez reafirmamos a todos a nossa gratidão e desejando-vos muita paz pede ao Senhor nos proteja o amigo e servo humilde,

EMMANUEL

26/03/1947

# SERVIÇO DE ESPIRITUALIDADE EM FAVOR DE NÓS MESMOS

Meus caros amigos, que as forças divinas nos fortaleçam a todos. Reiterando-vos o nosso reconhecimento, como sempre, pela habitual cooperação, rogamos ao Senhor da Vida nos auxilie a prosseguir. Que ele nos revigore as forças e nos refaça as dádivas de seu amor infinito, reformando-nos os empréstimos de oportunidade para que possamos acentuar **o serviço de espiritualidade em favor de nós mesmos**. São os desejos sinceros do amigo e servo humilde,

EMMANUEL

01/04/1947

# NA PAIXÃO DE CRISTO

Meus amigos, que as forças divinas nos concedam muita paz. Somos de parecer que devam suprimir a reunião na sexta-feira próxima, em vista da necessidade de nos recolhermos mais individualmente **nas recordações do Cristo**, o que não nos é possível fazer ante o assédio das forças perturbadoras em torno das lembranças do divino Mestre. Interessante anotar que nas festas carnavalescas é aconselhável sustentar a batalha das vibrações, mas à frente do caráter sagrado das reminiscências de Jesus não devemos disputar com os irmãos que ainda não o compreendem com mais acentuada elevação, competindo a cada um de nós outros erguer no próprio altar íntimo a luz da comemoração. Em vista disso, todos nós pretendemos ausentar-nos para dentro de nós mesmos, nos planos em que nos encontramos para melhor sentirmos o Senhor, aconselhando os prezados amigos a fazerem o mesmo. O nosso amigo João de Deus está presente e saúda-vos, afirmando que amanhã, ou depois de amanhã à noite estará em vossa companhia para o culto habitual, pretendendo, porém, ausentar-se na sexta-feira igualmente para as nossas comemorações.[1] Que o Pai nos favoreça a todos. E que a Sua bênção nos fortifique para as realizações do bem, é a prece constante do amigo e servo humilde,

EMMANUEL

---

[1] Nota da Organizadora: refere-se a João de Deus Macário.

09/04/1947

# SIGAMOS IMPRIMINDO A VONTADE DO SENHOR EM NOSSO LIVRO ÍNTIMO

Meus amigos, que as forças divinas nos ajudem o coração e nos iluminem os passos. **Sigamos imprimindo a vontade do Senhor em nosso livro íntimo**. Agradeçamos sempre e regozijemo-nos com todo o bem que de sua infinita misericórdia procede. Esperamos que, como sempre, sua mão desça sobre os nossos caminhos, amparando-nos. Essa é a nossa rogativa constante. Reconhecidos, como sempre, ao socorro do Alto, pede à Providência Divina por nossa paz, e por nossas realizações, o amigo e servo humilde,

EMMANUEL

16/04/1947

# Sincero desejo de servir na seara de amor e luz

Meus caros amigos, que as forças divinas nos concedam muita paz, com muito ânimo e fortaleza para nós todos. Que o Senhor da Vida conceda aos queridos irmãos aquela vida abundante por ele prometida a quantos o amassem com o **sincero desejo de servir em sua seara de amor e luz**, são os rogos do amigo e servo humilde de sempre,

EMMANUEL

23/04/1947

# PRESENÇA AMIGA

Meus caros amigos, que as forças divinas nos auxiliem a todos. Desejando-vos, tanto quanto para nós, muita luz para o caminho, muito equilíbrio para a saúde e muita paz para o coração, **sou o amigo e servo humilde de sempre**,

EMMANUEL

14/05/1947

# VOTOS AO DIVINO MESTRE

Meus amigos, que as forças divinas nos concedam a paz. Formulando **votos ao divino Mestre**, para que a sua luz nos esclareça as lições de cada dia, fortalecendo-nos o coração em seu espírito de amor e sabedoria, sou o amigo e servo humilde de sempre,

EMMANUEL

21/05/1947

# PARA QUE NUNCA NOS FALTE O SUPRIMENTO DO ALTO

Meus amigos, que as forças divinas nos concedam a paz e o equilíbrio necessários à luta construtiva de cada dia. Esperando que a bênção do Senhor nos felicite agora e sempre, **para que nunca nos falte o suprimento "de cima"**, sou o amigo e servo humilde de sempre,

EMMANUEL

28/05/1947

# EM NOME DO SENHOR

Amigos, muita paz. Desejando-vos as bênçãos da paz e da luz com o Cristo, para que cada qual de nós se integre no dever recebido do Alto, sou o vosso amigo e servo humilde que, **em nome do Senhor**, encerra convosco as orações e os trabalhos espirituais desta noite.

EMMANUEL

12/06/1947

# SEM JESUS É IMPOSSÍVEL QUALQUER MOVIMENTO NOS CAMINHOS DA ELEVAÇÃO

Meus amigos, que as forças divinas nos concedam luz, equilíbrio e paz. **Pedindo ao Senhor nos conceda em tudo a sua divina bênção, sem a qual é impossível qualquer movimento nos caminhos da elevação**, sou o amigo e servo de sempre,

EMMANUEL

18/06/1947

# DIA DE CÉLIA

Meus amigos, paz no Senhor. Encerremos os nossos trabalhos na paz do trabalhador que amou o seu dia de serviço. Estive com o irmão Cneio Lucius, que vos envia lembranças. Recomendou que a ausência das comemorações foi deliberada e oportuna. **Dirigiu-se hoje às esferas mais altas para serviço espiritual de graças.**[1] Que Jesus nos abençoe, são os votos do amigo e servo humilde,

**EMMANUEL**

---

[1] Nota da Organizadora: em mensagem datada de 25 de junho de 1941, que consta do livro *Sementeira de Luz*, (VINHA DE LUZ, 2006), à página 223, e intitulada "Lembranças de Célia", vovô Arthur menciona o dia 18 de junho como uma data dedicada à neta inesquecível, assim se referindo: *"Naquele dia ou, aliás, naquela noite, Rômulo, de suas preces, ao lado dos companheiros, estive presente nas lembranças consoladoras de Célia. As festividades tão familiares de Campos me comoveram o coração e não quis perder o ensejo de ir orar na companhia dos amigos de Leopoldina. Com isso, não quero dizer que nos constitua dever comemorar a data de 18 de junho em feição especial. Sou mesmo de parecer que não o façamos, porque devemos compreender os exemplos de Célia, em todos os dias de atividade espiritual, e as comemorações particulares, mesmo íntimas, poderiam de alguma sorte perturbar a tarefa universal de seu glorioso espírito com os desígnios de Jesus. (...) O 18 de junho tem dado à Célia, e a outros servos de Deus, a quem se consagram as reminiscências desse mesmo dia, ocasiões para grandes esforços pelo bem dos homens. Não precisarei citar muitos exemplos. Ainda agora vocês contemplavam uma fotografia da estátua do Duque de Wellington. Devo lembrar-lhes de que a batalha de Waterloo se faria a 18 de junho de 1815, onde se decidiram supremos benefícios para a coletividade humana. Nesse instante, Célia e outros filhos do Altíssimo oravam com a alma redimida fixada no bem de seus irmãos. E é interessante notar que o feito se verificou num monte que trazia o nome de São João. Outra particularidade interessante sobre datas é que esta cidade, a cuja margem vocês vivem, trabalhando conosco, se fundou há 50 anos, em 17 de junho. Tudo isso é muito interessante, mas não é casual. E a vida, meus filhos, vai desenrolando sempre a sua caixa de surpresas e ensinamentos vivos. (...)"*

16/07/1947

# NO CLIMA DA PAZ CRISTÃ

Meus amigos, muita paz. Encerremos nossas preces **no clima da paz cristã**. Que o Senhor nos abençoe. Vosso amigo e servo humilde,

EMMANUEL

23/07/1947

# HOJE COMO ONTEM

Meus amigos, que as forças divinas nos sustentem as energias **hoje como ontem**. Desejando-vos muita paz e luz para a jornada de cada dia na Terra, sou o vosso amigo e servo humilde,

**EMMANUEL**

30/07/1947

# DEUS CONOSCO

Meus amigos, **que a paz divina permaneça conosco**. Desejando-vos luz e paz, hoje e sempre, sou o amigo e servo humilde,

EMMANUEL

06/08/1947

# COM A LÂMPADA DA PAZ ACESA NO SANTUÁRIO INTERIOR

Meus amigos, que as forças divinas nos concedam muita paz. Desejando-vos muita fortaleza na luta, **com a lâmpada da paz acesa no santuário interior**, roga ao Senhor pela nossa felicidade, cada dia, o amigo e servo humilde,

EMMANUEL

13/08/1947

# QUE A SOMBRA DO MUNDO NÃO VOS INTERROMPA

Meus amigos, muita paz. Associando-me aos votos de ventura espiritual que dirigistes à irmã lembrada nesta noite, pedimos ao Todo-Poderoso vos guarde o coração e vos assegure a tranquilidade nas lutas de cada dia. Desejando-vos a luz do Senhor em todos os caminhos terrestres, para **que a sombra do mundo não vos interrompa**, em tempo algum, a marcha para a união divina, sou o vosso amigo e servo humilde,

EMMANUEL

27/08/1947

# PROVISÃO DE PAZ

Meus amigos, que o Senhor nos guarde e abençoe sempre. Desejando-vos muita luz para a jornada diária na Terra, com suficiente **provisão de paz** para o serviço normal da vida, sou o amigo e servo humilde de sempre,

**EMMANUEL**

03/09/1947

# ROGATIVA PELO BEM

Meus amigos, que as forças divinas nos abençoem e auxiliem. **Formulando meus rogos ao Alto pela tranquilidade e fortalecimento de todos**, sou o vosso amigo e servo humilde,

EMMANUEL

17/09/1947

# SOB A VONTADE DO PAI

Meus amigos, muita paz. Pedindo ao eterno Pai nos abençoe os corações, colocando-nos **as energias a serviço de Sua divina vontade**, sou o vosso amigo e servo humilde de sempre,

EMMANUEL

24/09/1947

# NOS SERVIÇOS DA ORAÇÃO

Meus amigos, muita paz. Cooperando convosco **nos serviços da oração**, rogamos ao Poder Divino abençoar-nos e esclarecer-nos. O nosso irmão Arthur está presente e abraça-vos. Pedindo para nós todos a proteção do eterno Pai, sou o amigo e servo humilde de sempre,

EMMANUEL

01/10/1947

# LUZ PARA TODOS

Meus amigos, muita paz. E que as forças divinas nos fortaleçam os corações. **Desejando-vos a todos, tanto quanto a nós, muita luz** para o caminho de cada dia, sou o amigo e servo reconhecido de sempre,

EMMANUEL

08/10/1947

# SEMEADURA DOUTRINÁRIA

Meus amigos, que as forças divinas nos concedam muita paz. Confirmamos os nossos agradecimentos em nome de André Luiz e em nosso próprio nome, enunciados na carta do irmão Arthur. A vinda do novo trabalho parece atender a um setor importante da **semeadura doutrinária**, qual o das perturbações mentais, que não se limitam à vida no vaso fisiológico.[1] Nosso reconhecimento é assim muito justo aos prezados amigos, que colaboraram com tanta dedicação como sempre. Um serviço como esse, que ainda permanece com a nossa responsabilidade, é como se fora um corpo grande. Alguns companheiros funcionam como membros e apêndices da cabeça e dos braços do organismo. Cada colaborador tem aí sua função definida, como os órgãos possuem lugar adequado no veículo

[1] Nota da Organizadora: trata-se do livro *Agenda cristã*, com prefácio de 18 de junho de 1947, lançado pela FEB em 1948.

físico. O Senhor governa de cima. Estejamos, desse modo, felizes no desempenho de seus divinos desígnios. Aproveitando a oportunidade, pedimos ao nosso amigo o obséquio de rever as páginas do Irmão X em composição datilográfica para que a remessa do novo trabalho se efetue logo esteja concluído devidamente pelo autor.[2] Se tanto nos permitir o Senhor, é nossa intenção, logo após, organizar a segunda série de interpretações evangélicas para que o *Caminho, Verdade e Vida* seja conduzido ao seu destino quando a "segunda série" estiver pronta, para substitui-lo nos elementos da reserva. Esclarecemos, dessa forma, que, se permitir o Mestre, o trabalho poderá ser entregue à máquina de impressão no próximo ano. Se alguma possibilidade surgir no terreno de novas realizações, com satisfação intercalá-la-emos no serviço em perspectiva. Pedindo ao Pai vos recompense a todos, o amigo e servo humilde de sempre,

EMMANUEL

[2] Nota da Organizadora: as páginas do Irmão X são as que constituem o livro *Luz Acima*, publicado pela FEB em 1948. O revisor em questão era Rômulo Joviano.

15/10/1947

# CONFIRMANDO A NOSSA AMIZADE DE SEMPRE

Meus amigos, muita paz. Em vos comunicando com o nosso amigo General Aurélio, rogo-vos sejais portadores de nossa afetuosa visita a ele, com os nossos votos ardentes de restauração positiva. Temos estado espiritualmente colaborando em suas melhoras. Entretanto, é nosso propósito fazer-vos a presente solicitação, de modo a **confirmar-lhe a nossa amizade de sempre**. Desejando-vos muita paz e alegria no desempenho do roteiro que a Vontade Divina nos traça a todos, sou o vosso amigo e servo humilde de sempre,

EMMANUEL

21/10/1947

# CADA DIA É UMA VIAGEM NO DESCONHECIDO

Meus amigos, que as forças divinas nos guardem e protejam. Também nós vos desejamos boa viagem! Não vos incomode a ausência de roteiro, por enquanto. Qualquer que seja a designação do Senhor, cumpramo-la com alegria. Lembremo-nos de que **cada dia é uma viagem no desconhecido**. E foi por isso que Paulo de Tarso declarou que *"o justo viverá da fé"*. As horas são quase que impenetráveis em sua verdadeira significação. Daí a certeza de nossa vitória na sincera confiança no Pai. Que Ele nos proteja e nos fortaleça, são os votos do amigo e servo humilde,

**EMMANUEL**

14/12/1947

# AO IRMÃO ARTHUR

Abençoe o Supremo Senhor, para sempre, **aquele que passou no mundo**:

a ensinar, amando,

a iluminar, brilhando por si mesmo,

a governar, cedendo,

a elevar os outros, apagando-se,

a corrigir, com brandura,

a semear o bem, sem preferência,

a pacificar, sem imposições,

a melhorar, sem alarde,

a esclarecer, sem ruído,

a beneficiar, sem recompensa, imitando aquele divino Amigo, que, embora incompreendido e crucificado, passou no mundo fazendo o bem.

EMMANUEL

---

Nota da Organizadora: a data assinala os 13 anos de regresso do vovô Arthur à pátria espiritual. Sua desencarnação ocorreu em 14 de dezembro de 1934.

# 1948

07/01/1948

# A REAFIRMAÇÃO DO NOSSO AMOR À MISSÃO DO LIVRO

Meus amigos, que as forças divinas nos iluminem e amparem. Associados aos "parabéns" de que o irmão Arthur foi portador, desejamos à nossa inesquecível amiga muita felicidade em suas realizações de cada dia.[1] Que o Senhor lhe conceda a sua bênção de luz, a fim de que todas as suas obras na Terra continuem cheias de luz e paz, bom ânimo e alegria. O nosso prezado Irmão X está presente e propõe o título *Luz Acima* para o trabalho que terminou em 14 de dezembro último. Pedimos ao nosso amigo providenciar a remessa, no mesmo estilo - a primeira via ao nosso companheiro Quintão e a segunda ao nosso irmão que preside a Casa de Ismael.[2] Quanto ao trabalho do nosso amigo Figner, desejamos seja o mesmo terminado até o dia 19 do corrente, dia que lhe comemora as núpcias com a liberdade espiritual. Assim desejamos proceder em homenagem ao companheiro que há dez anos nos oferecia mão forte à luta e que há um ano nos possibilitou **a reafirmação do nosso**

[1] Nota da Organizadora: refere-se ao aniversário de minha mãe, Maria Joviano, comemorado em 11 de janeiro. [2] É bom relembrar que Manuel Quintão foi presidente da FEB até 1943, sendo substituído por Antônio Wantuil de Freitas, que presidiu a Federação Espírita Brasileira, ou Casa de Ismael, até agosto de 1970.

**amor à missão do livro.**[3] Terminado o serviço, pretendemos aconselhar a sua remessa até o fim do mês para os estudos preliminares de publicação, que serão, naturalmente, vagarosos, em seus detalhes no Rio. Logo atinjamos a fase final, tornaremos ao assunto. Os nossos sinceros agradecimentos do coração pelo concurso firme. Que Jesus distribua com todos as alegrias que nos vão na alma, é a prece de hoje do amigo e servo humilde de sempre,

EMMANUEL

---

[3] Nota da Organizadora: cumpre esclarecer que Frederico Figner foi também um dos presidentes da FEB. Após sua partida para o plano espiritual, escreveu a obra intitulada *Voltei,* sob o pseudônimo de Irmão Jacob. A obra, com prefácio de 19 de fevereiro de 1948, foi publicada pela FEB em 1949. As razões do fato estão devidamente esclarecidas na mensagem de Emmanuel de 18 de fevereiro de 1948, mais à frente, à página 383.

21/01/1948

# AÇÃO E FÉ

Meus amigos, muita paz. O nosso amigo Figner aqui presente agradece-vos a colaboração prestada ao trabalho que conseguiu terminar nos últimos dias e não vos escreve, pessoalmente, hoje, em vista da hora um tanto adiantada, mas, provavelmente, na semana próxima agradecer-vos-á com a sua própria mão. Agradecemos a todos vós pelo concurso de sempre e pedimos ao Senhor abençoar-nos no serviço edificante. Que sua bondade nos siga no caminho da **ação e da fé** viva, é o que pede nas orações habituais o vosso amigo e servo humilde,

**EMMANUEL**

28/01/1948

# VENCENDO OS CAMINHOS DO MUNDO

Meus amigos, que as forças divinas nos concedam muita paz. Formulando votos para que a lâmpada de nossa fé viva continue sempre acesa, **vencendo os caminhos do mundo**, sou o amigo e servo humilde de sempre,

EMMANUEL

28/01/1948

# NO CAMINHO DA ILUMINAÇÃO

Meus amigos, muita paz. Que o Senhor nos fortaleça **no caminho da iluminação**. Encerremos nossos trabalhos em paz. Vosso amigo e servo humilde de sempre,

EMMANUEL

11/02/1948

# Sobre o trabalho do irmão Figner

Meus amigos, que as forças divinas nos concedam muita luz e paz. O nosso irmão Arthur está presente e saúda-vos, contente, desejando-vos muitas alegrias, hoje e sempre. Não se comunicou, em vista da necessidade de ausentar-se em companhia de um amigo. Na próxima reunião, daremos algumas sugestões quanto à remessa do **livro de impressões do nosso irmão Figner**, que ele propõe seja intitulado *Voltei*. Cremos interessante fazer chegar o trabalho às mãos das filhas, por intermédio do presidente da Federação Espírita Brasileira, antes de assentarmos o plano definitivo da publicação - se com o nome do nosso amigo ou se com um nome de filho de Deus, que ele também é, quanto nós. Esperemos mais uma semana. Pedimos ao Mestre divino nos fortaleça a todos. E com os nossos votos de muita saúde e tranquilidade, sou o vosso amigo e servo de sempre,

EMMANUEL

18/02/1948

# ACERCA DO "VOLTEI" E DO "LUZ ACIMA"

Meus amigos, muita paz a todos e que as forças divinas nos protejam e abençoem. Ficaríamos satisfeitos se puderdes remeter ao Rio o trabalho do nosso irmão Fred Figner. Cremos aconselhável a seguinte medida preliminar: confiareis a primeira via ao irmão Wantuil, que se incumbirá de levá-lo ao conhecimento das filhas do prezado companheiro, presentemente conosco, tentando obter da parte delas o necessário consentimento para que o nome paterno figure na apresentação do trabalho. Caso concordem, o ***Voltei*** poderá correr os caminhos normais. Todavia, na hipótese negativa, o nosso irmão Figner adotará um "nome universal" para a nova luta em que se acha interessado. Enviareis, assim, a segunda via ao nosso amigo Quintão, explicando a ele a contingência em que nos achamos, perante a incerteza de uma aprovação ou de um veto familiar. Consideramos, por isso, mais acertado que as filhas do nosso companheiro leiam o trabalho paterno na cópia número um. Solicitamos ainda que a data de 19 de janeiro do prefácio seja transferida para 19 de fevereiro, em razão de o ***Luz Acima*** estar datado de 14 de dezembro. Não convém que dois livros sejam entregues ao público com diferença tão reduzida. Daríamos a ideia de "massa", o que devemos evitar! Agradecemos a colaboração de sempre e rogamos ao Senhor nos abençoe. Com o meu pensamento de alegria, bom ânimo e paz em Jesus, nosso Senhor, sou o vosso amigo e servo humilde de sempre,

EMMANUEL

03/03/1948

# A GRANDEZA DO TEMPO E O CARÁTER SUBLIME DA OPORTUNIDADE

Meus caros amigos, muita paz. O nosso irmão Arthur fez muito bem comentando, de alguma sorte, **a grandeza do tempo e o caráter sublime da oportunidade**. Às vezes, o viajor necessita descansar à sombra das árvores para meditar no caminho que os pés devoram e no futuro que o aguarda, a fim de ser reconhecido ao Altíssimo. Imaginemos que ontem o prefácio de *Há 2000 anos...* completou nove anos![1] Quanto é possível caminhar quando temos a determinação de prosseguir! Creiam que esse fato nos sugere muitas considerações construtivas para serem fixadas, não no papel, mas no livro vivo do coração! Esperemos no Senhor e peçamos a ele o poder de concentrarmos em sua divina lei as nossas vidas. Sejam para a sua vontade justa e amorosa os nossos melhores pensamentos. Desejando-vos, pois, tanto quanto a nós, a luz necessária para o caminho, sou o vosso amigo e servo reconhecido,

EMMANUEL

[1] Nota da Organizadora: o primeiro livro ditado por Emmanuel teve sua primeira edição em 1939, com prefácio datado de 2 de março.

10/03/1948

# SOBRE O "VOLTEI"

Meus amigos, que a paz do Senhor seja conosco. As palavras do irmão Arthur são oportunas. Precisamos pensar, já que no corpo diretivo das ideias que abraçamos não dispomos, no momento, de quem pense por nós. Esperamos que o novo livro em perspectiva surja oportunamente. E por referir-nos ao assunto, temos um pequeno lembrete: as filhas do nosso amigo e irmão Figner, perplexas, hesitam ante a leitura das **páginas paternais**. Esperavam que ele não encontrasse, além da morte, outro esforço senão o de transpor a entrada do "Paraíso". Lembram que o nosso devotado irmão serviu à caridade cristã por mais de quarenta anos sucessivos, como se esse tempo não passasse, ante a Eternidade, de expressão comparável a alguns minutos. O choque, porém, não será pequeno e nem inexpressivo para grande parte dos leitores. Assim, rogamos seja sugerido ao presidente da Federação um posfácio, à guisa de nota explicativa, sobre o amplo serviço que nos compete a todos no esforço de espiritualização e iluminação, de existência a existência. Semelhante serviço, entretanto, deverá ser prestado por um dos companheiros encarnados, porque se nós o fizéssemos, deste lado, poderia ser interpretado na categoria de repreensão e crítica ao nosso prezado Figner. Pensando dessa maneira, abstive-me do prefácio, mas noto que o nosso devotado irmão e amigo não deve sair assim, tão sozinho, perante a opinião geral. Fica de pé a lembrança. Rogando ao Senhor nos abençoe, sou o amigo e servo humilde,

EMMANUEL

17/03/1948

# ATRAVÉS DO SERVIÇO AOS NOSSOS SEMELHANTES

Meus amigos, muita paz. Pedindo ao nosso divino Amigo nos encoraje o ânimo, **através do serviço aos nossos semelhantes** - combate feliz, de todos o mais digno de ser sustentado -, sou o vosso amigo e servo humilde de sempre,

EMMANUEL

24/03/1948

# A PAZ DO SENHOR ESTEJA SEMPRE CONVOSCO

Meus amigos, muita **paz**. Desejando-vos, como sempre, a bênção divina, sou o vosso amigo e servo humilde,

EMMANUEL

31/03/1948

# NO SERVIÇO DE LIBERTAÇÃO EM QUE NOS SITUAMOS

Meus amigos, que a paz do Senhor permaneça conosco. Desejando-vos a luz do bom ânimo para as sombras de cada dia e de cada noite, **no serviço de libertação em que nos situamos**, no rumo da Espiritualidade Superior, sou o vosso amigo e servo humilde de sempre,

EMMANUEL

07/04/1948

# FINALIZANDO A VISITA DA NOITE

Meus amigos, muita paz. Agradecendo-vos a remessa do novo trabalho de André Luiz ao Rio, peço ao Senhor da Vida nos acrescente as possibilidades no serviço à sua divina vontade. Que ele vos proteja e abençoe sempre mais. **Finalizando a visita da noite**, deixo a seguinte quadra ao nosso prezado Comandante:

*Meu prezado General,*
*No esforço de cada dia*
*Voltaremos, pouco a pouco,*
*À nossa provedoria.*

Vosso amigo e servo humilde,

EMMANUEL

07/04/1948

# CABE-NOS FAZER TUDO PARA EVITAR O "FERMENTO DOS FARISEUS"

Meus amigos, muita paz. A palavra do nosso irmão Arthur é muito oportuna. Relativamente ao *Voltei*, somos de opinião devamos esperar mais tempo pelo parecer das irmãs Figner. Pelo menos, por alguns meses. Até dezembro próximo. **Cabe-nos fazer tudo para evitar o "fermento dos fariseus"**, em torno do serviço edificante. Estamos avançando um tanto nas interpretações evangélicas, porque tudo faz perceber que de 1950 em diante teremos traduções mais perfeitas do Testamento Divino - Velho e Novo. Se deixarmos o início do trabalho para depois dessa época, ficaremos "antiquados" nos versículos que passarão, provavelmente, à apresentação mais segura no mundo. Esperemos em Cristo. Desejando-vos, tanto quanto para nós, a sua paz, sou o vosso amigo e servo humilde de sempre,

EMMANUEL

14/04/1948

# ACONSELHAMENTO OPORTUNO

**Aconselhamos ao médium** manter, pelo menos até junho, certa redução nos trabalhos psíquicos, quais sejam:

- receituário compacto, reservando-se o trabalho aos "domésticos na fé",

- contato de multidão em sessão pública, guardando-se as forças no serviço de oração e trabalho espiritual de caráter privado.

Essas medidas visam melhorar o nosso serviço de assistência mais eficiente ao seu campo orgânico, na restauração de certas zonas pulmonares ameaçadas. Convém, assim, limitar as atividades às horas normais de serviço comum em repartição com algum serviço espiritual de caráter inevitável, quando as visitas sejam efetivamente credoras de apelos ao plano espiritual. À noite, quanto mais cedo possível, exceção feita às reuniões de quartas-feiras, onde esse trabalho nosso pode ser realizado, deve deitar-se ou sentar-se para que os cooperadores espirituais continuem o serviço de recomposições celulares nos alvéolos. Seu caso não tem maior importância, entretanto, é sempre melhorar e prevenir no lar que remediar no sanatório. Na prevenção, todos os amigos ajudam e na medicação muita gente determina. Será, assim, importante afastar-se um pouco das atividades públicas declaradas, com a inalação de todos os resíduos da multidão muito compacta, porque, por mais nos dediquemos à tarefa assistencial, o "vampirismo" é sempre grande. Esperamos uma boa restauração em poucas semanas, mas não podíamos deixar de prevenir com amor, evitando consequências desagradáveis. Havendo necessidade, vamos lutar de qualquer modo e todo soldado em batalha é sempre mais digno de consideração e louvor. Todavia, o movimento de peregrinação sem construção espiritual não se nos afigura trabalho que mereça o empenho de todas as nossas forças e possibilidades. A necessidade justa será atendida, porém combatamos um tanto a ociosidade espiritual e a viciação dos "pratos feitos". Dos processos a serem usados, dar-nos-á o Senhor os recursos necessários, seja de um ou de outro modo. Mais algumas semanas e acreditamos esteja vencido o obstáculo. Desculpai-me a distância das linhas, contudo, a hora pede de nós outros explicações mais extensas. Que o Senhor nos favoreça a todos, são os votos do amigo e servo humilde,

EMMANUEL

22/04/1948

# ROGATIVA SINCERA

Meus amigos, muita paz. **Desejando-vos muita paz no coração e muita luz no caminho, pede ao Senhor nos abençoe** o amigo e servo humilde,

EMMANUEL

28/04/1948

# SEGURANÇA ESPIRITUAL

Meus amigos, muita paz. Fazendo nossos os votos do irmão Arthur, eleva ao Mestre divino fervorosa prece em favor de nossa paz e de nossa **segurança espiritual** o amigo e servo humilde de sempre,

EMMANUEL

05/05/1948

# NOSSO CORPO É A MAIS PRECIOSA DAS MÁQUINAS

Meus amigos, muita paz. Registramos, com satisfação, a chegada dos nossos amigos General Aurélio e irmã Júlia, desejando-lhes felicidades mil! Boa permanência em Pedro Leopoldo, com harmonia na saúde do corpo e do espírito é o que almejamos, rogando a Jesus fortaleça a ambos nas lutas de cada dia. O nosso amigo Comandante não precisa preocupar-se demasiado. O parecer do Dr. Lafaiete de Andrade e do Dr. Armando é oportuno.[1] Certo cuidado nas caminhadas e na alimentação, com o possível descanso físico. **Nosso corpo é a mais preciosa das máquinas** enquanto nos demoramos na Terra. O lubrificante do repouso, por vezes, é inadiável e imprescindível. A recomendação médica, no entanto, não deve ser convertida num fantasma. O ar do campo, uma jornadazinha de vez em

[1] Nota da Organizadora: ambos médicos do vovô Aurélio, sendo que Dr. Armando (Armando Pêgo Amorim) era também seu filho.

quando e um bom prato bem preparado lhe farão grande bem. Quanto à pequenina zona perturbada da pele, o tratamento que vem recebendo é muito adequado. Gozem, pois, uma excelente estadia junto dos filhos e que nossa irmã Júlia igualmente esteja certa de que lhe não faltam o amparo e a assistência aqui e no campo doméstico, onde deixou, no momento, tão grandes preocupações. Confiemos no Divino Poder. Para não perder o ensejo, deixo ao nosso amigo Comandante a quadra tradicional:

*General, eis a receita*
*Da saúde e da alegria:*
*Nem muita pressa na escada,*
*Nem banhos na pescaria.*

Vosso amigo e servo humilde de sempre,

**EMMANUEL**

12/05/1948

# AGRADECIMENTO AO ALTO

Meus amigos, muita paz. Esperando que o nosso amigo General se sinta fortalecido e satisfeito com o testemunho de reconhecimento por parte de tão dedicados companheiros, encerraremos a nossa reunião com uma prece silenciosa de **agradecimento ao Alto**. Desejando-vos a paz e o bom ânimo, que desejamos para nós mesmos, sou o amigo e servo humilde de sempre,

EMMANUEL

19/05/1948

# GUARDEM NOS CORAÇÕES O FRUTO DA ALEGRIA

Meus amigos, muita paz. Formulamos votos ardentes para que **guardem nos corações o fruto da alegria**, colhido nas sementeiras de valor e fé. Valemo-nos do ensejo para notificar-vos que o nosso estimado Irmão X substituirá o prefácio de *Luz Acima* por uma página de impressões mais consentânea com o título do livro. Conservaremos, assim, em arquivo, a página primitiva, esperando que o serviço de nosso lado se faça com a urgência possível, de modo a não sermos prejudicados em nosso programa, ante a tarefa da impressão. Acreditamos que a providência é aconselhável pela estranheza que o título sugere a muitos leitores de feição intelectual mais simples. Esperemos. Despedindo-nos, registramos com satisfação sincera as melhoras do nosso amigo Comandante que, felizmente, vem lucrando muitíssimo com a permanência em Minas, oferecendo-lhe a lembrança seguinte:

*Meu prezado General,*
*Nossa sincera alegria*
*Reparando-lhe a cautela*
*Na escada e na pescaria.*

*Agora certo cuidado*
*No pratinho tentador.*
*Verdura, sempre verdura,*
*E sono reparador.*

Quanto à pescaria, devemos fazer uma ressalva contra as ameaças de banho nos terrenos escorregadios. Vosso amigo e servo humilde,

**EMMANUEL**

26/05/1948

# LIGUEMOS O CORAÇÃO À USINA DO CRISTO

Meus amigos, muita paz. Felizmente, o nosso amigo Comandante vai muito melhor! Sem versos para trazer-lhes hoje, peço ao Senhor possam nossas almas conservar a fé constante e renovadora no coração contra a indiferença e o desânimo da maioria das criaturas, tanto quanto guardais o calor benéfico da lareira contra o frio que reina lá fora. **Liguemos o coração à usina do Cristo** e não nos faltarão recursos de otimismo e iluminação. Muita paz. Vosso amigo e servo humilde de sempre,

EMMANUEL

04/06/1948

# REITERADOS VOTOS DE PAZ

Meus amigos, muita paz. Desejando-vos tranquilidade e bem-estar, expressamos nosso contentamento sincero ante as melhoras positivas do nosso amigo General. Que a Providência Divina o conserve forte, valoroso e robusto. Com os nossos **reiterados votos de paz**, transmitimos as saudações afetuosas de todos os irmãos que, conosco, se reúnem aqui. Vosso amigo e servo humilde,

EMMANUEL

09/06/1948

# A ÁRVORE AINDA É TENRA, MAS CRESCERÁ E FORTIFICAR-SE-Á

Meus amigos, muita paz. Desejando-vos alegria e bom ânimo, registramos nossa particular visita ao nosso estimado General Aurélio. Graças a Jesus, a saúde lhe corre muito bem e a tranquilidade vai sempre melhor, não obstante o frio intenso dos dias últimos. A temperatura, porém, só lhe pode fazer bem, respeitadas as leis contra o ar gelado e, desse modo, esperamos que a sua permanência em Minas seja portadora de grandes benefícios à sua posição geral. Nosso prazer é sincero, anotando-lhe a excelente forma orgânica. O nosso irmão Arthur, presente, deixa-vos um abraço e pede ao nosso amigo a leitura do serviço já pronto e datilografado para a revisão, atendendo-se-lhe ao propósito de recomendar o envio do livro ao Rio logo depois de organizado.[1] Agradecemos desde já. A ata que fizeram foi oportuna.[2] Estivemos presentes e consideramo-la documento necessário aos vindouros. **A árvore ainda é tenra, mas crescerá e fortificar-se-á** com o auxílio do divino Pomicultor. De nosso lado, trazemos a todos a nossa gratidão pelo devotamento ao serviço que organiza e reinstala a instituição à frente do porvir. Jesus nos inspirará. Agradecido, sou o vosso amigo e servo reconhecido de sempre,

EMMANUEL

---

Notas da Organizadora: [1] refere-se ao novo livro de Neio Lúcio, *Alvorada cristã*, com primeira edição em 1948, pela FEB. [2] Refere-se o benfeitor à ata de reorganização institucional do Centro Espírita Luiz Gonzaga, em Pedro Leopoldo | MG.

16/06/1948

# A NOSSA PARTICULAR VISITA AO COMANDANTE

Meus amigos, muita paz. Com **a nossa particular visita ao Comandante**, pedimos a permissão para registrar-lhe as grandes melhoras com o favor divino. Não temamos o frio, porque, em verdade, o nosso amigo General Aurélio tem feito uma reedificação muito feliz da saúde. Graças à Providência Divina, as suas disposições são as melhores! Esperamos, assim, oportunidade de compor boas quadras! Desejando a todos muita paz e bem-estar, sou o amigo e servo humilde de sempre,

EMMANUEL

23/06/1948

# LUTAS BENÉFICAS

Meus amigos, que as forças divinas nos concedam as suas bênçãos de paz, à frente das **lutas benéficas** do caminho. Esperamos que o nosso amigo Comandante permaneça em boa forma com a valiosa bagagem de forças que entesourou nas montanhas. Não nos esqueceremos da quadra de regozijo pelas suas melhoras. E formulando votos pelo bem-estar de todos, sou o vosso amigo e servo humilde de sempre,

EMMANUEL

02/07/1948

# SÓ NOS CABE AGRADECER A COLABORAÇÃO GERAL

Meus amigos, muita paz. Pedindo as bênçãos do Alto para nós todos, sugiro seja o nosso amigo General o portador do novo trabalho de Neio Lúcio para o Rio, acreditando seja melhor, desta vez, encaminharmos a primeira via ao presidente da Federação e a segunda ao nosso amigo Manuel Quintão, em vista do tempo que desejávamos lucrar. É uma sugestão nossa, mesmo porque **só nos cabe agradecer a colaboração geral**. Muito satisfeito com as bênçãos recebidas por nós todos quanto à saúde do nosso abnegado amigo, rendo graças à Providência Divina e rogo a permissão para endereçar-lhe as quadras seguintes:

*Desta vez, meu Comandante,*
*Não tivemos, por remate,*
*Nem banhos na pescaria,*
*Nem compressas de tomate.*

*Tudo correu calmamente,*
*Em paz tranquila e segura.*
*Pequena exceção ao leite*
*Numa tarde de fartura.*

*Aceite, pois, General,*
*Nas quadras da despedida,*
*Meus protestos de amizade*
*E votos de longa vida!*

Temos dito. Vosso amigo e servo humilde,

**EMMANUEL**

07/07/1948

# PELO FORTALECIMENTO E EDIFICAÇÃO DE TODOS

Meus amigos, muita paz. Com os nossos rogos ao Senhor **pelo fortalecimento e edificação de todos**, sou o vosso amigo e servo humilde,

EMMANUEL

28/07/1948

# JÚBILO PELA EXCURSÃO FELIZ

Meus amigos, muita paz. **Rejubilando-nos, igualmente, pela vossa excursão feliz**, roga ao Senhor pela nossa segurança nos caminhos da redenção o amigo e servo humilde,

EMMANUEL

04/08/1948

# NOS CÍRCULOS DE LUZ REDENTORA

Meus amigos, muita paz. Nossa irmã Engrácia, presente, pede seja dito à nossa irmã Júlia que não lhe falta amparo espiritual e luz divina **nos círculos de luta redentora**, enviando-lhe carinhoso abraço. Relativamente ao *Caminho, Verdade e Vida*, estamos quase a termo do serviço. Aos nossos amigos fica a decisão sobre a remessa do primeiro ou do segundo livro, apenas pedindo, de nossa parte, sejam reservados o título e o prefácio já organizados. O segundo, que sairá mais tarde, receberá outro "batismo". Com os nossos agradecimentos sinceros de sempre, sou o amigo e servo humilde,

EMMANUEL

12/08/1948

# PARA VÓS E PARA NÓS

Meus amigos, paz. **Desejando-vos muita luz e alegria, tanto quanto desejamos para nós**, sou o amigo e servo humilde de sempre,

EMMANUEL

18/08/1948

# NO CAMINHO DE REDENÇÃO QUE TRILHAMOS

Meus amigos, que o Senhor nos ampare a todos. Esperando que a luz do Mestre possa refletir-se em nossos corações **no caminho de redenção que trilhamos**, sou o vosso amigo e servo humilde de sempre,

EMMANUEL

18/08/1948

# O "CAMINHO, VERDADE E VIDA"

Meus amigos, muita paz. Tocando a termo o segundo livro de estudos evangélicos, cujo nome examinaremos mais tarde, solicitamos seja organizado ***o Caminho, Verdade e Vida***, de modo a ser encaminhado ao Rio, se possível, pessoalmente, pelo nosso amigo com perspectivas de visitas à capital da República. Cremos seja útil entregar-se ao presidente da Federação, de vez que o trabalho foi concatenado num tempo em que não contávamos com o afastamento do nosso amigo Quintão dos serviços que nos dizem respeito. Acreditamos ser essa a providência mais aconselhável. Agradecendo-vos a todos, sou o vosso amigo e servo humilde de sempre,

EMMANUEL

01/09/1948

# NOSSA GRATIDÃO

Meus amigos, muita paz. Com os nossos votos de muita alegria no Mestre Jesus, extensivos a todos, deixamo-vos, aqui, como sempre, a **nossa gratidão** de amigo e servo humilde,

EMMANUEL

08/09/1948

# VOTOS FRATERNAIS

Meus amigos, muita paz. Com os nossos **votos de bom ânimo e saúde, fortaleza e luz divina**, somos, o amigo e servo humilde,

EMMANUEL

15/09/1948

# NA ALEGRIA DA MISSÃO

Meus amigos, muita paz. Associando-nos aos votos do nosso irmão Arthur, com referência à jornada a empreender, formulamos nossa prece ao Senhor pelo fortalecimento de todos, **na alegria da missão** bem-cumprida. Vosso amigo e servo humilde,

EMMANUEL

10/10/1948

# PENSAMENTO VOLTADO AO AMIGO DE SEMPRE

Meus amigos, muita paz. Temos nosso **pensamento voltado para o amigo de sempre**, que experimenta a tempestade à maneira de carvalho rijo e forte.[1] Jesus, o nosso divino Médico, nos abençoe o desejo de vê-lo restaurado em toda a sua potência espiritual. Estamos planificando o novo trabalho de André Luiz, com esperança de materializá-lo em breves dias. Vejamos o que nos reserva a permissão de "Cima". Desejando-vos a todos muita tranquilidade e bom ânimo, sou o amigo e servo humilde de sempre,

**EMMANUEL**

---

[1] Nota da Organizadora: refere-se ao vovô General Aurélio, que teve, à época, problemas circulatórios.

13/10/1948

# SOBRE O NOVO TRABALHO DE ANDRÉ LUIZ

Meus amigos, muita paz. Se possível, **pretende o nosso irmão André Luiz iniciar o seu novo trabalho** depois de amanhã, dia 15 do corrente.[1] Se pudermos realizá-lo, este será um serviço em que todos nos centralizaremos, os desencarnados, não por que seja belo, ou diferente dos outros, mas por envolver assunto muito próximo da esfera dos homens, com exposição de certas fases de nossa luta com os irmãos inferiores, isto é, inscientes e menos aparelhados ao bem com o Cristo. Se o trabalho for interrompido, não há motivo de preocupação. Tentaremos coordená-lo de vez, entretanto, é provável tenhamos de interrompê-lo para considerações compatíveis com o assunto. Se possível, estimaria o autor poder empregar papel branco nos originais datilográficos. Pedindo a bênção do Senhor para nós todos, sou o amigo e servo humilde de sempre,

EMMANUEL

[1] Nota da Organizadora: refere-se ao livro *Libertação,* ditado por André Luiz, publicado pela FEB em 1949.

27/10/1948

# A VONTADE DO ALTO FUNCIONA SEMPRE ACIMA DA NOSSA

Meus amigos, muita paz. Agradeço a providência movimentada a benefício da remessa de *Caminho, Verdade e Vida* ao nosso amigo de sempre. Em face das responsabilidades que o novo livro nos impõe, cremos seja conveniente mantê-lo, por enquanto, fora da circulação verbal prematura por parte de companheiros nossos menos afeitos à materialização dos pensamentos de ordem mais delicada.[1] Lembrando-me da ideia nascida em Leopoldina, quanto à probabilidade de formarmos um pequeno trabalho[2] com as páginas ali recebidas, durante vários anos, cremos interessante sejam solicitadas as cópias respectivas, que calculamos entre 25 a 30 produções e aqui acrescentaríamos algumas, convertendo-se o trabalho em cooperação com a própria casa no programa de obra evangélica que a instituição pretende realizar. Se o projeto avançar, cuidaremos do serviço após o término do trabalho de André Luiz. Assim nos exprimimos, porque um trabalho pode começar, mas **a vontade do Alto funciona sempre acima da nossa**. Que o Senhor nos abençoe.

EMMANUEL

---

Notas da Organizadora: [1] refere-se ao livro *Caminho, Verdade e Vida*, de autoria espiritual de Emmanuel, publicado pela FEB em 1949. [2] Trata-se da obra editada em 1950 pela Livraria Allan Kardec Editora (LAKE), de São Paulo, com o título *Nosso Livro*.

02/11/1948

# LUZ E PAZ PERMANENTES

Meus amigos, muita paz. Com os nossos votos ao Senhor para **que a luz e a paz permaneçam** em torno de nossos caminhos, sou o vosso amigo e servo humilde de sempre,

EMMANUEL

11/11/1948

# TRIUNFO ESPIRITUAL ALCANÇADO

Meus amigos, muita paz. Associando-nos à alegria pelo **triunfo espiritual alcançado**, pedimos ao Senhor nos acrescente as oportunidades de servir em seu nome e que a sua paz reine conosco sempre. São os votos do amigo e servo humilde,

EMMANUEL

17/11/1948

# DISPOSIÇÃO DE SERVIR

Meus amigos, muita paz. Desejando-vos luz no caminho, serenidade nos pensamentos, **disposição de servir** com o Cristo e paz na luta de cada dia, tanto quanto desejamos semelhantes bens para nós, sou o vosso amigo e servo humilde de sempre,

EMMANUEL

24/11/1948

# AMPARO

Meus amigos, muita paz. **Rogando recursos ao Alto** para que possamos cumprir a vontade do Senhor em todas as ocasiões do caminho, sou o amigo e servo reconhecido de sempre,

EMMANUEL

01/12/1948

# PRECE, ESCADA BENDITA QUE NOS LIGA UNS AOS OUTROS

Meus amigos, que as forças divinas nos abençoem a todos. Partilhando-vos a oração de louvor à **prece, escada bendita que nos liga uns aos outros** perante o Eterno, deseja-vos muito êxito nas lutas de cada dia o amigo e servo humilde,

EMMANUEL

08/12/1948

# ÊXITO COM O CRISTO

Meus amigos, muita paz. Desejando-vos o **êxito com o Cristo** em todas as particularidades da tarefa que vos foi confiada, visita-vos afetuosamente o amigo e servo humilde,

EMMANUEL

15/12/1948

# NÃO FALTAM RECURSOS NO CELEIRO

Meus amigos, muita paz. Rogo, como sempre, às forças divinas nos abençoem a todos. Felizmente, o trabalho de nosso amigo André Luiz vai muito bem, a caminho para a parte final. Com os nossos sinceros agradecimentos à cooperação recebida, pedimos ao Senhor das Bênçãos vos retribua em paz e luz quanto nos tendes dado em colaboração e apoio fraternais. Cremos não ser oportuna a nossa interferência no caso das mensagens do irmão Figner. Nossa tarefa é de amor, não de contenda e o espírito de contenda, se provocado por nós, poderá perturbar-nos. Convém dar mais tempo ao tempo. Felizmente, **não faltam recursos no celeiro** e, com o auxílio do Mestre, as bênçãos que temos recolhido são preciosas e abundantes. Encontrando-se o *Caminho, Verdade e Vida* em marcha para a missão humilde que lhe compete, poderemos pensar na remessa do novo livro de André Luiz logo após o recebimento e, com esse material, a rigor, há suficiente reserva para 1949. Então projetaremos outros serviços, aliás, não nós. Do Alto, receberemos novos planos! Desse modo, o livro de nosso amigo poderá esperar sem dificuldade, até porque o trabalho de mais ampla vulgarização do Evangelho nos chama às atividades imediatas. Até lá, esperemos e trabalhemos. Boa noite para todos. Que o Senhor nos abençoe. Vosso amigo e servo humilde,

EMMANUEL

22/12/1948

# VIDA SEM MORTE

Meus amigos, muita paz. Associando-me às felicitações do nosso irmão Arthur, ofereço ao nosso amigo os versículos 1 a 4 do Capítulo XXVI do *Eclesiástico*, da mesma tradução.[1] Muita saúde e paz, felicidade e bom-ânimo a todos. Somos de parecer que o novo trabalho de André Luiz já pode ser comentado. Feliz Natal a todos! Jesus em nossos corações, amparando-nos e renovando-nos para a **vida sem morte**! Que ele vos retribua e que a sua divina paz esteja conosco hoje e sempre. Vosso amigo e servo humilde,

EMMANUEL

---

[1] Nota da Organizadora: as felicitações eram para o papai, Rômulo, cujo aniversário natalício transcorreu no dia 19 de dezembro. Emmanuel ofereceu a ele os versículos mencionados, constantes do livro *Eclesiástico*, da *Bíblia Sagrada - Antigo Testamento*, traduzido da vulgata e comentado pelo Padre Matos Soares, uma edição portuguesa de 1930, da Tipografia Porto Médico Ltda., Porto, que reproduzo aqui: *" (...) Cap. XXVI - [1]Ditoso o homem que tem uma virtuosa mulher, porque será dobrado o número dos seus anos. [2]A mulher forte é a alegria de seu marido e lhe fará passar em paz os anos da sua vida. [3]A mulher virtuosa é uma sorte excelente, é o prêmio dos que temem a Deus e será dada ao homem pelas suas boas obras. [4]Terá satisfeito o coração, seja rico ou pobre, e o seu rosto ver-se-á sempre alegre. (...)."*

27/12/1948

# VENTURA PERENE

Meus amigos, muita paz. Comemoramos com a mesma alegria aqui reinante as Bodas de Prata cristãmente lembradas neste lar consagrado ao Senhor.[1] Vosso júbilo é igualmente nosso. Está dividido com enorme soma de votos de nosso lado, endereçados ao Altíssimo pela vossa **ventura perene**. O nosso amigo Professor Joviano, ao término de nossos trabalhos, vos oferece o Salmo CXXVII pela passagem do 27 e, de minha parte, vos ofereço, por modesta lembrança, o Salmo CXXIV, ambos da tradução de Matos Soares.[2] Sede felizes em Cristo, com dobrado fervor, e que ele vos conceda quanto mereceis e quanto não possuímos ainda para vos retribuir, é a oração do amigo e servo humilde,

EMMANUEL

---

Notas da Organizadora: [1] Emmanuel faz referência ao aniversário de casamento do casal Joviano, Rômulo e Maria, ocorrido em 27 de dezembro de 1923. Estavam, portanto, comemorando 25 anos de casados, Bodas de Prata. [2] Os salmos mencionados, constantes do livro *Eclesiástico*, já mencionado em nota anterior, são os seguintes (em ordem de citação do autor espiritual): *"(...) Salmo CXXVII - Felicidade da família piedosa - [1]Bem-aventurados todos os que temem o Senhor e os que andam nos seus caminhos. [2](Bem-aventurado és, ó justo,) porque comerás dos trabalhos de tuas mãos; bem-aventurado és, e te irá bem. [3]Tua esposa será como uma vide fecunda, no interior de tua casa. Teus filhos, como pimpolhos das oliveiras, estarão ao redor de tua mesa. [4]Eis como será abençoado o homem que teme o Senhor. [5]Abençoe-te o Senhor desde Sião e vejas os bens de Jerusalém todos os dias da tua vida, [6]e vejas os filhos de teus filhos, e a paz de Israel. (...). (...) Salmo CXXIV - Deus protege os justos que confiam - [1]Os que confiam no Senhor estão (firmes) como o monte de Sião. Nunca será abalado o que habita [2]em Jerusalém. Ela está cercada de montes e o Senhor está ao redor do seu povo, desde agora e para sempre. [3]Porque o Senhor não deixará (por muito tempo) a vara dos pecadores sobre a herança dos justos para que os justos não estendam as suas mãos para a iniquidade. [4]Faze bem, Senhor, aos bons e aos retos de coração. Mas aos que se desviam para caminhos tortuosos levá-los-á o Senhor com os que praticam a iniquidade. A paz seja sobre Israel.(...)."*

29/12/1948

# ESTAREMOS A POSTOS

Meus amigos, muita paz. No caso do nosso estimado General Aurélio, somos dos primeiros a considerar as vantagens espirituais de sua vinda para uma estação de refazimento em Minas. Entretanto, examinando os ascendentes de ordem física, devemos considerar igualmente que a permanência dele nas montanhas é arriscada pelos acidentes que a altitude poderá promover.[1] Dentro dos nossos recursos, porém, **estaremos a postos** para cooperar em favor do nosso amigo em todas as lutas no desdobramento, nas quais a nossa colaboração possa ser oportuna e aceitável, restando, tão-somente, aos nossos amigos a decisão de resolver o problema que, no fundo, deverá ser solucionado mais pelos desejos dele que pelo estímulo dos corações amados. Será mais conveniente que a resolução seja fruto dos propósitos do prezado Comandante e não resultado de nossa pressão afetiva, porquanto, com a mente dele na direção do assunto a sua capacidade de resistência e autossuperação será sempre maior. Qualquer equação que obtiverdes merecerá a nossa maior simpatia! Boa noite para todos e que o Senhor nos abençoe. O amigo e servo humilde,

**EMMANUEL**

[1] Nota da Organizadora: no original da mensagem havia a seguinte observação escrita por Chico dirigida ao vovô Aurélio: *"Emmanuel foi claro em dizer que a viagem por avião é desaconselhável e caso se realize deve ser de trem."*

31/12/1948

# PÁLIDA LEMBRANÇA DE AMIGO

Meus amigos, que as forças divinas nos concedam a sua bênção. Associando-me aos votos do irmão Arthur, trago-vos o nosso abraço de boas-vindas no regresso ao abençoado lar. Presentes se encontram conosco os amigos Humberto de Campos, que vos agradece a visita à mãezinha inesquecível, cumprimentando-vos alegremente. Promete trazer na semana próxima o nome do livro novo, já concluído, manifestando-vos o seu reconhecimento pela colaboração habitual, a fim de que o serviço seja, logo após, enviado à fonte difusora. E o amigo Fred Figner abraça-vos, desejando-vos Boas Festas, com um 1949 muito feliz! Sentindo-me confortado por transmitir-vos semelhantes recados, ofereço-vos, como **pálida lembrança de amigo**, o Salmo CXXXVII, na tradução do Padre Matos, em louvor ao Poder que nos conduziu e vos trouxe, em nos referindo à jornada de milhares de quilômetros que acabam de realizar.[1] O Senhor nos abençoe a todos. Vosso amigo e servo humilde,

**EMMANUEL**

---

[1] Nota da Organizadora: o salmo mencionado, constante do livro *Eclesiástico*, já referenciado em notas anteriores, é o seguinte: *"(...) Salmo CXXXVII - Ação de graças: (...) [1]Do mesmo David. Eu glorificarei a ti, Senhor, de todo o meu coração, porque ouviste as palavras da minha boca. Em presença dos anjos te cantei salmos; [2]eu te adorarei no teu santo templo e glorificarei o teu nome, por causa da tua misericórdia e da tua verdade, porque engrandesceste sobre tudo o teu santo nome. [3]Em qualquer dia que te invocar, ouve-me; tu aumentarás a fortaleza na minha alma. [4]Louvem-te, Senhor, todos os reis da Terra, porque ouviram todas as palavras da tua boca. [5]E cantem os caminhos (o proceder) do Senhor, porque a glória do Senhor é grande. [6]Porque, sendo o Senhor excelso (como é), todavia olha para as coisas humildes e conhece de longe as coisas altas. [7]Se eu andar no meio da tribulação (ó Senhor), tu me darás a vida, porque estendeste a tua mão contra a ira dos meus inimigos, e a tua direita me salvou. [8]O Senhor tomará a minha defesa. Senhor, a tua misericórdia é eterna; não desprezes as obras das tuas mãos. (...)".*

# 1949

05/01/1949

# BENEFÍCIOS ESPIRITUAIS

Meus amigos, muita paz. Relativamente ainda ao nosso amigo General, somos de parecer que a excursão a Minas se fará acompanhar de justos **benefícios espirituais**. É possível que a altitude lhe altere a posição orgânica, mas, em verdade, devemos estar vigilantes, em qualquer parte, em vista da delicadeza de sua posição geral. O nosso amigo, porém, está esperançoso, feliz com a expectativa da viagem e de nosso lado seria uma falta grave contra a cortesia fraternal a lembrança de qualquer perigo próximo ou remoto. Notamos que essa possibilidade lhe tem trazido grandes melhoras e quem sabe poderemos receber novas concessões divinas em favor dele e em nosso próprio favor? Nesse critério, guardai a certeza de que tudo faremos por tornar-lhe a excursão agradável, recomendando, porém, muito cuidado com degraus e qualquer ascensão violenta que não seja regida por movimentos de elevador. Em qualquer circunstância, manter-se no mesmo plano de horizontalidade para ele é agora muito importante. Na hipótese de sobrevir qualquer acidente desagradável em face da altitude, o Comandante poderá voltar, sem preocupação. De qualquer modo, achando-se o nosso amigo satisfeito, a medida será excelente. Que o Senhor nos ajude e abençoe sempre, são os votos do amigo e servo humilde,

EMMANUEL

12/01/1949

# PADRE NÓBREGA

Meus amigos, muita paz. Também, de nossa parte, associamo-nos, prazerosamente, aos votos do nosso amigo e irmão Professor Joviano, formulando preces ao Altíssimo para que o aniversário ontem assinalado se reproduza infinitamente com a alegria de todos. É o que desejamos, de coração![1] Estimo as considerações em torno do livro espiritista que expendestes há poucos minutos. O trabalho de cristianização, irradiando, sob novos aspectos, do Brasil, não é novidade para nós. Eu havia abandonado o corpo físico em dolorosos compromissos, no século XV, na Península, onde nos devotáramos ao "crê ou morre", quando compreendi a grandeza do país que nos acolhe agora. Tinha meu espírito entendiado de mandar e querer sem o Cristo. As experiências do dinheiro e da autoridade me haviam deixado a alma em profunda exaustão. Quinze séculos haviam decorrido, sem que eu pudesse imolar-me por amor ao Cordeiro divino, como o fizera, um dia, em Roma, a companheira do coração.[2] Vi a floresta a perder-

---

Notas da Organizadora: [1] em referindo-se ao aniversário de Maria, minha mãe, ocorrido na véspera, dia 11. [2] Em referindo-se à sua vida como senador romano, no século I, na figura de Públio Lentulus, unido em matrimônio com Lívia. Vide maiores detalhes no romance *Há 2000 anos...* .

se de vista e o patrimônio extenso entregue ao desperdício, exigindo retorno à humanidade civilizada e, entendendo as dificuldades do selvícola, relegado à própria sorte nos azares e aventuras da terra dadivosa, que parecia sem fim, aceitei a sotaina, de novo, e por Padre Nóbrega conheci, de perto, as angústias dos simples e as aflições dos degredados.[3] Intentava o sacrifício pessoal para esquecer o fastígio mundano e o desencanto de mim mesmo, todavia, quis o Senhor que, desde então, o serviço americano e, muito particularmente, o serviço ao Brasil não me saísse do coração. A tarefa evangelizadora continua. A permuta de nomes não importa. Cremos no reino divino e pugnamos pela ordem cristã. Desde que reconhecemos a governança e a tutela do Cristo, o nome de quem ensina ou de quem faz não altera o programa. Vale, acima de tudo, a execução. A bandeira da cruz prossegue por quanto tempo? Não sabemos. Em torno de nós há um povo que tem fome do Salvador. Ainda que nos devorem as possibilidades, quanto nos consumiam as forças orgânicas noutro tempo, sentir-nos-emos felizes de encontrar, com ele e junto dele, a paz do Príncipe dos Séculos, que nos acena à frente, convocando-nos à era de fraternidade e de paz, talvez em breve porvir. Vosso amigo e servo humilde de sempre,

**EMMANUEL**

---

[3] Nota da Organizadora: o benfeitor se refere à personalidade de Manoel da Nóbrega, padre jesuíta com missão evangelizadora no Brasil, conforme mencionado em "As vidas sucessivas de Emmanuel", à página 37 deste volume. Como Padre Manoel da Nóbrega, veio para o Brasil também intencionando redimir-se face à morte de Lívia na arena romana, nos idos do século I, interpretando os selvagens, com quem escolheu conviver em terras brasileiras, como as feras que destroçaram a companheira inesquecível.

19/01/1949

# LEMBRANÇA DA NOITE

Meus amigos, muita paz. Nossas felicitações e agradecimentos pela vitória que conquistastes, plasmando o livro atual do nosso amigo André Luiz. Crede que o serviço valeu por um duelo enorme e incessante, e esperamos em Jesus possa ser remetido à fonte distribuidora no mês próximo para os fins a que se destina. Que Deus vos abençoe a todos. Recebemos com especial agrado os pensamentos generosos do nosso amigo General Aurélio e de nossa irmã Júlia. Não vemos razão alguma de alarme na posição atual do Comandante. O seu fino humor não se modificou e nem a sua expressão de gentil-homem perdeu um "til". Se houvesse uma batalha de hoje para amanhã, acredito que ele poderia assumir o seu comando sem qualquer preocupação por enxaquecas. Compareceria firme e lépido, como sempre! O que ocorre é simplesmente uma pequena exigência de reparação na armadura. Nada mais. Esperando, pois, que ele recolha os mais substanciais benefícios com a nova permanência na montanha, deixamos-lhe estas apagadas quadras como **lembrança da noite** para não faltar ao cartão de visitas:

*Meu prezado Comandante,*
*Quem no trabalho acha a glória*
*Por vezes acha repouso*
*Por graça da compulsória.*

*De qualquer modo, porém,*
*Guarde esta frase de cor:*
*Com tomate ou sem tomate,*
*Nosso câmbio vai melhor.*

Vosso amigo e servo humilde de sempre,

**EMMANUEL**

26/01/1949

# OS DONS DE SERVIR

Meus amigos, muita paz. Agradecemos a cooperação com que nos auxiliastes na projeção do novo trabalho de André Luiz, registrando, igualmente, nosso reconhecimento pela história do "Peixinho Vermelho", que tão bem se ajustou aos nossos propósitos de apresentação.[1] Gratos à nossa irmã Wanda pela tradução oportuna e fiel. Que o Senhor vos multiplique **os dons de servir** com que tanto vos distinguis. O título do trabalho virá em breves dias. Dentro de duas semanas, faremos essa parte tão pequena e tão difícil ao mesmo tempo. O nosso amigo General vai passando regularmente. Embora as impressões de mal-estar das últimas horas se tenham acentuado, esperamos que os medicamentos, em conjunto com os passes magnéticos, resolvam a questão, restituindo-lhe a harmonia integral. A chuva, efetivamente, tem sido um fator menos agradável nestes dias pela umidade que reveste a paisagem. Todavia, louvemos ao Senhor pela água e pelo sol, pela hora clara e pela hora menos clara, porque os seus de-

[1] Nota da Organizadora: a antiga lenda do "Peixinho Vermelho" consta de um dos livros da médium inglesa Joan Grant, sobre o Egito antigo. Eu a tinha lido, em inglês, e contei ao Chico. Muito sensibilizada fiquei quando soube que Emmanuel a incluíra no prefácio do livro *Libertação*, de André Luiz, revelando que estivera presente à nossa conversa.

sígnios, embora inescrutáveis, são sempre os mais santos e os mais felizes a nosso respeito. Os passes lhe farão grande bem e muito vai sendo transmitido, em favor do suprimento necessário às suas forças nestes dias, com o auxílio divino. O programa é de calma e descanso possíveis, já que também passei muitas vezes por esse campo que hoje atravessais e reconheço que esses dois remédios nunca são aplicados de acordo com quem os receita e sim de acordo com as nossas possibilidades. Para terminar, deixarei ao nosso amigo esta lembrança:

*General, descanse agora.*
*Dificuldades, esqueça.*
*Não se mate, relembrando*
*Simples golpe de cabeça.*

*Enfrentemos, Comandante,*
*Nossa luta, face a face.*
*O nosso trio de agora*
*É calma, repouso e passe.*

Vosso amigo e servo humilde,

**EMMANUEL**

02/02/1949

# O NOVO LIVRO DE ANDRÉ LUIZ

Meus amigos, muita paz. Todos os nossos companheiros, inclusive o nosso irmão Arthur, presente, vos endereçam saudações carinhosas, desejando-vos muita alegria e serenidade. Registram igualmente os 31 anos recordados e todos pedimos ao Mestre vos multiplique as bênçãos e oportunidades de trabalho santificante no esforço de cada dia. Relativamente ao novo livro de André Luiz, propomos para ele o título "Portas Libertadas". É um trabalho de designação difícil, porque, em seu conteúdo, apresenta tipos muito desagradáveis de espíritos revoltados e nunca se deve aconselhar para um livro evangélico nomes que evoquem imagens de ordem inferior. Por isso, consideramos os muitos corações libertados, no trabalho levado a efeito, por verdadeiras portas de conhecimento e trabalho a quem deseja estudar, servir e renovar-se. O título, contudo, é uma sugestão, e se aparecer um outro, que melhor defina as páginas em exame, aceitá-lo-emos com sincero prazer.

Nosso amigo Comandante vai passando muito melhor! Embora não assinale de maneira muito clara, porque em nossas lutas de autorrestauração sempre desejamos caminhar em grande dianteira. A sua modificação para o reajustamento é admirável! Esperamos a bênção de Jesus e o esforço dele, no carro do tempo, com a máxima confiança. Para não faltar à visita rimada, deixar-lhe-ei esta lembrança:

*General, guarde a alegria.*
*Não há mal que o bem não torça.*
*Não há macumba na Terra*
*Que resista à nossa força.*

Vosso amigo e servo humilde,

**EMMANUEL**

09/02/1949

# SOB O GOVERNO DO CRISTO

Meus amigos, muita paz. Encerrando os nossos trabalhos desta noite, formulamos ardentes votos ao Senhor da Vida para que a paz e o bom ânimo imperem sempre em nossos corações, que aceitaram **a bênção do governo do Cristo**. Para visitar o nosso amigo Comandante, deixo-lhe a presente lembrança:

*Meu prezado General,*
*Passando a noite em revista,*
*Eis a mensagem do Além:*
*A melhora é sem igual,*
*Muita calma para a "vista"*
*E a luta vai muito bem.*

Vosso amigo e servo humilde de sempre,

**EMMANUEL**

---

Nota da Organizadora: presente em espírito, nesta noite, o General Thomaz Alves, amigo do vovô Aurélio.

16/02/1949

# ENCONTRO FELIZ

Meus amigos, muita paz. Felicito-vos pelas observações da Espiritualidade que realizastes. Todos nós estávamos presentes, reconhecidos à Bondade Divina, que nos congregou na memorável noite de 13 de fevereiro, interpretada por nós como verdadeiro encontro feliz de duas vanguardas de boa luta no terreno "neutro" da convicção. Mais tarde o nosso caro irmão Arthur dar-lhes-á notícias de nosso contentamento. As pequenas contrariedades havidas são as mesmas que se verificam às visitas em massa num templo consagrado ao Senhor. Há sempre detritos dos viajores que entram sem a preparação necessária. O essencial, porém, é arquivarmos a luz do "ofício divino" e continuar com o altar iluminado, de vez que todo viajor é um necessitado em busca de pouso certo. A reunião alegrou-nos muitíssimo e aqui registramos nossos agradecimentos e parabéns. Sobre o "Portas Libertadas": acreditamos possa seguir na oportunidade que julgardes mais justa dentro dos próximos dias. É melhor darmos excesso que faltar à expectativa dos companheiros entrosados conosco.

Com relação ao nosso Comandante, louvo ao Senhor pelas melhoras que apresenta. Vai bem melhor e mais forte. Para não faltar à visita rimada, deixo-lhe o presente lembrete:

*Meu prezado General,*
*Sua oração varonil*
*Deu-lhe férias dilatadas*
*Até meado de abril.*

Vosso amigo e servo humilde,

**EMMANUEL**

02/03/1949

# A LUZ DA PRECE SINCERA

Meus amigos, muita paz. Agradecemos ao Senhor a oportunidade de acender mais uma lâmpada no caminho com **a luz da prece sincera**, dentro da luta terrestre. E cumprimentando o nosso estimado Comandante pelas melhoras positivas que lhe vão assinalando a marcha presente, deixo-lhe esta pequena recordação:

*General, o seu "aplomb"* [1]
*Faz inveja a muita gente.*
*Nunca vi garbo tão grande,*
*Nem chefe tão resistente!*

Vosso amigo e servo humilde,

EMMANUEL

[1] Nota da Editora: expressão francesa que significa segurança, desembaraço, desenvoltura.

09/03/1949

# SOBRE O "VOLTEI"

Meus amigos, muita paz. A mensagem de nossa irmã do Rio comove-nos a todos, entretanto, o seu filho, colhido em tão dolorosas circunstâncias, diante do passado que lhe justifica os sofrimentos, ainda se detém na fase de repouso íntimo, sob a assistência de amigos que o auxiliam. Vou vê-lo para trazer uma notícia mais direta que possa ser transmitida à irmã referida e comunicar-me-ei na reunião próxima, acreditando que a palavra direta, da parte dele, por enquanto, não deve ser tentada. **Relativamente ao livro do nosso amigo Figner**, combinamos seja empregado o nome "Irmão Frederico", apenas. Não nos convém disputar com inimigos, quanto mais com amigos, que só nos compete respeitar e prezar, quais sejam os parentes encarnados que ele deixou em vosso círculo. Sugerimos não seja o original restituído às nossas mãos e sim pedimos para que o nosso companheiro presente, tão logo possa, faça uma releitura do *Voltei*, assinalando todas as páginas em que o nome "Figner" esteja grafado, permutando-o por "Frederico". Daremos ciência disso ao irmão Wantuil e o volume aqui retificado será remetido, então, ao nosso amigo Quintão, de acordo com o programa de sempre. Acreditamos que assim solucionaremos o assunto. Quanto ao último trabalho de

André Luiz, estamos estudando um novo título para a substituição necessária. Esse trabalho em que nos empenhamos assemelha-se a um tecido. Cada peça tem a sua função e todo o conjunto da máquina deve ser atendido para que o tecido seja para utilidade de todos os que desejem aproveitá-lo. Para despedir-me do Comandante, deixo-lhe esta lembrança:

*Meu prezado Comandante,*
*Um general de primeira*
*Vence em tudo se obedece*
*Às ordens de uma enfermeira.*

Vosso amigo e servo humilde,

**Emmanuel**

16/03/1949

# SERVIR E APRENDER

Meus amigos, muita paz. Oremos ao Senhor para que a sua luz divina nos clareie a estrada durante o dia e durante a noite. **Servir e aprender** é, por agora, a nossa senha para ingresso à sementeira da hora presente. Com respeito ao novo livro de André Luiz, ainda não pudemos trazer o título hoje, mas lembramos que o autor deve colocar uma pequena nota explicativa à folha 67, esclarecendo, em se tratando da perda do perispírito, que a alma enobrecida na linha de ascensão encontra sempre corpos gloriosos ao seu dispor, nos quais prossegue "montanha adiante".[1] É o corpo glorioso a que o apóstolo Paulo se referiu e que deve ser lembrado na circunstância a que nos reportamos. Para o nosso amigo Comandante, deixamos o lembrete seguinte:

*General, pelas melhoras*
*Dos dons da fala e da vista,*
*Ouçamos os bons conselhos*
*Da enfermeira e do passista.*

Vosso amigo e servo humilde,

EMMANUEL

[1] Nota da Organizadora: vide nota do autor espiritual à página 85 do livro *Libertação*, com primeira edição em 1949.

23/03/1949

# NO SERVIÇO DA ESPIRITUALIDADE CRISTÃ

Meus amigos, muita paz. Desejando-vos a todos as bênçãos do Senhor, tanto quanto buscamo-las para nós mesmos, nunca nos cansaremos de agradecer-vos o empenho colocado **no serviço da espiritualidade cristã**. Que o Senhor nos ajude e ampare sempre. Com referência ao livro do nosso irmão Figner, deixei propositadamente de retazer-lhe as expressões indicativas da autenticidade autoral até agora para melhor perscrutar o ânimo dos que lhe acompanham na retarguarda doméstica e, com sincero pesar, chegamos à conclusão de que devemos operar mais profunda ocultação do autor a benefício do trabalho que ele, magnanimamente, se propõe realizar - a doutrinação das consciências com a descrição dos sucessos na experiência imediata, além-túmulo. Os propósitos de escândalo são enormes e temos o dever de usar a medicina acauteladora toda vez que o prévio conhecimento da enfermidade nos visita na intimidade do coração. Assim julgamos oportuno que os dois principais personagens, o nosso amigo e a filha que o recebeu, adotem os nomes "Irmão Jacob" e "Marta", nomes que não lhes são estranhos na vida espiritual, para que o anonimato absoluto nos constitua defesa na hipótese do ataque indébito. E as corrigendas, como as que foram lembradas, quais a do cronista no *Correio da Manhã* e a da introdução do fonógrafo na América do Sul, serão levadas a efeito, permanecendo, de nossa parte, à disposição dos amigos para quaisquer outros reajustes. Em verdade, a luta é grande contra o mal, entretanto, para satisfazer ao mal não devemos deixar no olvido um trabalho que é patrimônio de todos. Desse modo, atenderemos às exigências do caminho, sem perder a jornada que nos cabe efetuar. Outro detalhe que supomos importante é a conservação do original nas mãos em que se encontram, não se seguindo, no presente caso, às normas anteriores. A ala de nosso amigo Quintão não nos poderia entender, talvez, de imediato, a necessidade de defesa prévia, de vez que numa tarefa da natureza desta que vamos desenvolvendo, pela misericórdia do Alto, não nos compete o direito de estorvar a ninguém, nem criar situações embaraçosas para qualquer companheiro. A obra é de "cirineus" libertos e felizes, não constrangidos, por nos sabermos sob uma cruz luminosa que somente honra e alegria nos traz. Será, desse modo, importante que as presentes particularidades sejam comunicadas ao presidente da Federação. Desde já agradecemos a todos, antecipando-nos no reconhecimento sincero de sempre. Visitando o nosso amigo Comandante, com os nossos votos de boa saúde, deixamos, por sinal de contentamento, a seguinte lembrança:

*Meu prezado General,*
*É grande a nossa alegria*
*Por vê-lo de anzol e vara*
*À frente da pescaria.*

Aconselhamos, porém, a viagem em automóvel, por ser mais eficiente e rápida. Agradecendo-vos, sou o amigo e servo humilde de sempre,

EMMANUEL

30/03/1949

# PROPÓSITOS DE TRABALHAR NA CAUSA DIVINA

Meus amigos, muita paz. O nosso irmão Arthur vos trouxe tudo o que desejávamos, isto é, a palavra amiga e cheia de votos edificantes. Que o Senhor nos abençoe os **propósitos de trabalhar em sua causa divina** que, em essência, é a causa da felicidade humana. Para o nosso amigo Comandante, fica esta recordação:

*General, o seu pescado*
*Glorificou-lhe a virtude.*
*A sua visita ao lago*
*Foi a pesca da saúde.*

Vosso amigo e servo humilde,

**EMMANUEL**

06/04/1949

# PASSES DE REAJUSTAMENTO

Meus amigos, muita paz. Associando-nos a todos os companheiros que frequentemente visitam o nosso amigo Comandante, também lhe deixamos os nossos votos de saúde restaurada e bom ânimo mantido, cooperando, quanto nos é possível, nos **passes em seu reajustamento**. Para desfazer-lhe algumas impressões mais profundas, com respeito ao seu tratamento necessariamente vagaroso, mas seguro, entrego-lhe a presente recordação:

*General, por vosso bem*
*Tudo farei quanto possa.*
*Não há macumba na Terra*
*Que seja maior que a nossa.*

Amigo e servo humilde,

EMMANUEL

09/04/1949

# RECADO DO CHICO

Dr. Rômulo, sobre o Padre Nóbrega diz Emmanuel que ele estudará conosco o assunto. Tomei a liberdade de levar comigo a tradução do *Times* para enviar ao Rio. Penso que seria um grande trabalho do Sr. para a Federação a tradução de páginas do inglês que ficassem com a substância e com a leveza do referido editorial do *Times*.

CHICO XAVIER

20/04/1949

# O PRESENTE CARTÃO DE VISITAS

Meus amigos, muita paz. Ainda não nos é possível trazer o título do novo trabalho de André Luiz, mas esperamos fazê-lo em breves dias. Somos de parecer devamos agora entrar na organização do terceiro livro de interpretações evangélicas com o material já plasmado para esse fim. Que Jesus nos abençoe. Quanto ao nosso amigo Comandante, cuja saúde vai muito melhor, deixamos a ele **o presente cartão de visitas**:

*General, chegando no Rio*
*É tão belo o nosso avanço*
*Que lhe peço muita calma*
*Na cadeira de balanço.*

Vosso amigo e servo humilde,

EMMANUEL

27/04/1949

# LIBERTAÇÃO

Meus amigos, muita paz. Rogando ao nosso divino Médico pela saúde e paz de todos, trazemos hoje o novo título do trabalho último de André Luiz, que sugerimos seja ***Libertação***. Esperamos possa fixar-se, caso seja possível. Com os nossos votos ao Senhor para que a paz e a alegria permaneçam invariavelmente convosco, sou o amigo e servo humilde de sempre,

**EMMANUEL**

11/05/1949

# SEMENTEIRA DO BEM

Meus amigos, muita paz. Atendida a tarefa da **sementeira do bem**, que o Senhor nos abençoe a colheita no amanhã infinito. Muita paz para todos. Vosso amigo e servo humilde,

EMMANUEL

18/05/1949

# JESUS, NOSSO MESTRE E SENHOR

Meus amigos, muita paz. Encerremos os nossos trabalhos em **Jesus, nosso Mestre e Senhor**. Que ele nos guarde sempre, são os rogos do amigo e servo humilde,

EMMANUEL

25/05/1949

# O NOSSO RECONHECIMENTO PROFUNDO

Meus amigos, muita paz. A todos manifestamos **o nosso reconhecimento profundo** diante da concretização de nosso antigo programa de Evangelho explanado para o espírito popular. Nosso agradecimento se estende a todos os vossos sentimentos de colaboração sincera e por não possuirmos recursos suficientes para significar-vos nossa gratidão, rogamos a Jesus nos conceda luz para o caminho, fiel disposição no serviço à verdade e alegria, espontaneidade e bom ânimo no trabalho com que devemos atingir a vida abundante. Que ele, nosso Mestre e Senhor, vos recompense, enriqueça e ilumine cada vez mais! Vosso amigo e servo humilde,

EMMANUEL

01/06/1949

# O CÓDIGO DA AMIZADE E DA GENTILEZA MERECE ESPECIAL TRIBUTO

Meus amigos, muita paz. Que o Senhor nos abençoe. Também, de nossa parte, sentimos bastante que a tradução de nossa estimada e operosa Wanda viesse a lume, assim, em caráter prematuro.[1] Foi pena, porque se trata de uma colaboração que nos trouxe justo prazer. Vamos estudar o assunto com serenidade para deliberarmos se convém ou não um prefácio substituto. Enfim, é sempre um conforto saber que, de nosso lado, **o código da amizade e da gentileza sempre merece especial tributo**. O caso, porém, é de entusiasmo e de amor, e com essas duas forças podemos sempre avançar mais longe. Boa noite para todos. Vosso amigo e servo humilde,

EMMANUEL

[1] Nota da Organizadora: refere-se à lenda egípcia do "Peixinho Vermelho" e que foi mencionada por Emmanuel no prefácio do livro *Libertação*, de André Luiz.

15/06/1949

# A PAZ DE "CIMA"

Meus amigos, muita paz. Esperando que **a paz de "cima"** nos fortifique na caminhada do serviço com Jesus, deixa-vos os seus votos de bom ânimo e luz divina o amigo e servo humilde de sempre,

EMMANUEL

22/06/1949

# NA ORGANIZAÇÃO DE TRINTA LIVROS

Meus amigos, muita paz. Associando-me aos votos do nosso irmão Arthur, desejo-vos muita alegria ao contato das lembranças de Célia, a mensageira do bem.[1] Espera o nosso amigo médium que me pronuncie sobre a possibilidade ou oportunidade da visita aos irmãos a Barra do Piraí, entretanto, estimarei sempre que, à presente altura do serviço espiritual, cada um de nós esteja sempre com a disposição de agir livremente, ainda mesmo usando o direito de errar, compreensível nas pessoas que já atingiram certo grau de conhecimento comum. De início, confesso que pelos compromissos assumidos, em conjunto, acompanhei o nosso grupo dentro de uma permanente vigilância, quase torturada, que durou mais intensivamente por doze anos consecutivos. Prometêramos colaborar **na organização de trinta livros**, que fossem incorporados à língua portuguesa por elemento de espiritualização da vida popular. Fixáramos, sob as vistas de benfeitores de nosso caminho espiritual, semelhante cota, porquanto o número trinta é muito simbólico nas nações mais cultas nos setores de trabalho, de regeneração e de amadurecimento. Com trinta anos de trabalho, o operário é candidato a uma posição eminente

[1] Nota da Organizadora: mensagem recebida no *Grupo Doméstico Arthur Joviano*, na mesma noite em que foi recebida a mensagem "No dia de Célia", publicada no livro *Sementeira de Luz*, de Neio Lúcio | Arthur Joviano, editado pela Vinha de Luz em 2006.

na comunidade a que serve. Com trinta anos de reeducação, os maiores delinquentes se redimem nos cárceres e com trinta anos de idade o homem e a mulher devem ser mais respeitados no caminho que escolhem para a jornada que lhes é inerente. Atingindo, assim, a cota de nosso entendimento conjunto, prometi a mim mesmo que, ressalvado o amor que vos consagro e o carinho que devo a cada um, a nossa ligação estaria sempre pautada na estima, na gratidão e no respeito mútuos, em nos referindo às nossas tarefas de ordem particular, dentro dos mesmos rumos de elevação, e não desejo fugir dessas normas. Cada qual de nós tem a sua responsabilidade pessoal em tudo o que signifique nossa colaboração com a vida e espero que sejam tão livres nas decisões como desejamos ser no campo em que nos encontramos. Explicadas essas razões, que julgo justas para melhor deliberardes, opino tão-somente que, no interesse do serviço que tendes honrado com a dedicação e com a abnegação, semelhante visita em caráter doutrinário deva ser tão-somente de uma noite. Isso considerando o trabalho do livro, porque sem os imperativos dessa tarefa não há necessidade de qualquer consulta nesse terreno. Pedindo ao Senhor que a sua paz desça sempre sobre nós, em favor do nosso aprimoramento constante, agradece-vos, como sempre, o amigo e servo humilde,

EMMANUEL

---

Nota do Editor: veja mais sobre o assunto no ANEXO A - "Na tarefa mediúnica" -, à página 601.

07/07/1949

# SOBRE O "LIBERTAÇÃO"

Meus amigos, muita paz. Associo-me aos votos de nosso irmão Arthur, cumprimentando-vos pela excursão feliz. Depois de entender-me com o nosso amigo André Luiz, referentemente à nota que forneceu para a página 67 do *Libertação*, creio mais justo que o apontamento citado seja substituído pela seguinte anotação: *"Mais tarde, o perispírito será objeto de estudos mais amplos nas escolas espiritistas cristãs."*[1] Desejando-vos muito boa noite, sou o amigo e servo humilde de sempre,

**EMMANUEL**

[1] Nota da Organizadora: a nota aqui mencionada consta da página 85 da primeira edição do livro *Libertação*.

14/07/1949

# O ABRAÇO PATERNO E AMIGO DE TODOS OS DIAS

Meus amigos, muita paz. O nosso irmão Arthur, presente, endereça-vos muito carinho **no abraço paterno e amigo de todos os dias**. Consagrando nossos pensamentos e preces desta noite às melhoras do nosso amigo General Aurélio, sou o vosso amigo e servo humilde de sempre,

EMMANUEL

20/07/1949

# EM CADA DIA TERRESTRE

Meus amigos, muita paz. Esperando que a bênção do Alto brilhe na jornada a que nos compete desenvolver **em cada dia terrestre**, desejavos muita felicidade em Jesus o amigo e servo humilde,

EMMANUEL

27/07/1949

# ILUMINAÇÃO DAS CONSCIÊNCIAS

Meus amigos, muita paz. Estamos, sinceramente, empenhados em que o nosso amigo continue o seu trabalho dedicado à sementeira evangélica no "chão popular".[1] Ele entende com clareza a fome de luz que atormenta os mais humildes e os mais fracos, e com o ímpeto do servidor fiel de Jesus sabe dedicar-se à campanha silenciosa de **iluminação das consciências**. Que o Senhor nos dê a alegria de ver o trabalho executado de acordo com as suas linhas já traçadas. Com os nossos votos sinceros de paz a todos, sou o amigo e servo humilde de sempre,

EMMANUEL

[1] Nota da Organizadora: em referindo-se ao trabalho de Rômulo na divulgação das mensagens recebidas por Chico Xavier no Centro Espírita Luiz Gonzaga, em Pedro Leopoldo | MG, por meio de pequenas publicações, batizadas de "chapinhas".

04/08/1949

# DISCÍPULOS FELIZES E AGRADECIDOS

Meus amigos, muita paz. Com os nossos rogos ao Mestre divino, para que estejamos sempre atentos à lição de cada dia em nossa posição de **discípulos felizes e agradecidos**, deseja-vos muita felicidade e bom ânimo o amigo e servo humilde,

EMMANUEL

10/08/1949

# DONS

Meus amigos, muita paz. Desejando-vos luz e bom ânimo quanto rogamos semelhantes **dons** para nós, sou, como sempre, o amigo e servo humilde de sempre,

EMMANUEL

24/08/1949

# EQUILÍBRIO NA LEI DIVINA

Meus amigos, muita paz. Desejando para nós todos o dom do **equilíbrio na lei divina**, cumprimenta-vos pelo regresso o amigo e servo humilde,

EMMANUEL

31/08/1949

# A LUZ DA CONFIANÇA EM CRISTO

Meus amigos, muita paz. Com os nossos votos às forças divinas, para que **a luz da confiança em Cristo** esteja brilhando na lâmpada de nossos corações, sou o vosso amigo e servo humilde de sempre,

EMMANUEL

07/09/1949

# AS PORTAS DA LUZ PREVALECEM EM TODAS AS DIREÇÕES

Meus amigos, muita paz. Faço minha a emoção do irmão Arthur em comentando a experiência última.[1] Meu espírito, igualmente, rende louvor ao Eterno. **As portas da luz prevalecem em todas as direções**. Que o Todo-Poderoso conceda aos queridos amigos a força para perseverarem com a Sua luz pelos séculos da frente até à vitória que todos desejamos com fervorosa esperança. Reinem entre nós o Mestre divino e o divino Médico. Há milhões de "Lázaros" nos sepulcros. Abençoados sejam todos aqueles que sentirem amor em proclamar, de coração para coração, e de alma para alma, o "levanta-te e anda". Com os meus votos de paz e alegria, sou o amigo e servo humilde de sempre,

EMMANUEL

[1] Nota da Organizadora: refere-se à cura de uma jovem obsedada, a quem Rômulo ministrou passes, em Pedro Leopoldo | MG, bem como de estar sendo comemorada a procura de Rômulo à fonte do Espiritismo, há 15 anos.

14/09/1949

# JÚBILO CRISTÃO

Meus amigos, muita paz. Reafirmamos ao nosso companheiro os nossos votos de muita confiança e sincero **júbilo cristão**, com a realização levada a efeito junto à irmã enferma da cidade. As aquisições dessa natureza não são fáceis, nem habituais, porque na intimidade delas funciona o mecanismo de autodeterminação. Quando um espírito adquire uma qualidade substancial e definitiva na obra do Senhor é revelação de mudança da vontade, de persistência da atitude, de esforço paciente e produtivo. Que o Mestre nos reúna sob as suas bênçãos de infinito amor, são os votos do amigo e servo humilde,

EMMANUEL

21/09/1949

# IDEAL DE SERVIÇO

Meus amigos, muita paz. Fazemos nossas as palavras de reconhecimento do nosso irmão Arthur, com respeito ao livro novo. Que o Senhor da Vida vos atribua a cooperação decidida de sempre e nos ajude a todos. Embora não esteja pronto o terceiro tomo de interpretações evangélicas, o livro de Neio Lúcio ficou sendo o quadragésimo. Desse modo, atingimos a cota lavrada pelo nosso amigo em suas anotações particulares, quando alcançamos o programa dos trinta livros. Sentimo-nos satisfeitos com a possibilidade de haver chegado ao número que o nosso **ideal de serviço** traçou mais uma vez. Jesus nos fortaleça. Vosso amigo e servo humilde,

EMMANUEL

28/09/1949

# QUE A LUZ DO SENHOR ESTEJA EM NÓS

Meus amigos, muita paz. **Que a luz do Senhor esteja em nós**, com abundância e permanência, são os votos do amigo e servo humilde,

EMMANUEL

05/10/1949

# VIBRAÇÕES FRATERNAS

Meus amigos, muita paz. Que a bênção de Jesus nos envolva em suas **vibrações de bom ânimo e serenidade para os serviços de cada dia**, são os votos do amigo e servo humilde,

EMMANUEL

03/11/1949

# O CORPO É O UNIFORME DO GRANDE EDUCANDÁRIO

Meus amigos, muita paz. Agradeço o carinho das reminiscências e das preces. O viveiro, sem dúvida, é lugar muito sagrado ao lavrador, ainda mesmo quando assediado por animálculos destruidores do solo instável. Por momentos diversos, estive em sua companhia e reafirmo a gratidão de sempre. Concordamos plenamente com a sua observação. É necessário alargar a escola e dar-lhe recursos para a recepção de aprendizes novos. A reencarnação é curso intensivo de educação e aprimoramento. **O corpo é o uniforme do grande educandário**. Mas sem o bombeiro que canaliza a água, sem o cozinheiro que prepara a refeição, sem o padeiro que assista ao forno, sem o servidor da higiene pública, sem a gota de leite e sem a espiga de milho a voz do Mestre soaria muito estranha no instituto da perfeição, por mais digno e suntuoso se apresentasse. Um sermão filosófico a estômagos famintos é irrisão. Eis por que damos imenso valor às posições singelas do campo carnal. Sem elas, é difícil, quando não impossível, qualquer ação redentora. Jesus nos favoreça. Agradecimentos do amigo e servo humilde,

EMMANUEL

09/11/1949

# A INFATIGABILIDADE É UM DOM DA ALMA

Meus amigos, muita paz. Nosso amigo André Luiz, muito satisfeito com o lance final do *Libertação*, agradece-vos o carinho dedicado ao trabalho que lhe foi conferido. Um bom livro é sempre uma sementeira de renovação salutar na Terra e somos gratos à vossa colaboração generosa de sempre. **A infatigabilidade é um dom da alma** que se reúne ao divino Doador. Que o Pai nos abençoe a todos, fortalecendo-nos o espírito na caminhada para a luz, são os votos do amigo e servo humilde,

EMMANUEL

12/11/1949

# RECORDAÇÕES

Meus amigos, muita paz. Ao vosso roteiro já traçado, os nossos votos de boa viagem! Que a bênção de Jesus vos conduza na experiência sempre benéfica e instrutiva. Na cidade de Salvador há um ponto importante de oração. Trata-se do local em que foi erguido o primeiro templo construído pela missão de Tomé de Souza, templo esse que foi colocado sob a inspiração de Maria Santíssima. Desse refúgio espiritual, situado em uma colina aprazível, é que endereçamos, muitas vezes, orações pelos índios amotinados e, naturalmente, revoltados. Se puderdes, visitai essa relíquia. Ela, sem dúvida, nos merece as melhores **recordações**. Recebei os votos de paz e saúde do amigo e servo humilde,

EMMANUEL

---

Nota da Organizadora: Rômulo foi a Salvador, na Bahia, a serviço, onde participou de uma exposição agropecuária como juiz. Minha mãe, Maria, e eu, o acompanhamos. O templo referido foi visitado por nós. Está dentro de outra igreja, a Ermida de Nossa Senhora da Conceição, construída ao tempo de Tomé de Souza. Sobre essa personalidade informamos: *"(...) foi um militar e político português, governador-geral do Brasil, chegado em 1549. (...) Em Rates, foi o primeiro titular da comenda da Ordem de Cristo, em 1517. A fim de consolidar o domínio português, a 7 de janeiro de 1549, foi nomeado primeiro governador-geral do Brasil. Manteve-se no cargo até 1553. Após seu mandato como governador-geral, retornou a Portugal onde ocupou outros importantes cargos públicos. (...) fundou a cidade de Salvador, onde fez edificar a residência do governador, a Casa da Câmara, a Igreja Matriz, o Colégio dos Jesuítas (...) Os jesuítas vindos com o governador e o Padre Manoel da Nóbrega iniciaram a catequese, como prova carta escrita por Nóbrega, em 9 de agosto de 1549. (...) ajudou a fundar o primeiro bispado do Brasil, (...) o primeiro colégio (o da Companhia de Jesus), deu grande incentivo à agricultura e à pecuária, e organizou expedições que saíam pelas matas à procura de metais preciosos, as famosas entradas. (...)"*. Fonte: http://pt.wikipedia.org. Acesso em: 27 abr 2007.

17/11/1949

# A CAPACIDADE DE SERVIR

Meus amigos, muita paz. Que o Senhor nos guarde sempre, intangível e vitoriosa, **a capacidade de servir** na concretização de sua divina vontade, onde estivermos. São os votos sinceros do amigo e servo humilde,

EMMANUEL

23/11/1949

# BÊNÇÃO

Meus amigos, muita paz. **Que o Senhor nos abençoe**. Vosso amigo e servo humilde,

EMMANUEL

30/11/1949

# VISITA AO CORAÇÃO

Meus amigos, muita paz. As palavras do nosso irmão Arthur, ditadas por sua generosidade, merecem a nossa reflexão. Que as forças divinas nos ajudem a todos. Somos de opinião que o pedido da nossa irmã Branca volte aos nossos trabalhos, porque vamos providenciar algum meio de trazer-lhe **a visita materna ao coração**, logo que possível.[1] Que a paz de Jesus reine conosco, sempre é o voto do amigo e servo humilde,

EMMANUEL

---

[1] Nota da Organizadora: refere-se a Branca Renault Morais, cuja mãe, Nhanhá, desencarnou em 23 de fevereiro de 1943.

21/12/1949

# MATERIALIZAÇÃO DO BEM

Meus amigos, muita paz. Que as forças divinas nos induzam, cada dia, à **materialização do bem** que Jesus nos ensinou a glorificar dentro da própria vida. São os votos do amigo e servo humilde,

EMMANUEL

31/12/1949

# ORDEM DE SOCORRO

Meus amigos, muita paz. Que o tempo nos ajude a colocar todas as nossas necessidades em **ordem de socorro** para que possamos crescer espiritualmente, sempre mais, dentro dele, de modo a refletir, num raio sempre mais extenso de ação e influência pessoal, a Vontade Divina, misericordiosa e justa. São os votos do amigo e servo humilde de sempre,

**EMMANUEL**

# 1950

04/01/1950

# TESOURO DESCOBERTO

Meus amigos, muita paz. Um ano novo é um **tesouro descoberto**. Que o Senhor nos ajude a aproveitá-lo dignamente, são os votos do amigo e servo humilde de sempre,

EMMANUEL

11/01/1950

# JÚBILO DOMÉSTICO (ANIVERSÁRIO DE MARIA)

Meus amigos, muita paz. **Unindo nossas vozes às que comemoraram com sentida e justa emoção o aniversário de quem, por suas luzes, é a rainha deste iluminado reino doméstico, formulamos votos sinceros para que o dia 11 de janeiro nos sinta cada vez mais contentes e felizes** no reconhecimento de sua dedicação e bondade. E que o Senhor a enriqueça de dons celestes na Terra, é o meu desejo do coração! Trago as nossas boas-vindas ao nosso amigo General Aurélio e à nossa irmã Júlia, desejando-lhes excelentes resultados na estação de refazimento. Ao nosso estimado amigo em particular, registro a alegria do reencontro, oferecendo-lhe também uma receita, com os votos de paz e felicidade no campo:

*Meu prezado Comandante, com votos de bem-estar*
*Peço-lhe, em nome de todos, continue a comandar*
*A visita de inspeção, multiplicando pitéus e ambrosias*
*De eleição. Todavia, não se esqueça, para o que der e vier,*
*De calma na escadaria, com lentidão na colher.*

Desejando-vos muita paz, o amigo e servo humilde de sempre,

EMMANUEL

18/01/1950

# NA LAVOURA DA LUZ COTIDIANA

Meus amigos, muita paz. Exprimindo a Jesus o nosso reconhecimento pelas oportunidades de trabalho **na lavoura da luz cotidiana**, em favor de nossa felicidade hoje e sempre, trazemos a nossa particular visita ao Comandante, com os nossos votos de muita paz e conforto íntimo. As suas condições orgânicas vão apresentando os melhores prognósticos e a febre imprecisa ao entardecer é natural. Continuamos contribuindo no serviço de passes a benefício do levantamento geral de suas energias. Que o Senhor nos abençoe. Do amigo e servo humilde,

EMMANUEL

25/01/1950

# NOSSO PROGRAMA DE SEMENTEIRA CRISTÃ

Meus amigos, muita paz. Renovando as nossas visitas aos nossos prezados amigos General Aurélio e irmã Júlia, agradecemos o empenho amoroso que sempre colocais na cooperação em **nosso programa de sementeira cristã**. O novo livro, terceiro da série de interpretações, está pronto, e agradecemos, vivamente satisfeitos, o vosso concurso habitual. Em razão do acontecimento, o segundo poderá seguir para o mesmo destino dos anteriores. Proponho para ele o título "Pão Nosso", sem a ideia de que venha a prevalecer. Estou ciente de que um volume existe, entre nossos irmãos da igreja reformada, com esse nome, entretanto, ousaria arriscar a apresentação deste por reconhecê-lo muito adequado ao cometimento. Colocados no "Caminho", em busca da "Verdade" e da "Vida", será justo que nos alimentemos na romagem espiritual. Daí nos veio à lembrança a imagem do "pão". Com referência às velhas páginas epigrafadas por "Antologia do Além", peço para que venhamos a aproveitar-lhe, provavelmente, uma terça parte, ao lado de mensagens outras, de prosadores do país, que virão, se a permissão do Alto nos aprovar a ideia, formar um volume que, de mistura com as páginas inéditas e mais valiosas do trabalho, constituirão um livro novo, iniciativa essa que, muito em breve, cogitaremos. Assim, um trabalho relacionando mensagens de escritores variados do Brasil, em número reduzido, mas selecionado, virá trazer uma pausa ao pensamento da comunidade dos estudantes em grande atividade mental para fixarem os ensinamentos de que André Luiz tem sido o portador. Que Jesus nos abençoe. Finalizando, assinalo a minha visita de modo particular ao nosso amigo, com os versos seguintes:

*Meu prezado Comandante,*
*Guarde o ânimo vibrante!*
*Coragem nunca é demais.*
*Seus enfermeiros de agora*
*Renovam-se, de hora em hora,*
*Em grupos de generais.*

Muita paz a todos nós. Vosso amigo e servo humilde,

**EMMANUEL**

01/02/1950

# A MORTE NÃO SERIA PROBLEMA SE FOSSE O FIM

Meus amigos, muita paz. Fizemos nossas as palavras do irmão Arthur. **A morte não seria problema se fosse o fim**. É problema grave porque significa vida, recomeço e atividade nova. Nossa projeção de energias, na sementeira da fé, na essência, não expressa senão esse imperativo de trabalhar pela solução do enigma, ampliando a nossa capacidade espiritual de permanecer nos cumes da vida eterna. Bendito seja o vosso trabalho consistente e perseverante nas diretrizes evangélicas que elegestes para residência dos ideais mais íntimos! Desde a Terra conseguis desfrutar uma paz e um contentamento somente acessíveis àqueles que, com fidelidade e crença heroica, se candidatam ao legado de amor e luz de que o Cristo nos dotou. Avancemos, agindo e servindo. Esse é o iluminado programa de sempre. Com as nossas atenciosas visitas ao nosso prezado General, oferecemos a ele a seguinte lembrança:

*Meu amigo, por agora as lutas de cada dia*
*São passos largos de volta à sua provedoria.*
*Continue garboso e bravo, mas não se esqueça também*
*De que poltrona e legumes não fazem mal a ninguém.*

Vosso amigo e servo humilde,

EMMANUEL

17/02/1950

# A LUTA CORRE POR CONTA DO SENHOR DO DESAGRAVO

Meus amigos, muita paz. Desejando-vos a bênção do Senhor, com análogo interesse no esforço em que a buscamos para nós, deixamos o seguinte lembrete ao nosso amigo General Aurélio:

*Meu prezado Comandante,*
*Conserve-se forte e bravo,*
*Que **a luta corre por conta***
***Do Senhor do Desagravo**.*

Muito boa noite é o que vos deseja o amigo e servo humilde,

EMMANUEL

22/02/1950

# A CALMA É A FORÇA DA VIDA

Meus amigos, muita paz. Desejando-vos boa noite, alegria e saúde, deixamos ao nosso amigo General Aurélio a seguinte lembrança:

*Meu prezado Comandante,*
*Não perca a "pose" brilhante,*
***A calma é a força da vida**.*
*Suportando o "prato leve",*
*Encontraremos, em breve,*
*A solução da "comida".*

Esperando que as bênçãos do Senhor nos auxiliem, sou o amigo e servo humilde de sempre,

EMMANUEL

01/03/1950

# COM A PAZ DE SEMPRE

Meus amigos, muita paz. Encerrando as nossas orações da noite, **com a paz de sempre**, deixamos ao nosso estimado Comandante a recordação da semana:

*General, vamos à frente,*
*Vencendo, galhardamente,*
*Perigos mil, um a um.*
*Anunciando a vitória,*
*Temos três armas da glória:*
*Repouso, passe e jejum.*

Vosso amigo e servo humilde,

EMMANUEL

---

Nota do autor espiritual: *"Presente, em espírito, o Gen. João Batista Neiva de Figueiredo".*
Nota da organizadora: em referindo-se ao Gen. João Batista Neiva de Figueiredo, amigo do vovô, General Aurélio.

08/03/1950

# O TRECHO DA JORNADA QUE DENOMINAMOS DIA

Meus amigos, muita paz. Desejando-vos muita paz e bom ânimo, rogo ao Senhor nos ilumine **o trecho de jornada que denominamos dia**, a fim de que o nosso tempo se faça sempre mais rico de progresso e conhecimento, bênçãos e luzes. Ao nosso amigo General, deixo, por hoje, a pequena quadra esclarecedora:

*Há sempre macumba negra,*
*Que é sempre negra e sem norte.*
*Mas a nossa macumba clara*
*É sempre clara e mais forte!*

Vosso amigo e servo humilde,

EMMANUEL

15/03/1950

# GRATIDÃO E AMIZADE

Meus amigos, muita paz. Nosso irmão Arthur está presente e saúda-vos, no que é acompanhado de nossa gratidão e amizade de sempre. O nosso amigo Comandante vai seguindo com melhoras apreciáveis, graças ao nosso divino Médico! A ele, deixo a seguinte recordação da semana:

*General, sua conduta,*
*Aceitando, sem disputa,*
*A ordem de jejuar,*
*Merece, claro e sadio,*
*Um boletim de elogio,*
*Se Dona Júlia aprovar!*

Vosso amigo e servo humilde de sempre,

EMMANUEL

22/03/1950

# PÁGINAS DE ALGUNS PROSADORES

Meus amigos, muita paz. Associamo-nos a todos os companheiros que, nesta noite, trazem aos nossos caros amigos, General Aurélio e irmã Júlia, fervorosos votos de boa viagem! Jesus conceda aos nossos prezados companheiros muita alegria e paz, bom ânimo e vida abundante! A jornada pela ferrovia é realmente mais aconselhável. O avião, na zona montanhosa, nem sempre pode manter um nível regular de voo, porque a neblina sobre os altos cumes, ou as "tempestades vazias", em certas regiões, obrigam os aparelhos a invasões verticais pelo espaço adentro, invasões essas que não seriam aconselháveis ao nosso amigo Comandante na presente fase em que suas forças se reajustam. Com o Auxílio Divino, tudo seguirá normalmente bem. Relativamente aos nossos trabalhos do livro, aconselhamos seja organizado um volume do Irmão X com o material já existente. Enquanto isso, examinaremos a possibilidade de interrupção para o trabalho novo em perspectiva, de autoria múltipla, de vez que continua de pé o nosso plano de um livro que contenha **páginas de alguns prosadores**. Para o nosso amigo Comandante, nas vésperas de seu retorno à casa no Rio, deixamos a seguinte recordação:

*General, em nossa vida não existe despedida,*
*Nem horas para a aflição. Mas ouça bem quando digo:*
*Estarei sempre consigo na sala do coração.*

Vosso amigo e servo humilde de sempre,

EMMANUEL

29/03/1950

# No campo de nossas orações

Meus amigos, muita paz. Desejando que a luz das estrelas brilhantes no céu permaneça **no campo de nossas orações**, fecundando as sementes de amor infinito e sabedoria divina que trazemos conosco, sou o vosso amigo e servo humilde de sempre,

EMMANUEL

05/04/1950

# LUZES ACESAS DE ESTÍMULO E ALEGRIA

Meus amigos, muita paz. Louvemos o Senhor que nos concedeu tantas **luzes acesas de estímulo e alegria**, e com essas lâmpadas avancemos semeando o bem. Nesse bendito programa de elevação, deseja-vos muita paz e bom ânimo o amigo e servo humilde de sempre,

EMMANUEL

19/04/1950

# A DOCE E OPEROSA MÃO DO AUTOR

Meus amigos, muita paz. O livro de Neio Lúcio é um filho que retorna ao seu lar. Estamos muito satisfeitos em lhe observando a boa forma e, com carinho, anotamos a simbologia da capa, que nos lembra **a doce e operosa mão do autor** acendendo luz em nossas inteligências e sentimentos.[1] Nosso reconhecimento a todos, com o nosso louvor a Jesus pela realização que nos possibilitou. Quanto ao desejo de nossa irmã Esmeralda de Bittencourt, no sentido de fazer um livrinho com as mensagens recebidas em suas visitas periódicas a Pedro Leopoldo, a benefício das crianças recolhidas em orfanato, somos de parecer seja acolhido com simpatia, não atendendo aos motivos alegados para não cairmos em precedentes menos construtivos, de vez que uma concessão em moldes de regra obriga sempre a outras, com dispersão de oportunidades que, em nosso caso, devem procurar a preservação das páginas recebidas na direção do futuro, mas porque o esforço de nossa amiga merece a exceção, esforço que a fez credora de nossa estima e reconhecimento na divulgação dispendiosa e espontânea dos impressos espiritistas-cristãos em massa nos setores de nossa tarefa.[2] Que Jesus nos abençoe, o amigo e servo humilde,

EMMANUEL

---

Notas da Organizadora: [1] refere-se ao livro *Jesus no Lar*, cujo título foi dado pelo próprio Emmanuel. (FEB, 1950) [2] O assunto diz respeito ao livro *Nosso Livro*, cuja carta-prefácio, de Emmanuel, é dirigida à "Prezada irmã Esmeralda". Foi publicado, numa primeira edição, em 1950, pelo Jornal do Comércio do Rio de Janeiro. A renda obtida na comercialização foi destinada ao Abrigo Olympia Belém, também no Rio.

26/04/1950

# O CARINHO DA LEMBRANÇA

Meus amigos, muita paz. Muito obrigado pelo **carinho da lembrança**. Missão urgente de auxílio me convoca a distância.[1] Assim, pois, encerrando com o nosso amigo Professor [2] nos votos de paz de sempre, rogo ao Senhor para que a luz de sua vontade permaneça invariavelmente em nossos caminhos. Vosso amigo e servo humilde de sempre,

**EMMANUEL**

---

Notas da Organizadora: [1] segue anotação feita por Rômulo Joviano: *"O amor me constrange - A carta acima foi feita depois da prece de encerramento, pela Wanda, por recomendação do Professor e sem a habitual carta de Emmanuel. O nosso pensamento de estranheza fez com que ele voltasse ao nosso meio para explicar o caso, registrando que o nosso amor o constrangera a voltar para nos trazer a palavra amiga".*
[2] Em referindo-se ao vovô Arthur.

02/05/1950

# A RESPOSTA DO MENTOR

*O confrade Dr. Domingos Antonio D'Angelo Neto, do Clube dos Jornalistas Espíritas de São Paulo, solicita de* ***Emmanuel*** *alguma opinião sobre a prodigiosa menina Gianella De Marco.*

Não se registra a renovação terrestre, no século de luz e sombra, de grandeza e miséria, que vamos atravessando, apenas pela dor, pelo morticínio e pelo arrasamento. À frente das cidades, que se reedificam sobre pavorosas ruínas, erguem-se novas instituições de fé e amor, reconstruindo a confiança e o otimismo no atormentado coração humano e, ao lado da ciência escravizada aos princípios de ódio e destruição, a levantar-se nos cumes da inteligência para a entronização do raciocínio embriagado de poder, vemos sublimes espetáculos de espiritualidade santificante, conclamando as criaturas à elevação íntima pela sabedoria e pelo amor, na mais alta consagração do sentimento. Gianella De Marco, a maestrina angelical que constrange milhões de cérebros a refletirem na imortalidade da alma e na eternidade da vida, é inequívoca demonstração da mediunidade e da reencarnação, em sintonia com as fontes criadoras da inspiração celestial. Através dessa criança, tocada de claridades benditas, é possível escutar, com mais segurança, a antiga profecia de Joel, quando nos asseverou, em nome do divino Amigo: *"Quando chegarem os tempos da renovação, derramarei de meu espírito sobre toda a carne e os vossos filhos e filhas profetizarão, e os vossos velhos, jovens e crianças terão visões e sonhos, anunciando o reinado imperecível da eterna Luz."*

EMMANUEL

10/05/1950

# NO MESMO TRILHO DOS VOTOS DO NOSSO IRMÃO ARTHUR

Meus amigos, muita paz. Desejando-vos muita saúde e alegria, **no mesmo trilho dos votos do nosso irmão Arthur**, e regozijando-nos com a vossa boa viagem de retorno ao lar, pede ao Senhor nos ilumine e nos ampare sempre mais o amigo e servo humilde de sempre,

EMMANUEL

17/05/1950

# NO MINISTÉRIO DO BEM COM O CRISTO JESUS

Meus amigos, muita paz. Associando os meus votos aos do nosso irmão Arthur, no sincero desejo de ver-vos sempre edificados **no ministério do bem com o Cristo Jesus**, nosso Mestre e Senhor, sou o amigo e servo humilde de sempre,

EMMANUEL

24/05/1950

# SEJA A FÉ A NOSSA LÂMPADA

Meus amigos, muita paz. Partilhando a satisfação do nosso irmão Arthur, desejo-vos muita alegria e bom-ânimo na jornada para a frente com a luz divina. **Seja a fé a nossa lâmpada**. Seja a esperança o óleo que nos sustente a claridade de cada dia. E seja a caridade a nossa manifestação incessante através da marcha, porque as três divinas virtudes são as filhas diletas do amor que Jesus nos legou. Desejando-vos muita saúde e paz, sou o amigo e servo humilde de sempre,

EMMANUEL

07/06/1950

# ANSEIO DE PROGRESSO ESPIRITUAL

Meus amigos, muita paz. Partilhando a visita amiga e os votos do nosso caro irmão Arthur, à frente do vosso retorno à paisagem de serviço habitual,[1] pede ao Senhor nos abençoe o **anseio de progresso**, doando nos a possibilidade de servir sempre em seu nome. O amigo e servo humilde de sempre,

EMMANUEL

---

[1] Nota da Organizadora: em referindo-se ao retorno da viagem ao Rio de Janeiro.

12/06/1950

# BOA NOITE!

Meus amigos, muita paz. Com o nosso **boa noite**, pedindo ao nosso divino Mestre nos conceda a sua paz em companhia do nosso amigo hoje ausente, sou o amigo e servo humilde de sempre,

EMMANUEL

14/06/1950

# SOB A INSPIRAÇÃO DIVINA

Meus amigos, muita paz. Que o Senhor nos abençoe a todos, em nossos desejos de progredir **sob a sua inspiração divina**, são os votos do amigo e servo humilde de sempre,

EMMANUEL

21/06/1950

# DAS PRECES E VIBRAÇÕES FRATERNAIS

Meus amigos, muita paz. Nosso irmão Arthur, presente, deseja-lhes uma viagem feliz, informando que estará em companhia dos filhos, novamente, na ausência do lar, que será aproveitada, quanto possível, em fase de enriquecimento das forças orgânicas de ordem geral. Sabemos que dedicam muita atenção e carinho à lembrança do irmão Telles.[1] Entretanto, ele, o irmão Arthur e eu solicitamos a continuidade **das preces e vibrações fraternais** de todos a benefício dele, em vista das recordações muito acentuadas que o nosso amigo recém-desencarnado ainda conserva com respeito aos amigos que povoam este abençoado lar. Jesus nos abençoe a todos. A nossa irmã Esmeralda Bittencourt deseja o título definitivo para o trabalho que está organizando com os postais evangélicos. A filhinha dela mesma, nossa irmã Agar, sugere o título "Nosso Livro", que fica muito adequado ao esforço. O assunto fica, pois, registrado, com a nossa simpatia de sempre. Desejando-vos muita saúde e paz, alegria e bom ânimo, sou o amigo e servo humilde de sempre,

EMMANUEL

[1] Nota da Organizadora: irmão Telles - Mário Telles da Silva - foi um companheiro de trabalho de Rômulo no Ministério da Agricultura.

06/07/1950

# PROSPERIDADE COM JESUS

Meus amigos, muita paz. Associando-nos ao irmão Arthur, em seus votos de saúde, paz e alegria, deseja-vos muita **prosperidade com Jesus**, em todos os momentos de abençoada experiência no corpo terrestre, o amigo e servo humilde de sempre,

EMMANUEL

19/07/1950

# NO GRANDE CAMINHO REDENTOR

Meus amigos, muita paz. Rogando a bênção do Senhor para nós, **no grande caminho redentor**, sou o amigo e servo humilde de sempre,

EMMANUEL

26/07/1950

# ESTAMOS SEMPRE ENTRE DOIS INFINITOS

Meus amigos, muita paz. Saudando-vos a nova residência, fazemos coro com a palavra afetuosa do nosso irmão Arthur, desejando-vos muita felicidade e saúde dentro do novo campo de manifestações familiares. A vida é renovação incessante. **Estamos sempre entre dois infinitos**, se pudéssemos dividir o Universo, que é tudo no Todo, o passado e o vir-a-ser. Entre o pretérito e o futuro, nos agitamos reestruturando o destino sobre as bênçãos da ação e do movimento, com o trabalho e serviço triunfantes. É preciso saber seguir para que o nosso hoje seja o presente divino. Trazei para cá todos os tesouros que amontoastes além e não nos esqueçamos de que a frente é o lugar do bom trabalhador. Instalai aqui, no hoje, a vossa confiança e ventura de ontem para que o amanhã nos encontre valorosos e tranquilos. Trazei convosco todas as vibrações de paz e confiança, otimismo e fortaleza e, de nosso lado, faremos as "ligações" necessárias. Tenhamos um coração alegre e tranquilo em Jesus, que tudo nos concede em soma crescente de benefícios santificantes e as horas, velhas amigas de nossa experiência, serão portadoras das edificações com que sonhamos acordados, agindo e servindo a nós mesmos na pessoa dos nossos semelhantes. Muita paz e contentamento, saúde e luz eterna é o que vos deseja o amigo e servo humilde de sempre,

EMMANUEL

02/08/1950

# DE PENSAMENTO VOLTADO AO SENHOR

Meus amigos, muita paz. **De pensamento voltado ao Senhor**, rogamos a ele nos conceda muita luz para a jornada e muito equilíbrio para as nossas possibilidades e oportunidades de agir em seu serviço. Que a paz de sua divina doação a nós todos permaneça invariavelmente conosco. São os votos do amigo e servo humilde,

EMMANUEL

09/08/1950

# NOTAS DE ALEGRIA

Meus amigos, muita paz. Registramos com satisfação as mesmas **notas de alegria** do nosso irmão Arthur, desejando-vos muita saúde e bom ânimo. Ante a fase terminal do novo livro do Irmão X, agradeço-vos, em seu nome e em nosso nome, a colaboração amiga de sempre, formulando votos ao Senhor para que a vossa sementeira de amor cristão frutifique na base do Infinito, nos círculos do tempo.[1] Rogamos ao nosso amigo a releitura e o autor fornecerá o prefácio para que o título seja estudado, a fim de que o novo trabalho siga o destino que lhe compete nos moldes dos anteriores. Que o Mestre nos fortaleça na tarefa do bem, o amigo e servo humilde de sempre,

EMMANUEL

[1] Nota da Organizadora: refere-se ao livro *Pontos e Contos*, editado pela FEB em 1951.

30/08/1950

# NO SERVIÇO DE ILUMINAÇÃO ESPIRITUAL

Meus amigos, muita paz. Associamo-nos aos votos alegres do nosso irmão Arthur e formulamos preces ao Alto pela tranquilidade e saúde de todos. Esperando que a nossa irmã Ottília[1] continue a sua parte **no serviço de iluminação espiritual**, sou o amigo e servo humilde de sempre,

EMMANUEL

[1] Nota da Organizadora: Ottília ditou as mensagens que constituem o livro *No Roteiro do Evangelho*, psicografado por Vera Lúcio e editado pelo Instituto de Difusão Espírita (IDE) | SP, em 1989.

06/09/1950

# RECONHECIMENTO AO SENHOR

Meus amigos, muita paz. Terminado o serviço de nossas irmãs, poderemos encerrar as atividades com o nosso habitual **reconhecimento ao Senhor**. Que ele nos guie para o bem, nas menores causas e nas mínimas coisas, são os votos do amigo e servo humilde de sempre,

EMMANUEL

13/09/1950

# NA APLICAÇÃO DE PASSES MAGNÉTICOS

Meus amigos, muita paz. O nosso irmão Arthur, presente, vos saúda por nosso intermédio e informa ao nosso amigo que continua ao seu lado **na aplicação de passes magnéticos** cada noite para os serviços de saúde orgânica.[1] Desejando para vós todos a paz e a alegria, a fortaleza e o bom ânimo que almejamos para nós mesmos, sou o amigo e servo humilde de sempre,

EMMANUEL

[1] Nota da Organizadora: em referindo-se a Rômulo, que fez a seguinte anotação: *"Na mesma noite foi recebida a mensagem de Tia Engracinha à sogra. (Enviada ao Rio no dia 14 para a comemoração do seu aniversário, a 15 de setembro de 1950)".*

20/09/1950

# ATRAVÉS DA ESTRADA ILUMINATIVA

Meus amigos, muita paz. Fazemos nossas as palavras do irmão Arthur, em nos referindo ao trabalho de Ottília e Wanda, que já vai seguindo, **através da estrada iluminativa**, como pétalas de consolação e edificação nas páginas impressas e avulsas, que funcionam por notas de beleza e construção no caminho de todos. Haja em nós a alegria de produzir, distribuir e dar, porque essa alegria é parenta da felicidade d'Aquele que sempre nos deu e nos dá sem que Lhe possamos retribuir, por enquanto. Esperamos que o *Pontos e Contos* do Irmão X possa ser enviado em princípios de outubro, com data de 3 no prefácio a ser recebido, em homenagem a Allan Kardec, porque, se nos permitir o Senhor, iniciaremos um novo trabalho logo após a remessa do mencionado serviço ao Rio.[1] Com os nossos votos ao divino Mestre pela nossa paz na luta redentora de cada dia, sou o amigo e servo humilde de sempre,

EMMANUEL

[1] Nota da Editora: Hippolyte Léon Denizard Rivail | Allan Kardec nasceu em Lyon, França, em 3 de outubro de 1804, desencarnando em Paris, em 31 de março de 1869, aos 64 anos.

27/09/1950

# DEUS NO CORAÇÃO E NA MENTE

Meus amigos, muita paz. **Que Deus nos auxilie a guardar Seus princípios impressos no coração e na mente**, em todas as horas do nosso trabalho e do nosso aprendizado de vida eterna. São os votos do amigo e servo humilde,

EMMANUEL

04/10/1950

# CAMINHOS PARA A VITÓRIA

Meus amigos, muita paz. Pedindo ao Senhor nos faça sempre ver os seus **caminhos para a vitória,** em nossos propósitos de cumprir-lhe a divina vontade, deseja-vos boa noite, com muita paz e alegria, o amigo e servo humilde,

EMMANUEL

11/10/1950

# DENTRO DAS LUTAS CONSTRUTIVAS DE CADA DIA

Meus amigos, muita paz. Desejando-vos a graça da alegria e do bom ânimo que desejamos para nós mesmos **dentro das lutas construtivas de cada dia**, sou o amigo e servo humilde de sempre,

EMMANUEL

26/10/1950

# PAZ NOS CAMINHOS

Meus amigos, muita paz. Desejando-vos muita alegria e bom ânimo, equilíbrio orgânico e **paz nos caminhos** da boa luta, com o mesmo fervor com que desejamos semelhantes bênçãos para nós, consignamos a nossa visita fraterna de nosso culto habitual como os amigos e servos humildes de sempre,

EMMANUEL

01/11/1950

# EM TODOS OS DIAS DO NOSSO ROTEIRO DE FÉ

Meus amigos, muita paz. Desejando--vos a bênção do Senhor, agora e **em todos os dias do nosso roteiro de fé**, agradeço, mais uma vez, em nome do Irmão X, o cuidado despendido ao seu trabalho último. Jesus vos enriqueça a estrada de santos estímulos ao ministério do bem infatigável. Se nos permitir o Senhor, começaremos o novo trabalho na próxima semana, trabalho esse que se constituirá do pensamento e impressões de vários autores do nosso campo cultural do mundo português. Aguardemos, acima de tudo, a permissão do Alto, como quem sabe que tudo devemos subordinar à Eterna Sabedoria. Muita paz e bom ânimo é o que vos deseja o amigo e servo humilde de sempre,

EMMANUEL

15/11/1950

# JUNTOS HOJE E SEMPRE

Meus amigos, muita paz. Rogamos ao Senhor nos abençoe e fortaleça **hoje e sempre**. O amigo e servo humilde,

EMMANUEL

22/11/1950

# O CIMENTO DE LUZ PARA TODAS AS REALIZAÇÕES EDIFICANTES

Meus amigos, muita paz. Rogamos a proteção do Senhor para vós e nós. Com a vibração habitual de confiança e reconhecimento, esperemos do Alto **o cimento de luz para todas as realizações edificantes** que nos cabem atingir. Nesses votos de sempre, sou o amigo e servo humilde,

EMMANUEL

29/11/1950

# A BOA LUTA

Meus amigos, muita paz. Desejando-vos tranquilidade e luz, alegria e bom ânimo em todas as fases de nossa **boa luta**, sou o amigo e servo humilde de sempre,

EMMANUEL

06/12/1950

# NO CAMINHO REDENTOR DA TERRA

Meus amigos, muita paz. Desejando-vos muita paz e bom ânimo **no caminho redentor da Terra**, deixa-vos afetuosa visita o amigo e servo humilde de sempre,

EMMANUEL

14/12/1950

# Aniversário espiritual de Arthur Joviano

Meus amigos, muita paz. Faço da alegria externada pelo Professor a minha alegria, viva e forte também. **Que todos os aniversários espirituais do nosso devotado amigo sejam comemorados por júbilos iguais aos destes dias, em que o contentamento e a paz nascem do dever bem cumprido e do amor que nunca morre.**[1] Que o Senhor nos proteja, nos fortaleça e abençoe,

EMMANUEL

[1] Nota da Organizadora: vovô Arthur voltou à patria espiritual em 14 de dezembro de 1934. Nesta data, relembramos os 16 anos de sua partida.

20/12/1950

# NO CÍRCULO DAS AQUISIÇÕES DE PROGRESSO

Meus amigos, muita paz. Associando-nos à alegria e à confiança do nosso irmão Arthur à frente do futuro, desejamos a todos vós, quanto a nós mesmos, a paz do Senhor **no círculo de nossas aquisições de progresso** pela execução da Vontade Superior. Que o Alto nos ampare, são os votos do amigo e servo humilde de sempre,

EMMANUEL

27/12/1950

# AO CASAL JOVIANO

Meus amigos, muita paz. Cumprimentando aos nossos amigos pela data de hoje,[1] trazemos ao nosso prezado General Aurélio e à irmã Júlia o nosso abraço de boas-vindas. Fazemos nossas as frases de entendimento, amor, esperança e ternura dos amigos que se comunicaram conosco, desejando-vos, quanto desejamos para nós, as bênçãos de paz e felicidade que se encontram no dever bem cumprido diante do Mestre e Senhor, cuja vontade expressa ao redor de nós é a efetiva bondade que nos conduzirá a destinos maiores. E, em nos despedindo, com os nossos votos de paz e bom ânimo para o Ano Novo de que nos abeiramos agora, deixamos ao estimado provedor a seguinte lembrança:

*Meu prezado Comandante,*
*Que a paz sublime e brilhante*
*A sua estrada alcatife.*
*Prosseguimos, lado a lado,*
*mas guarde muito cuidado*
*Nos pratos de bolo e bife.*

Vosso amigo e servo humilde de sempre,

**EMMANUEL**

---

[1] Nota da Organizadora: em referindo-se ao aniversário de casamento de Rômulo e Maria. Nesta data, o casal comemorou 27 anos de união esponsalícia.

# 1951

01/01/1951

# VALIOSO TEMPO DE RENOVAÇÃO

Meus amigos, muita paz. Todos nós, com o irmão Arthur à frente, vos desejamos "Feliz Ano Novo", esperando que o 1951 nos seja pródigo de bênçãos com Jesus. Há quem acuse a convenção de monótona e fria, mas somos daqueles que não desejam passar pela oportunidade sem aproveitamento em nossa obra de entendimento e alegria, porque as "Boas Festas" constituem para nós **valioso tempo de renovação** dos nossos votos amigos. Para despedir-me por esta noite, e visitando ao nosso estimado General Aurélio, algo adoentado, assinalo para ele o seguinte lembrete:

*Meu prezado Comandante,*
*Sigamos no bom combate.*
*Agora já regressamos*
*Aos bons tempos do tomate.*

Paz e saúde a todos. Vosso amigo e servo humilde de sempre,

**EMMANUEL**

17/01/1951

# QUE O SENHOR NOS FORTALEÇA

Meus amigos, muita paz. **Rogando ao Senhor nos fortaleça**, deixo-vos a visita amiga de sempre no encerramento dos nossos trabalhos espirituais. Ao nosso estimado Comandante, saúdo especialmente, assinalando com alegria o seu indiscutível progresso na restauração física. É um admirável trabalho disciplinar que a sua mente vai efetuando, porque, em verdade, só ao preço de muita vontade concentrada as suas melhoras poderiam ser tão positivas e, sobretudo, tão rápidas! Para não perder o hábito, deixo a ele o seguinte lembrete:

*General, aos bons conselhos*
*Continue dizendo "amém".*
*E guarde muita alegria,*
*Pois tudo vai muito bem!*

Vosso amigo e servo humilde,

EMMANUEL

31/01/1951

# CORAÇÕES AO ALTO

Meus amigos, muita paz. Efetivamente, o dia de hoje é de **corações ao Alto**. Que o Amigo Celestial nos conduza pousando as mãos sábias e amorosas no leme que caberá aos nossos irmãos investidos na grave tarefa de governar. Que ele nos ajude, a fim de conservarmos o que é bom, esquecendo quanto nos seja menos útil na evolução geral. O nosso amigo provedor, General Aurélio, vai passando melhor, não obstante a dor que lhe vem assediando o campo gastrointestinal. Somos de parecer, porém, que, em conjunto com o receituário médico dos nossos clínicos espirituais, ser-lhe-á muito preciosa a colaboração dos passes por intermédio do nosso amigo, que lhe é genro e filho do coração, quanto possível, em três noites, ao deitar-se, de cada semana. Nossa operação magnética, receberá com eficiência positiva o concurso de vários amigos daqui. Para acentuar as indicações farmacêuticas, deixo-lhe estas linhas:

*Comandante, tudo passa.*
*Louvemos a Eterna Graça,*
*Tudo vai de "vento em popa".*
*Tudo segue melhorando,*
*Mas guarde, de quando em quando,*
*Os jejuns de chá e sopa.*

Vosso amigo e servo humilde de sempre,

EMMANUEL

08/02/1951

# A DIVINA VONTADE

Meus amigos, muita paz. Como sempre, rogo a bênção do Senhor para os nossos caminhos, a fim de que em nossa jornada possamos atender-lhe **a divina vontade**, seguindo à medida de nossas forças. Registramos, com satisfação, as melhoras do nosso estimado Comandante, esperando que o equilíbrio orgânico se refaça por completo em breve, com a ajuda de nosso divino Médico. Para não destoar das reuniões precedentes, ofereço a ele esta lembrança singela:

*Meu prezado General,*
*Otimismo não faz mal,*
*Não guarde melancolia.*
*Sempre firme no comando,*
*Retome, de quando em quando,*
*A vara da pescaria!*

Muita tranquilidade a todos é o que vos deseja o amigo e servo humilde,

EMMANUEL

28/02/1951

# FELICIDADE PERFEITA COM O SENHOR

Meus amigos, muita paz. Assinalando os nossos agradecimentos sinceros ao Senhor, pela dádiva de mais uma noite de trabalho e prece, alegria e união, fé e paz, deixo-vos os meus votos de **felicidade perfeita com o Senhor**. O nosso amigo General tem experimentado, na opinião dos nossos clínicos, maiores choques sutis com a altitude, agravada pelo calor intenso, mas esperamos que mais algum tempo na montanha possa lhe trazer ao campo orgânico o maior bem. Para não esquecermos as outras reuniões, dedico a ele mais esta recordação:

*General, não se aborreça,*
*Nem sinta dor de cabeça*
*Nas sopas em profusão.*
*A vida, às vezes, por graça,*
*Pede repouso e linhaça*
*A bem da renovação.*

Vosso amigo e servo humilde, e reconhecido de sempre,

EMMANUEL

08/08/1951

# VIAGEM NO RUMO DA VERDADEIRA PAZ

Meus amigos, muita paz. O nosso irmão Arthur, presente à reunião, vos deseja muita tranquilidade e segurança na luta diária, votos esses aos quais, de todo o meu coração, me associo. Que o divino Amigo nos ajude a caminhar na senda de cada dia, a fim de que prossigamos **a viagem no rumo da verdadeira paz**. São os votos sinceros do amigo e servo humilde de sempre,

EMMANUEL

10/10/1951

# MUITA PAZ NA LUTA

Meus amigos, muita paz. Agradecendo ao Senhor os benefícios com que nos enriquece os dias e as noites, deixamos a todos vós os nossos votos de **muita paz na luta**, alegria na dor, coragem nas dificuldades e luz nas sombras, a fim de que avancemos com justo entendimento dos valores que estamos recebendo. Com os nossos agradecimentos de cada dia, sou, como sempre, o amigo e servo humilde,

EMMANUEL

28/11/1951

# PELOS FIOS INVISÍVEIS DO PENSAMENTO

Meus amigos, muita paz. Entrelaçando as nossas preces com as vossas, e pedindo ao Senhor nos abençoe e fortaleça, saudamos ao nosso amigo General Aurélio com a seguinte lembrança:

*Comandante, não se esqueça de*
*Que em favor de nosso bem*
*Pouco bife e mais repouso*
*Não fazem mal a ninguém.*

Rogando a bênção de Jesus para os nossos amigos que, embora ausentes, estão reunidos conosco **pelos fios invisíveis do pensamento**, sou o amigo e servo humilde de sempre,

EMMANUEL

# 1952

21/03/1952

# NA CONSTRUÇÃO DO REINO

Quando Jesus asseverou que o seu reino não é deste mundo, não desejava estabelecer fronteiras entre os homens e a vida espiritual, como se a Terra estivesse definitivamente sentenciada a cumprir o triste destino de um inferno sem remissão. Se o Mestre vinha até nós, naturalmente confiava nas criaturas terrenas, a fim de habilitá-las para o grande futuro. Não podemos esquecer que o índio será o homem civilizado de amanhã, através das reencarnações incessantes, nem podemos olvidar que se a Criação está começada ainda não terminou. O Cristo, ainda e sempre, é o arquiteto da nova Terra e usando povos e civilizações está construindo o reino do céu para a suprema felicidade humana. Nesse sentido, somos - cada qual de nós - o tijolo vivo para a divina edificação. Purifiquemos o vaso íntimo, convertendo a nossa vida em instrumentalidade de seus desígnios superiores, alijando de nosso espírito tudo o que constitua densidade das zonas mais baixas da vida e estaremos realmente preparados para colaborar no erguimento do mundo novo. Sem aprimoramento do indivíduo, não encontraremos lar adequado à materialização do bem e sem lar seguro e enobrecido não disporemos de coletividade em condições de oferecer o justo clima de conforto e ordem, prosperidade e alegria à evolução. Ofereçamos, assim, a nossa existência à Obra da Sublimação, através do trabalho incessante sobre os alicerces da boa vontade e da fé viva, e, indiscutivelmente, seremos aproveitados pelo divino Orientador **na construção do bem de todos para que o reino do Senhor** possa, efetivamente, brilhar para a felicidade eterna dos homens na Terra de amanhã.

**EMMANUEL**

---

Nota da Organizadora: mensagem psicografada por Chico Xavier no Centro Espírita Luiz Gonzaga, em Pedro Leopoldo | MG.

28/07/1952

# QUANDO A PUREZA ESTIVER CONOSCO

**Quando a pureza estiver** em nossos olhos, fixaremos na cicatriz do próximo a desventura respeitável do nosso irmão. Quando a pureza morar em nossos ouvidos, receberemos a calúnia e a maldade nelas sentindo o incêndio e o infortúnio que ainda lavram no espírito daqueles que nos observam sem o exato conhecimento de nossas intenções. Quando a pureza demorar-se em nossa boca, a maledicência surgirá, junto de nós, por enfermidade lamentável do amigo que nos procura, veiculando-lhe o veneno, e saberemos fazer o silêncio bendito com que possamos impedir a extensão do mal. Quando a pureza associar-se ao nosso raciocínio, identificaremos nos pensamentos infelizes a deplorável visitação da sombra, diante da qual acenderemos a luz de nossa fé para a justa resistência. Quando a pureza respirar em nosso coração, o endurecimento espiritual jamais encontrará guarida em nossa alma, porque o calor de nosso carinho irradiar-se-á em todas as direções, estimulando a alegria dos bons e reduzindo a infelicidade dos nossos irmãos que ainda se confiam à ignorância. Quando a pureza brilhar em nossas mãos, a preguiça não nos congelará a boa vontade e aproveitaremos as mínimas oportunidades do caminho para o abençoado serviço do amor que o Mestre nos legou. *"Bem-aventurados os puros de coração"*, proclamou o divino Amigo. Sim, bem-aventurados os que esposam o bem para sempre, porque semelhantes trabalhadores da luz sabem converter a treva em claridade, os espinhos em flores, as pedras em pães e a própria derrota em vitória, criando, invariavelmente, o céu onde se encontram e apagando os variados infernos que a miséria e a crueldade inflamam na Terra para tormento da vida.

**EMMANUEL**

---

Nota da Organizadora: mensagem psicografada por Chico Xavier no Centro Espírita Luiz Gonzaga, em Pedro Leopoldo | MG.

# 1953

# NO REFÚGIO DA PRECE

Minha irmã, muita paz. Confiemo-nos ao **refúgio da prece**, na convicção de que Jesus não nos há de desamparar na solução dos problemas redentores. Somos, porém, de parecer, que o assunto de sua aflição deve ser conservado na esfera das relações particulares, entre o nosso irmão Wilson e os diretores de suas atividades profissionais, ou vice-versa. Esperemos que o tempo e as circunstâncias os reaproximem e contemos com a bênção de Jesus em benefício de nossa fortaleza na batalha do coração. Continuando ao lado de sua fé para que o seu coração de mãe e de esposa não esmoreça, sou, como sempre, o irmão e servo humilde,

EMMANUEL

---

Nota do Editor: mensagem dirigida a Lourdes Padovani de Figueiredo, e recebida por Chico Xavier no Centro Espírita Luiz Gonzaga, em Pedro Leopoldo | MG, no ano de 1953, em data imprecisa. Lourdes era nora de Adélia Machado de Figueiredo, casada com Wilson Machado de Figueiredo.

# 1954

09/08/1954

# Paciência

**Paciência** é perseverança no bem, através de todas as vicissitudes e de todas as circunstâncias. Sem ela, o aprendizado da existência se resume a recapitulações infinitas, nos séculos incessantes. Sem ela, sofreremos o tacão da impulsividade agressiva, contrariando as leis que nos regem e operando, por isso, contra nós mesmos, de vez que levantamos assim, invariavelmente, o círculo de fogo em que se nos atormenta o espírito fatigado. Não olvides que é preciso paciência na dor e na alegria. Na provação, ela é a serenidade, assegurando-nos a certeza de que o amanhã será luminoso recomeço. Nas horas de calmaria, é a temperança sussurrando-nos a necessidade de equilíbrio para que se não nos fira a consciência. Em razão disso, arma-te com ela, se te propões vencer na batalha de cada dia. Perante a ofensa, usa-a em forma de silêncio e perdão, favorecendo no adversário mais justa visão da vida. Ante a aflição, utiliza-lhe a influência para que os dissabores te não arrojem os sentimentos aos despenhadeiros da revolta. À frente da tempestade de qualquer procedência, refugia-te em seu templo de bondade tranquila e espera sempre. Amaldiçoar a treva, ao invés de acender uma luz, é insânia da inteligência. Exigir frutos da erva tenra é loucura que não se compadece com o entendimento superior. Atirar petróleo à fogueira é ameaçar-se com as chamas do incêndio. Paciência é também amor, que trabalha e desculpa infatigavelmente.

Aprendamos, pois, a suportar e a esperar, servindo sempre, oferecendo ao mundo e à vida, aos amigos e aos adversários o melhor de nós mesmos e a paciência irradiar-se-á de nosso coração como sendo divina mensagem do céu à Terra, construindo em torno de nós, por nós e conosco, os sagrados alicerces sobre os quais erigirá Jesus, para o mundo, a glorificação do reino de Deus.

**EMMANUEL**

---

Nota do Editor: mensagem psicografada por Chico Xavier no Centro Espírita Luiz Gonzaga, em Pedro Leopoldo | MG.

03/09/1954

# PROVAS

O homem necessitado de provar a existência bate à porta daqueles que lhe podem conferir a bênção do trabalho e solicita emprego das próprias forças à procura do salário que lhe assegure a subsistência. Aqui é alguém que roga uma enxada para servir à sementeira, acolá é um operário que pede a máquina com que atenderá aos requisitos da indústria, mais além é o escritor que disputa a possibilidade de conduzir o pensamento do povo na direção do bem. Estabelecem-se acordos, lavram-se contratos, articulam-se entendimentos. O suplicante obtém os recursos que espera, contudo, não raro, abandona a enxada à ferrugem, desorganiza a máquina a golpes de indisciplina e usa a pena e o verbo na malversação dos próprios valores, perturbando os irmãos de caminho. Naturalmente, ao invés de socorro a si mesmos, semelhantes servidores, confiados à negligência e à revolta, apenas adquirem maiores débitos que lhes agravam as contas perante a vida e, de volta ao campo, à indústria ou à banca da inteligência são defrontados por obstáculos e dissabores que lhes favoreçam a corrigenda. Nessas bases, organizam-se também as **provas** na peregrinação terrestre. Antes da reencarnação, roga o espírito as lições e tarefas que julga indispensáveis à própria habilitação para a vida eterna. Dores, aflições, sacrifícios e dificuldades são categorizados, então, por bênçãos que lhe compete aproveitar em favor de si mesmo. Entretanto, vestindo a carne, olvida as promessas feitas e abomina o trabalho e a luta, desprezando os recursos capazes de sustentar-lhe a ascensão. Compreendendo, pois, que a existência na Terra é simples estágio da criatura em acanhado setor da vida, recebe a provação que o mundo te oferece por senda verdadeira. Não menosprezemos os tropeços da marcha e sim aprendamos a usá-los em nosso próprio benefício, porque, superando problemas e desencantos, venceremos nossas velhas fraquezas, e distribuindo com os que nos partilham a estrada a riqueza de nosso amor faremos jus ao salário divino com que, no grande futuro, compraremos, perante a Lei, a nossa própria libertação.

**EMMANUEL**

---

Nota do Editor: mensagem psicografada por Chico Xavier no Centro Espírita Luiz Gonzaga, em Pedro Leopoldo | MG.

# 1955

28/02/1955

# A OBRA ESSENCIAL

Na propaganda espírita, e na extensão do Evangelho, é imperioso atender à tarefa básica que nos cabe cumprir. Ensinaremos a humildade com frases oportunas e bem-feitas, entretanto, se o orgulho ainda mora conosco, toda a nossa conceituação primorosa é simples ruído ao vento. Pregaremos o impositivo da fé mobilizando apontamentos dos grandes instrutores, todavia, se não revelamos confiança em Deus e em nós mesmos, o próximo necessitado encontrará em nossa intimidade apenas o sermão precioso e vazio. Encareceremos a obrigação da caridade como exclusivo recurso na sustentação da harmonia entre as criaturas, no entanto, se o egoísmo ainda se oculta na cidadela de nosso espírito, em vão recorreremos ao socorro da virtude, de vez que a sinceridade não nos clareará o caminho. Demonstraremos com robusta argumentação o valor do trabalho como fator de progresso, contudo, se confiamos nossa vida à rebeldia e à ociosidade, nossos apelos redundarão em pura inutilidade, porque a ferrugem de nossa existência contagiará quem nos ouve, gerando perturbação e indisciplina. Somos, assim, em toda parte e em todas as situações defrontados por uma **obra essencial**, a cuja execução não conseguiremos fugir sem dano grave. Essa obra reside no aprimoramento de nossa própria alma. Somos o problema nevrálgico da salvação terrestre. Sem nossa elevação pessoal, o lar que nos abriga é incapaz de soerguer-se. E sem a reabilitação de nosso templo doméstico estará sempre incompleta a recuperação social que pretendemos efetuar com o Cristo. Acordemos, desse modo, para as exigências da vida eterna. Construamos em nós a humildade e o amor, a fé e o serviço! Ao luzeiro do Evangelho a humanidade é a assembleia que nos estuda e examina, esperando-nos o testemunho renovador. Peçamos, pois, ao Cristo, a força preciosa para a superação de nossas próprias fraquezas, na convicção de que, aperfeiçoando com sinceridade a nós mesmos, diante do mundo, Jesus, pela redenção da humanidade, fará brilhantemente o resto.

EMMANUEL

---

Nota do Editor: mensagem psicografada por Chico Xavier no Centro Espírita Luiz Gonzaga, em Pedro Leopoldo | MG.

04/04/1955

# ONTEM, HOJE E AMANHÃ

Não nos esqueçamos de que o passado fala em voz alta no presente. **O hoje é o prosseguimento do ontem, tanto quanto o amanhã será a continuação do nosso hoje**. Por isso mesmo, cada criatura renasce na carne trazendo no patrimônio congenial as características de que se investia nos campos do espírito. Doloroso é o espetáculo dos lares em que a discórdia e a enfermidade constituem o ambiente de todos os dias. Aqui vemos a expiação determinando a idiotia e a loucura, quando não somos surpreendidos por obsessões inquietantes que edificam o inferno a quatro paredes. Entretanto, se já recebeste o conhecimento da justiça imanente da reencarnação, medita, ora, observa e ajuda quantos te cercam a experiência sob o guante da inibição. O parente desatinado e o companheiro ensandecido constituem bagagem de teus próprios compromissos na tarefa redentora. Longe de serem fardos desagradáveis, são ferramentas benditas que te limam a alma e oportunidades preciosas para que as tuas virtudes se manifestem. E se amargos impedimentos te constringem e atormentam o próprio espírito, acalma-te e recebe nos grilhões que te aborrecem e ferem o socorro do Céu a ti mesmo, a fim de que, laborando no próprio reajuste, não retornes amanhã à vida livre com as chagas e viciações que te marcavam ainda ontem. Cada criatura reaparece no berço com os problemas que no passado conduziu para o túmulo e cada templo doméstico se compõe dos elementos que outrora se desmandaram em delituosas ações, a se reunirem para o serviço de recuperação coletiva. Não te detenhas, assim, na expectação ou no desespero à frente dos labirintos que te afligem o coração e te fustigam a casa. Concentra-te no trabalho sadio a bem dos que te acompanham e aceita com humildade os resultados da plantação que te é própria, a fim de que no amanhã inevitável seja a morte em tua vida um degrau para cima, a sublimar-te a cabeça e a clarear-te os pés.

**EMMANUEL**

---

Nota do Editor: mensagem psicografada por Chico Xavier no Centro Espírita Luiz Gonzaga, em Pedro Leopoldo | MG.

08/07/1955

# ANTE A LUZ DO EVANGELHO

Antes de Cristo a humanidade já se debatia nos problemas políticos e sociais de toda espécie, sob o fausto de avançadas experimentações científicas e sob a inovação das mais amplas definições filosóficas. O Egito conhecera várias gerações de guerreiros e sacerdotes em milênios de luta evolutiva, plasmando leis e regimes. Babilônia estudara com acerto as grandes questões econômicas e soubera manter a aglutinação de classes numerosas em torno de objetivos comuns. Esparta confiara-se ao ideal do totalitarismo, eliminando da sua equipe de cidadãos as crianças mal-nascidas para que o mais elevado nível de pureza racial fosse alcançado. Atenas possuíra toda uma plêiade fascinante de sábios diligentes a conduzir-lhe os destinos. E a própria Roma, disciplinando multidões, dominava tribos e povos, subordinando-os ao seu carro de vitória e poder. Todavia, a lei de causa e efeito, ontem como hoje, cumpria-se inexorável. Os ricos, infiéis às virtudes da direção, renasciam no infortúnio dos pobres, na expiação do egoísmo e da usura a que se entregavam desassisados, e, os pobres, infiéis às virtudes da subalternidade, reapareciam sob as douradas algemas dos ricos para compreender-lhes a preocupação e a responsabilidade. Os abusos da inteligência eram, antigamente como agora, curados com a reencarnação inquietante na frustração intelectual e os desmandos do prazer encontravam, no pretérito como no presente, a justa corrigenda na provação e na enfermidade. Cristo, porém, é o sol que trouxe luz às trevas do espírito humano. Na atualidade, como noutro tempo, não basta a cultura da inteligência só por si, embora reconheçamos a importância inestimável da escola. Precisamos, sobretudo, daquela educação renovadora e santificante que somente o Cristianismo puro e sincero pode outorgar, de vez que a compreensão de cada homem resulta na felicidade de todos. Combatamos, assim, as trevas mentais que ainda senhoreiam a Terra para que todos sejamos ricos de amor no aproveitamento da oportunidade de trabalho e redenção que nos é concedida no espaço e no tempo pela Sabedoria Celestial. Ainda hoje nações poderosas e superalfabetizadas patrocinam a guerra que semeia miséria e destruição. Estendamos a instrução e a caridade. Isso é simples dever. Mas **não nos esqueçamos de que não é por falta de recursos materiais que o homem sucumbe às garras da aflição e da morte, mas sim por falta de luz e é para a distribuição dessa luz que o Céu nos convida ao campo sublime do Espiritismo, a fim de que os outros encontrem o sol de Jesus conosco e por nós**.

EMMANUEL

Nota do Editor: mensagem psicografada por Chico Xavier no Centro Espírita Luiz Gonzaga, em Pedro Leopoldo | MG.

27/07/1955

# QUE GUARDAS, IRMÃO, CONTIGO?

G**uarda** o bem e os mensageiros do bem garantirão a paz de teus dias. Guarda fidelidade ao dever e o dever retamente cumprido será tua defesa e refúgio. Guarda o devotamento à elevação espiritual e os luzeiros que brilham nos céus iluminar-te-ão o roteiro para a vitória sublime. Guarda a honestidade com diligência no bem e os cultivadores do pensamento reto preservar-te-ão o equilíbrio e a segurança. Mas se guardas contigo a leviandade, os filhos da insensatez perturbar-te-ão as horas, destruindo-te o tempo. Se guardas contigo a sombra, os gênios da treva flagelarão tua vida. Se guardas desencanto e preguiça, sofrerás a pressão dos demônios da inércia. E se guardas a ambição desmedida, com esquecimento dos interesses e necessidades dos outros, sucumbirás à mão das inteligências sombrias que se bestializaram no vício e na crueldade. *"Onde situares o coração aí conservarás o tesouro de tua alma"*, ensinou o divino Mestre. Assim, pois, onde colocarmos nossos desejos daí retiraremos a força espiritual edificante ou destruidora que nos erguerá, soberana, à glória da vida ou nos arremessará, brutalmente, ao tenebroso vale da morte.

**EMMANUEL**

---

Nota do Editor: mensagem psicografada por Chico Xavier no Centro Espírita Luiz Gonzaga, em Pedro Leopoldo | MG.

# 1957

20/05/1957

# NA OBRA ESPÍRITA

Para que nós, os espíritas, não venhamos a falsear a profecia de que somos portadores, é imprescindível nos atenhamos **à obra de amor e luz que nos cabe na concretização dos princípios do Mestre**, cuja lição levantamos dos velhos sepulcros da letra em que se nos aprisiona a experiência religiosa. Disse-nos o Senhor: *"Não julgueis para que não sejas julgado"*. Isso, decerto, não equivale dizer que é preciso abolir a análise do nosso campo de inteligência, mas sim que toda condenação é vinagre no pão da fraternidade com que pretendemos nutrir a concórdia entre os homens. Asseverou, de outra feita: *"Serás medido com medida idêntica a que aplicares a teu irmão"*. Isso também não indica que devamos marchar indiferentes a confrontações e definições, necessárias à elevação de nível do progresso que nos é próprio, mas sim que usar as armas da ironia ou da violência com que somos defrontados no roteiro comum será o mesmo que atirar petróleo à fogueira, com o propósito de extinguirmos o incêndio da crueldade. Lembremo-nos, pois, na oficina de trabalho a que fomos conduzidos, de que somente amando aos inimigos e ajudando aos que nos perseguem, através do silêncio digno e da oração espontânea, segundo os ensinamentos do divino Orientador que nos propomos seguir, é que realmente seremos fiéis à luz profética com que somos chamados a construir a nova mentalidade cristã para os novos tempos. Conjuguemos, assim, emoções e pensamentos, palavras e atitudes, atos e fatos, num só objetivo: a obra de genuíno esclarecimento das almas, com base em nosso próprio testemunho de serviço e de amor, na certeza de que se a árvore, no quadro da natureza, retira do adubo repelente a seiva fecundante que lhe assegura a frutescência em plenitude de substância e beleza, também nós outros, escravizados ainda em nossas próprias imperfeições, podemos retirar delas os mais santos recursos de aprendizado, aproveitando-os, na consecução da tarefa redentora que nos compete realizar e atingindo, por fim, a verdadeira comunhão com aquele que é para nós todos, na Terra, a luz do caminho, o alimento da verdade e a glória incessante da vida.

**EMMANUEL**

---

Nota do Editor: mensagem psicografada por Chico Xavier no Centro Espírita Luiz Gonzaga, em Pedro Leopoldo | MG.

03/06/1957

# NA PREPARAÇÃO DO REINO DIVINO

**Chamados a substancializar o Evangelho de Jesus no campo da vida humana**, decerto nós outros, os espíritas, encarnados e desencarnados, somos constrangidos a levantar em nós mesmos os alicerces do reino de Deus, adstritos à verdade de que o céu começa no próprio homem. Em razão disso, os velhos processos da construção palavrosa, através dos quais o verbo, muita vez, deve superar o nível do exemplo, não podem constituir padrão às nossas atividades. Também nós possuímos o tesouro do tempo, muito mais expressivo que a riqueza amoedada e, por isso, ao invés de criticar o companheiro que padece a obsessão da autoridade e do ouro será mais justo operar com o nosso próprio trabalho a lição da bondade incessante, sem nos perdermos no vinagre da censura ou no nevoeiro da frase vazia. Nós, igualmente, guardamos conosco os talentos da fé raciocinada, muito mais sólidos que os da crença vazada em cegueira da alma, competindo-nos, desse modo, não a guerra de revide ou condenação aos que não nos esposam os pontos de vista, mas sim a prática da tolerância fraterna e da caridade genuína, pelas quais os nossos companheiros de evolução e de experiência consigam ler a mensagem da Vida Maior, abandonando, naturalmente, as grilhetas da ignorância. Não nos bastará, dessa forma, a confissão labial da fé com o entusiasmo de quem se vê na eminência dos princípios superiores. É necessário saibamos comungar a esperança e o sofrimento, a provação e a dificuldade dos outros, abençoando os irmãos que nos partilham a marcha e ensinando-lhes pela cartilha de nossas próprias ações o caminho renovador, suscetível de oferecer-lhes a paz divina. Sem dúvida, milhões de inteligências agregam-se à ilusão e à crueldade, descerrando aos homens resvaladouros calamitosos, preparando o domínio da morte e fortalecendo o poder das trevas. Todavia, a nós outros se roga o cérebro e o coração para que o Cristo se manifeste em plenitude de sabedoria e de amor, nas vitórias do espírito, por intermédio das quais a humanidade, ainda na sombra, será finalmente investida na posse da eterna luz.

**EMMANUEL**

---

Nota do Editor: mensagem psicografada por Chico Xavier no Centro Espírita Luiz Gonzaga, em Pedro Leopoldo | MG.

02/09/1957

# No campo de luta

Ferir o corpo com a desculpa de conquistar a ascensão da alma é operar o suicídio indireto, pelo qual menosprezamos a Infinita Bondade que no-lo empresta, a fim de que o sol do progresso nos coroe a existência. Atendendo às sugestões dessa ordem, copiaríamos, insensatos, a decisão criminosa do lavrador que destruísse a enxada que o serve na suposição de ajudar o campo, ou o impulso infeliz do operário que desorganizasse as peças do tear que o obedece a pretexto de ser mais útil. A máquina física é o templo sublime em que somos chamados à escola da redenção. Nele possuímos a harpa da vida, em cujas cordas podemos desferir a melodia do trabalho e do sacrifício, da abnegação e do amor, preparando o acesso de nosso espírito à exaltação da imortalidade. Por isso mesmo o cilício mais precioso ao nosso grande futuro será sempre o de nossa renunciação voluntária em benefício da felicidade dos outros, aprendendo a ceder de nossas opiniões ou de nosso conforto em auxílio dos corações que nos partilham a bênção do teto, os quais, muitas vezes em provação mais árdua que a nossa, nos reclamam entendimento e bondade ao preço de nossa dor. Saibamos, assim, sorrir entre lágrimas, fatigar-nos no amparo aos que Deus nos confia, emudecer nossa agressividade, abraçar quem nos fere e apagar nossos próprios sonhos, a fim de que a segurança e a tranquilidade se façam junto de nós naqueles que nos comungam a experiência. Somente assim nossa exaustão corpórea será compreensível e justa, porquanto de nosso cansaço terá nascido a ventura daqueles que atravessam conosco **o vale da sombra terrestre** à procura da luz inextinguível que reina, soberana, na glória espiritual.

EMMANUEL

---

Nota do Editor: mensagem psicografada por Chico Xavier no Centro Espírita Luiz Gonzaga, em Pedro Leopoldo | MG.

# Do tempo | Eternidade

# ADÉLIA

**Filha**, confiemos na proteção do Senhor. O sofrimento é a nossa escola de redenção. Entendemos quanto te dói os ombros o peso da cruz purificadora. Entretanto, meditemos na Divina Misericórdia e prossigamos de coração alçado a Jesus, hoje e sempre.

EMMANUEL

---

Nota do Editor: mensagem dirigida a Adélia Machado de Figueiredo e recebida por Chico Xavier no Centro Espírita Luiz Gonzaga, em Pedro Leopoldo | MG, sem referência de data. A título de informação, o livro *Bastão de Arrimo*, psicografado por Chico Xavier, reúne mensagens de autoria espiritual de William Machado de Figueiredo, filho de Adélia, que partiu para a Espiritualidade aos 18 anos de idade. A obra foi lançada em 1 de dezembro de 1984 e finaliza com mensagem da própria Adélia, através das mãos de seu grande amigo Chico Xavier, em 29 de junho de 1984. *Bastão de Arrimo* foi organizado por Geraldo Lemos Neto, seu sobrinho-neto, e distribuído pela União Espírita Mineira na gestão de D. Neném Aluotto e Sr. Martins Peralva. Tem prefácio datado de 22 de setembro de 1984.

# A O CORAÇÃO MATERNO

Minha irmã, muita paz. Dentro de nossos recursos, buscamos fortalecer-lhe **o coração materno** no desdobramento de suas lutas redentoras no caminho da vida. Jesus nos abençoe, agora e sempre,

EMMANUEL

---

Nota do Editor: mensagem dirigida a Adélia Machado de Figueiredo e recebida por Chico Xavier no Centro Espírita Luiz Gonzaga, em Pedro Leopoldo | MG, sem referência de data.

# A MATERNIDADE

Minha irmã, Jesus nos abençoe. **A maternidade** é uma cruz de espinhos que, muitas vezes, somente produz rosas na vida celeste. Não esmoreça, porém, sob o madeiro da prova. Ofereça, ainda e sempre, aos filhos queridos, entre a energia e a ternura, as bênçãos de seu vigilante amor. Estamos colaborando, como sempre, em favor de sua paz. Confiemos na proteção de Jesus.

EMMANUEL

Nota do Editor: mensagem dirigida a Adélia Machado de Figueiredo e recebida por Chico Xavier no Centro Espírita Luiz Gonzaga, em Pedro Leopoldo | MG, sem referência de data.

# A OBRA DA UNIFICAÇÃO

Irmãos, meus votos de paz e que o Senhor da Seara vos abençoe o pensamento e o coração. **A obra da confraternização espiritista** no Brasil, cuja tarefa no seio dos povos do planeta está nos grandes objetivos da revivescência do Cristianismo, deve constituir assunto de relevância para quantos trazem os seus olhos e os seus esforços voltados para o Alto, de onde vela o nosso divino Mestre pelos destinos do mundo. Enquanto as forças reacionárias se congraçam em largos movimentos, dentro das vibrações densas e antagônicas do reino de César, procurando o amparo transitório da política do mundo, constitui um impositivo sagrado a reunião das forças espirituais no sentido de conduzir o estandarte luminoso de Jesus na ampla movimentação da reforma, a principiar de cada um, no íntimo dos corações. Ninguém pode contestar a excelência da missão do Brasil como pátria do Cristianismo revivido e ao Espiritismo, dentro das suas grandiosas lições de fraternidade e solidariedade, cabe o papel de coordenar todos os elementos, dentro do mecanismo social, projetando as suas claridades em todas as suas instituições. A sua feição religiosa nas plagas do Cruzeiro constitui, irretorquivelmente, o característico essencial daquele Consolador prometido à humanidade pela paz compassiva e misericordiosa de Jesus. Enquanto se multiplicam na Europa os laboratórios e os centros de experimentação, a Doutrina no Brasil satura de fé e de claridade todos os corações, preparando a cultura geral do futuro, escoimando-a de todos os prejuízos seculares, impostos pelos dogmas religiosos e pelos dogmas científicos. Um sopro de verdades consoladoras purifica o ambiente das sacristias e o recinto dos núcleos universitários, organizando-se, automaticamente, o grande cenário da educação do porvir, da época de claridades espirituais, que assinalará a elevação do orbe na categoria dos mundos. Felizes vós, os chamados à grande tarefa, e que saibais guardar no coração o imperativo do dever, preocupando-se com as realidades dos escolhidos. Incontestavelmente, a humanidade há atingido, na atual civilização, um de seus períodos culminantes no que se refere à evolução geral. Nele o materialismo grassa enquanto o homem terrestre estaciona espiritualmente, perplexo e aturdido. É por essa razão que os mais extraordinários benefícios da civilização, nos tempos modernos, são canalizados para a destruição. O homem espiritual, estacionário e refratário na senda evolutiva, transformou o homem material, cheio de cientificismo, numa criança inconsciente. Todavia, não duvidemos. O Espiritismo, conduzindo os homens à mais ampla fraternidade, operando indiretamente o sincretismo religioso no quadro dos conhecimentos humanos, já tem feito uma grande diferença em seu meio século de existência organizada no planeta. As vozes do céu, as revelações do túmulo têm consolado e esclarecido a muitas almas. Uma avalanche de conhecimentos novos orientou novamente a doutrinação da cátedra e dos altares, e a verdade vai libertando uma aluvião de espíritos, livrando-os do aguilhão da ignorância. Um novo organismo de leis, baseado na solidariedade e na justiça econômica, se processa nas profundezas da mentalidade humana. O parto dessas realizações é doloroso. O homem será chamado às mais pesadas contribuições de sofrimento e de sangue. As sombras tentarão as suas derradeiras arremetidas sob a luz, mas a verdade se erguerá muito alto, santificando o esforço penoso das gerações. O Espiritismo, pois, meus amigos, já fez derribar preconceitos seculares, encaminhando os homens para as mais sublimes realidades da vida. O mundo atual, embora encarcerado no antagonismo das vibrações as mais contrárias, espera alguma coisa. Todos os corações se inclinam para a revelação de uma outra vida melhor. Os interesses inferiores se congregam para as últimas batalhas. As doutrinas do isolamento conduzirão o homem do século XX às horas mais terríveis no capítulo das guerras inevitáveis, mas o coração humano sente, em si mesmo, a promessa de Jesus, que se fará cumprir integralmente, preconizando a humanidade do futuro com suas novas concepções de fraternidade e de justiça no "*Amai-vos uns aos outros como eu vos amei*"!

**EMMANUEL**

---

Nota do Editor: mensagem recebida por Chico Xavier no Centro Espírita Luiz Gonzaga, em Pedro Leopoldo | MG, sem referência de data.

# A TAREFA DA DOUTRINA

Na inquietação dos tempos que correm, os próprios espíritos, cuja elevada missão devia ser levada a efeito dentro da maior simplicidade, sofrem a influência dos fortes antagonismos da atualidade do mundo. A falsa acusação de que os seus núcleos se constituam em redutos de conspiração contra a ordem social veio encarecer aos olhos de todos a necessidade de sentimentos cristãos no setor da serenidade e da temperança, dentro dos quais possam manter os compromissos em que se acham empenhados. **O Espiritismo vem justamente coordenar os elementos dispersos pela desorganização das ciências sociais, conduzindo as criaturas em suas atividades para o equilíbrio e para a ordem**. Nenhuma doutrina oferece dados mais exatos para a construção da harmonia social que aquela formada dos seus ensinamentos consoladores. Dentro das suas atividades, conhece cada um o absurdo das teorias igualitárias absolutas, considerada, no seu justo sentido, a necessidade do esforço individual para a catalogação dos valores de cada personalidade, no instituto das provas purificadoras. A própria reencarnação, com as suas confortadoras verdades, demonstra o impositivo da igualdade irrestrita no plano das aquisições de cada um na edificação de si mesmo. Solidariedade e tolerância, a caminho da paz e da fraternidade universais, não constituem elementos de subversão ou de desordem, mesmo porque somente no Cristianismo Redivivo, tal qual no-lo apresenta o Espiritismo, em sua feição pura e simples, pode orientar as novas filosofias sociais dentro das organizações coletivas que hoje sofrem as mais amplas renovações, filhas das intenções generosas e puras, conhecendo, desse modo, a necessidade de caminharmos, assim mesmo, vagarosamente, para a uniformidade das interpretações, na observância d'Aquele que é a luz da humanidade. Requisitar o apoio da justiça do mundo para a garantia da verdade? Bem reconhecemos quão precária é essa mesma justiça da Terra. Mirem-se, os espiritistas, em Jesus. A grandeza do Mestre na condenação do pretório e nas humilhações do Calvário não reside tão-somente na fortaleza da divina Vítima. Reside muito mais na sua humildade que, confiando no Pai celestial, prescindiu de todo o socorro das organizações meramente humanas dos aparelhos estatais. Entretanto, examinado o problema, é justo que os espiritistas, gratuitamente acusados, venham a campo, na estrada das reivindicações? Sob o ponto de vista humano, nas expressões sociais e políticas do mundo, semelhante iniciativa estaria certa, mas sob o ponto de vista espiritual consideramos que os cristãos sinceros não podem esperar a compreensão das horas que passam. Entreguem-se ao Senhor de todos os tempos, purificando-lhes os ambientes, sem permitir que os corações se contaminem ao toque das organizações e concepções viciosas da atualidade. Não é lícito que a verdade peça socorro às convenções transitórias. De posse dela, a criatura sabe sofrer, aprender, consolar e esperar. Com ela guardamos uma concepção mais justa, com respeito aos dois infinitos que constituem o espaço e o tempo. A principal função do Espiritismo está adstrita à grande obra de educação e de consolação no plano da reforma de cada qual com o divino Modelo. Atravessa o orbe os períodos mais dolorosos e mais críticos. Organizam-se os estados mais fortes. A sua missão e o seu primeiro objetivo é a transformação de todas as coisas e de todos os indivíduos para o bem e temos, todavia, de reconhecer que dentro da feição liberal da sua doutrina pode parecer que os seus prosélitos experimentam uma certa hipertrofia da liberdade, mas como não ser assim se essa mesma doutrina é a liberdade ampla na busca do conhecimento superior? Daí o reconhecimento, igualmente, que dentro dela há lugar para todas as vozes e para todas as opiniões, desde que, muito embora respeitando a justiça dos homens, sigam a Jesus que, na epopeia gloriosa dos seus sofrimentos, poderia ter solicitado a garantia dos direitos humanos, provocando a organização de um processo, onde fosse especificada a procedência da calúnia que o conduziu aos julgamentos cegos da justiça do mundo. Entretanto, os seus lábios estiveram mudos. E foi nessa certeza de que a Justiça em si mesma não se encontrava na Terra, no desprendimento das glórias humanas no reino da iniquidade, na renúncia de tudo, que residiu a luz misteriosa e infinita que iluminou o Calvário, atravessando os séculos até os nossos dias.

**EMMANUEL**

---

Nota do Editor: mensagem recebida por Chico Xavier no Centro Espírita Luiz Gonzaga, em Pedro Leopoldo | MG, sem referência de data.

# À WANDA DE FIGUEIREDO NORONHA

Nossa **irmãzinha** doente permanece, nesta hora, sob a assistência de nosso companheiro Bezerra de Menezes. Jesus nos ampare e abençoe,

EMMANUEL

---

Nota do Editor: mensagem dirigida à filha de Adélia Machado de Figueiredo, Wanda de Figueiredo Noronha, que se encontrava gravemente enferma. Psicografia de Chico Xavier no Centro Espírita Luiz Gonzaga, em Pedro Leopoldo | MG, sem referência de data.

# NADA TE FALTARÁ

Minha irmã, Deus te conceda muita paz ao coração, multiplicando-te as energias para a luta diária. Não te desanimes quando as tarefas se encontrem em processo de execução. Consolem-te o pensamento puro e as intenções generosas que te vibram incessantemente no espírito, e não permitas que a tormenta te aniquile as forças necessárias. As dores ainda são o caminho santo, de que não nos será possível desviar os pés nos resgates indispensáveis. Ontem era a despreocupação pelas estradas retas, amontoando-se espinhos e detritos atrás de teus passos. Hoje o esforço incessante por retificar e clarear as sendas para a iluminação. A luta tem sido árdua para tua alma sensível, porém a sua extensão representa a intensidade de teus serviços por renovar os caminhos para Deus. Confia em Jesus e continua exemplificando. Recebe o sofrimento como o artista guarda o bloco de pedra bruta com o objetivo de transformá-lo em estátua divina. Não tentes a isenção da dor quando necessitas ainda do seu concurso. Todas as tempestades passarão e no fundo de toda atividade ficará um ensinamento divino para a tua vida eterna. A luta doméstica é um cadinho doloroso para o teu coração, mas entrega-te a ela, convicta na proteção divina. De nós nada temos, porém o Pai tem tudo a nos dar e multiplicará todas as dádivas, desde que saibamos valorizar os patrimônios de Suas mãos divinas. Ainda que esse patrimônio seja de obstáculos e de dor, ele é santo, porque simboliza as nossas necessidades e sabemos que toda amargura é passageira. Amigos abnegados do plano espiritual te estendem as mãos carinhosas e puras, e é pela ternura desses benfeitores que, muitas vezes, tens resistido quando todos os elementos te induziam ao fracasso. Anima-te, confia em sua ação generosa e segue sempre. Faze o possível por retirar tua mente do complexo das dificuldades. Exercita-te quanto puderes na tarefa de canalizar todos os pensamentos na perfeita confiança em Cristo e, junto da resignação que tão bem vens aprendendo na vida terrena, **nada te faltará**. Em tuas ansiedades íntimas, fixa-te em Deus e um dia a cruz tão pesada se transformará nos teus ombros em asas de luz para a eternidade. Que Deus te ilumine sempre e te abençoe, são os votos sinceros do servo e irmão humilde,

EMMANUEL

---

Nota do Editor: mensagem dirigida a Adélia Machado de Figueiredo e recebida por Chico Xavier no Centro Espírita Luiz Gonzaga, em Pedro Leopoldo | MG, sem referência de data.

# NAS OBRAS DA ASSISTÊNCIA SOCIAL

Não esperes ocasião favorável para a resposta aos **apelos do bem**. Todo dia é tempo de semear. Quantos se prendem à teia escura da desconfiança e do medo, perdendo as mais belas oportunidades de elevação! Se já pudeste aprender que a humanidade é nossa família, levanta no centro da própria alma o primeiro santuário de teu ideal, erguido à extensão do reino do amor. Oferece em teu mundo íntimo um companheiro aos deserdados, um amigo aos oprimidos, um pai aos órfãos, um irmão aos sofredores. Não exijas do destino uma fortuna amoedada para que te convertas em trabalhador da grande renovação. O ouro, sem caridade que o dirija, é moldura da avareza e do sofrimento. A boa vontade ignora o livro de cheques. A sinceridade não é artigo de oferta e procura. A paz não se acumula nos bancos. Não olvides que o trabalho é o único processo de aumentar a riqueza e nem te esqueças de que o serviço é o único recurso de capitalizar a simpatia e a cooperação. Se abraçaste o Evangelho, recorda que o nome de Jesus está empenhado em nossas mãos. E com o Mestre da Cruz toda a visão do caminho se modifica. Onde a ignorância espalhou males incontáveis observarás o teu campo de ação e onde a miséria plantou espinheiros e lágrimas encontrarás o teu ensejo sublime de ajudar, valorosamente. Com Cristo, a expectação não encontra lugar. Junto dele, toda dúvida é perda de tempo. À frente do Senhor, toda queixa é descabida. No Evangelho, não existem "terras de ninguém". Nele só uma recomendação prevalece: amar sempre, aprender sem repouso e servir sem distinção. Quando uma centésima parte do Cristianismo de "nossos lábios" conseguir expressar-se em nossos atos de cada dia, a Terra será plenamente libertada de todo mal. Em razão disso, traze tu mesmo à edificação da bondade e da luz! Não somente a tua palavra e a tua bolsa, mas, acima de tudo, a tua fé e o teu coração. Lembra-te de que a redenção do mundo principiou não na queda do orgulho político e racial do Império Romano, mas no amor, na humildade, no serviço e na coragem de Jesus, o nosso divino Mestre e Senhor. Traze tua alma às tarefas do bem e estará fazendo o melhor. Não te encarceres nas impressões do ontem e nem te amedrontes à frente do amanhã. Hoje é o nosso dia de começar.

**EMMANUEL**

---

Nota da Editora: mensagem psicografada por Chico Xavier no Centro Espírita Luiz Gonzaga, em Pedro Leopoldo | MG, constante do livreto *Vem e ajuda*, com poemas de Auta de Souza | s.l. : s.n.| |19--|.

# O TRABALHO SALUTAR DA ILUMINAÇÃO

Irmã Adélia, que o divino Mestre te abençoe o coração e te fortaleça o espírito sensível no campo de lutas purificadoras. Recebemos teu apelo e rogamos ao Senhor da Vida te conceda **o trabalho salutar da iluminação**, dentro do núcleo doutrinário em que te encontras. Não aguardes, minha amiga, o salário do entendimento imediato. É necessário, porém, servir à causa do bem e da verdade com espírito de renúncia, sem cogitarmos dos resultados, que pertencem ao divino Semeador. Nossa escola de vida eterna, aliás, é rica de ensinamentos sobre a glória do sacrifício e esperamos que tua alma dedicada à Doutrina continue na colaboração eficiente e valiosa junto dos companheiros. A consciência do dever bem cumprido é uma compensação das mais sublimes por representar legítima claridade a iluminar-nos a senda muito além das estradas obscuras do mundo. Seja-te essa compensação sagrado tesouro do espírito devotado ao bem. Chegará o dia da compreensão grande e sublime, vitoriosa e ilimitada. Até lá, porém, neguemos a nós mesmos, tomemos a cruz e sigamos. Que os homens se desentendam e se desarmonizem não constitui objetivo de nossa atenção fundamental. O Mestre divino espera-nos. Eis aí, minha amiga, o porto de luz de nossa esperança para o qual devemos navegar sempre resolutos em nossa fé. Que Jesus te ilumine e abençoe, agora e sempre, é o voto de nossos corações que te desejam muita paz.

EMMANUEL

---

Nota do Editor: mensagem dirigida a Adélia Machado de Figueiredo e recebida por Chico Xavier no Centro Espírita Luiz Gonzaga, em Pedro Leopoldo | MG, sem referência de data.

# PARA A FRATERNIDADE

A disparidade flagrante entre a evolução do homem físico e do homem espiritual é a causa profunda de todas as angústias contemporâneas. O progresso científico e industrial dos tempos modernos não encontra o necessário clima moral dentro das atividades humanas para afirmar os seus benefícios. A eletricidade, o avião e a radiotelegrafia eliminaram o sentido da distância, aproximando a família terrestre. As facilidades de transporte e de transmissão do pensamento apagaram as fronteiras e como essas reformas singulares não encontram as legítimas expressões das conquistas morais, contemplamos a arregimentação de todas as forças conservadoras receosas de surpresas inesperadas no caminho das modificações e experiências perigosas. As próprias democracias mais avançadas se organizam, tornando-se arbitrárias, centralizando as fontes de poder. O mundo, dia a dia, com as comodidades da civilização, torna-se cada vez menor e os chefes de governo são verdadeiros chefes de família, embora cada nacionalidade se constitua de milhões de almas, atendendo-se à nova ideologia dos estados. A realidade, porém, é que as leis e sistemas sociais terão que acompanhar o progresso material de todos os povos. Longe de qualquer regime feudalista, o homem seguirá o curso evolutivo de suas conquistas na Terra, caminhando para a perfeita solidariedade. Não é nosso propósito, em falando de fraternidade, fazer a apologia das teorias igualitárias absolutas. Toda igualdade, como toda verdade, tem de se condicionar ao conceito relativo dos valores de cada personalidade, no quadro de suas aquisições próprias dentro das lutas purificadoras. Só a obra cristã nos pode interessar no amplo movimento de educação das almas e o Evangelho de Jesus não preconiza que os ricos do mundo se façam pobres e sim que todos os homens se façam ricos de conhecimento, porque somente nas aquisições de ordem moral descansa a verdadeira fortuna. As nossas afirmativas vêm de salientar a amarga situação do mundo, que não se preparou devidamente para tão agigantadas expressões de progresso material. Todo o planeta se organiza. Há uma série de tendências de regresso aos processos da força, mas os discípulos do divino Mestre devem considerar que só a ele está afeta a direção do mundo. **As expressões evolutivas do mundo atual reclamam das nações fortes laços fraternos e é para a solidariedade universal que a humanidade de hoje caminha com todas as suas lutas e com todos os seus sacrifícios.**

EMMANUEL

---

Nota do Editor: mensagem recebida por Chico Xavier no Centro Espírita Luiz Gonzaga, em Pedro Leopoldo | MG, sem referência de data.

# Um caso de xenoglossia invertida

*My dear friend, in the english language the Francis is not good disciple. Good bye.*

**EMMANUEL**

Nota da Editora: a mensagem acima é um caso de Xenoglossia. Originalmente invertida, pode ser lida com o concurso de um espelho. Expressão constante do *Dicionário de Filosofia Espírita*, de L. Palhano Jr., à página 307: *"(...) do grego xeno = estrangeiro; glossa = língua. Segundo Charles Richet, (Metapsíquica), é o uso de uma língua - escrita ou falada -, que se não aprende e que se não conhece em condições normais. O médium, influenciado por um espírito, fala uma língua estrangeira que lhe é, por inteiro, desconhecida. (...)."* XENOGLOSSIA. In: PALHANO, Jr. L. *Dicionário de filosofia espírita*. 3. ed. Rio de Janeiro: Edições Léon Denis, 2004. p. 307.

# BIBLIOGRAFIA INDICADA


AMORIM, Wanda Joviano (Org.); XAVIER, Francisco Cândido. *Sementeira de luz*. Ditado pelo espírito de Neio Lúcio. 3. ed. Belo Horizonte: Vinha de Luz, 2008.

ARANTES, Hércio Marcos Cintra (Org.). *Notáveis reportagens com Chico Xavier*. São Paulo: IDE, 2002.

BÍBLIA SAGRADA. A. T. *Eclesiástico*. Porto: Tipografia Porto Médico, 1930.

CHAVES, Camilo. *Semírames:* rainha da Assíria, de Babilônia e do Súmer. 4. ed. São Paulo: LAKE, 1995.

LÚCIO, Vera. *No roteiro do Evangelho*. Ditado pelo espírito de Ottília. São Paulo: IDE, 1989.

NETO, Geraldo Lemos. *Ignácio de Antioquia*. Ditado pelo espírito de Theophorus. 2. ed. Belo Horizonte: Vinha de Luz, 2009.

NETO, Geraldo Lemos. *Chico Xavier*: mandato de amor. Belo Horizonte. 4. ed. Belo Horizonte: UEM, 1997.

NOBRE, Marlene Rossi Severino. *Lições de sabedoria:* Chico Xavier nos 23 anos da Folha Espírita. São Paulo: Folha Espírita, 1997.

PALHANO, Jr. L. *Dicionário de filosofia espírita*. Rio de Janeiro: Edições Léon Denis, 2004.

PAULA, João Teixeira de. *Dicionário de Parapsicologia, Metapsíquica e Espiritismo*. São Paulo: Empresa Gráfica da Revista dos Tribunais, 1970.

RAMACCIOTTI, Caio (Org.); XAVIER, Francisco Cândido. *Mensagens de Inês de Castro*. Ditado pelo espírito de Inês de Castro. 17. ed. São Paulo: GEEM, 2010.

RODRIGUES, Wallace Leal V. *A esquina de pedra*. 9. ed. São Paulo: O Clarim, 2003.

ROSTOVTZEFF, M. *História de Roma*. 5. ed. Rio de Janeiro: Guanabara Koogan, 1983.

TAVARES, Clóvis. *Amor e sabedoria de Emmanuel*. 10. ed. São Paulo: IDE, 1996.

XAVIER, Francisco Cândido. *Agenda cristã*. Ditado pelo espírito de André Luiz. Rio de Janeiro: Federação Espírita Brasileira, 1948.

XAVIER, Francisco Cândido. *Ave, Cristo!*. Ditado pelo espírito de Emmanuel. Rio de Janeiro: Federação Espírita Brasileira, 1953.

XAVIER, Francisco Cândido. *Alvorada cristã*. Ditado pelo espírito de Neio Lúcio. Rio de Janeiro: Federação Espírita Brasileira, 1948.

XAVIER, Francisco Cândido. *A terra e o semeador*. Ditado pelo espírito de Emmanuel. São Paulo: IDE, 1975.

XAVIER, Francisco Cândido. *Bastão de arrimo*. Ditado pelo espírito de William Machado de Figueiredo. Belo Horizonte: União Espírita Mineira, 1984.

XAVIER, Francisco Cândido. *Caminho, verdade e vida*. Ditado pelo espírito de Emmanuel. Rio de Janeiro: Federação Espírita Brasileira, 1949.

XAVIER, Francisco Cândido. *Coletânea do além*. Ditado por espíritos diversos. 2. ed. São Paulo: Feesp, 1943.

XAVIER, Francisco Cândido. *Entrevistas*. Ditado pelo espírito de Emmanuel. São Paulo: IDE, 1971.

XAVIER, Francisco Cândido. *Há 2000 anos...* . Ditado pelo espírito de Emmanuel. Rio de Janeiro: Federação Espírita Brasileira, 1939.

XAVIER, Francisco Cândido. *Jesus no lar*. Ditado pelo espírito de Neio Lúcio. Rio de Janeiro: Federação Espírita Brasileira, 1950.

XAVIER, Francisco Cândido. *Lázaro redivivo*. Ditado pelo espírito de Irmão X. Rio de Janeiro: Federação Espírita Brasileira, 1946.

XAVIER, Francisco Cândido. *Libertação*. Ditado pelo espírito de André Luiz. Rio de Janeiro: Federação Espírita Brasileira, 1949.

XAVIER, Francisco Cândido. *Luz acima*. Ditado pelo espírito de Irmão X. Rio de Janeiro: Federação Espírita Brasileira, 1948.

XAVIER, Francisco Cândido. *Missionários da luz*. Ditado pelo espírito de André Luiz. Rio de Janeiro: Federação Espírita Brasileira, 1945.

XAVIER, Francisco Cândido. *No mundo maior*. Ditado pelo espírito de André Luiz. Rio de Janeiro: Federação Espírita Brasileira, 1947.

XAVIER, Francisco Cândido. *Nosso lar*. Ditado pelo espírito de André Luiz. Rio de Janeiro: Federação Espírita Brasileira, 1944.

XAVIER, Francisco Cândido. *Nosso livro*. Ditado por espíritos diversos. São Paulo: LAKE, 1950.

XAVIER, Francisco Cândido. *Obreiros da vida eterna*. Ditado pelo espírito de André Luiz. Rio de Janeiro: Federação Espírita Brasileira, 1946.

XAVIER, Francisco Cândido. *O consolador*. Ditado pelo espírito de Emmanuel. Rio de Janeiro: Federação Espírita Brasileira, 1941.

XAVIER, Francisco Cândido. *Os mensageiros*. Ditado pelo espírito de André Luiz. Rio de Janeiro: Federação Espírita Brasileira, 1943.

XAVIER, Francisco Cândido. *Parnaso de além-túmulo*. Ditado por espíritos diversos. Rio de Janeiro: Federação Espírita Brasileira, 1932.

XAVIER, Francisco Cândido. *Paulo e Estêvão*. Ditado pelo espírito de Emmanuel. Rio de Janeiro: Federação Espírita Brasileira, 1941.

XAVIER, Francisco Cândido. *Pontos e contos*. Ditado pelo espírito de Irmão X. Rio de Janeiro: Federação Espírita Brasileira, 1951.

XAVIER, Francisco Cândido. *Renúncia*. Ditado pelo espírito de Emmanuel. Rio de Janeiro: Federação Espírita Brasileira, 1944.

XAVIER, Francisco Cândido. *Reportagens de além-túmulo*. Ditado pelo espírito de Humberto de Campos. Rio de Janeiro: Federação Espírita Brasileira, 1945.

XAVIER, Francisco Cândido. *Vem e ajuda*. Ditado pelo espírito de Auta de Souza. |s.l. : s.n.|, |19--|.

XAVIER, Francisco Cândido. *Voltei*. Ditado pelo espírito de Irmão Jacob. Rio de Janeiro: Federação Espírita Brasileira, 1949.

XAVIER, Francisco Cândido. *50 anos depois*. Ditado pelo espírito de Emmanuel. Rio de Janeiro: Federação Espírita Brasileira, 1940.

# ANEXO A

# *Na tarefa mediúnica*

Pergunta: Chico, em seu primeiro encontro com Emmanuel, ele enfatizou muito a disciplina. Teria falado algo mais?

Resposta: *"Depois de haver salientado a disciplina como elemento indispensável a uma boa tarefa mediúnica, ele me disse:* "Temos algo a realizar." *Repliquei de minha parte qual seria esse algo e o benfeitor esclareceu:* "Trinta livros para começar!" *Considerei, então: como avaliar essa informação se somos uma família sem maiores recursos, além do nosso próprio trabalho diário, e a publicação de um livro demanda tanto dinheiro!... Já que meu pai lidava com bilhetes de loteria, eu acrescentei: "Será que meu pai vai tirar a sorte grande?" Emmanuel respondeu:* "Nada, nada disso. A maior sorte grande é a do trabalho com a fé viva na providência de Deus. Os livros chegarão através de caminhos inesperados!" *Algum tempo depois, enviando as poesias de* Parnaso de Além-túmulo *para um dos diretores da Federação Espírita Brasileira, tive a grata surpresa de ver o livro aceito e publicado em 1932. A esse livro seguiram-se outros e em 1947 atingimos a marca de 30 livros. Ficamos muito contentes e perguntei ao amigo espiritual se a tarefa estava terminada. Ele, então, considerou, sorrindo:* "Agora começaremos uma nova série de trinta volumes." *Em 1958, indaguei-lhe novamente se o trabalho finalizara. Os 60 livros estavam publicados e eu me encontrava quase de mudança para a cidade de Uberaba, onde cheguei a 5 de janeiro de 1959. O grande benfeitor explicou-me, com paciência:* "Você perguntou, em Pedro Leopoldo, se a nossa tarefa estava completa e quero informar a você que os mentores da Vida Maior, perante os quais devo também estar disciplinado, me advertiram que nos cabe chegar ao limite de 100 livros." *Fiquei muito admirado e as tarefas prosseguiram. Quando alcançamos o número de 100 volumes publicados, voltei a consultá-lo sobre o termo de nossos compromissos. Ele esclareceu, com boa vontade:* "Você não deve pensar em agir e trabalhar com tanta pressa. Agora estou na obrigação de dizer a você que os mentores da Vida Superior, que nos orientam, expediram certa instrução que determina seja a sua atual reencarnação desapropriada, em benefício da divulgação dos princípios espíritas-cristãos, permanecendo a sua existência, do ponto de vista físico, à disposição das entidades espirituais que possam colaborar na execução das mensagens e livros, enquanto o seu corpo se mostre apto para as nossas atividades." *Muito desapontado, perguntei: "Então devo trabalhar na recepção de mensagens e livros do mundo espiritual até o fim da minha vida atual?" Emmanuel acentuou:* "Sim, não temos outra alternativa!" *Naturalmente, impressionado com o que ele dizia, voltei a interrogar: "E se eu não quiser, já que a Doutrina Espírita ensina que somos portadores do livre-arbítrio para decidir sobre os nossos próprios caminhos?" Emmanuel, então, deu um sorriso de benevolência paternal e me cientificou:* "A instrução a que me refiro é semelhante a um decreto de desapropriação, quando lançado por autoridade da Terra. Se você recusar o serviço a que me reporto, segundo creio os orientadores dessa obra de nos dedicarmos ao Cristianismo Redivivo, de certo que eles terão autoridade bastante para retirar você de seu atual corpo físico!" *Quando eu ouvi sua declaração, silenciei para pensar na gravidade do assunto, e continuo trabalhando, sem a menor expectativa de interromper ou dificultar o que passei a chamar de 'desígnios de Cima'."*

*Chico Xavier*

Em entrevista concedida a Geraldo Lemos Neto,
em Uberaba | MG, em 17 de julho de 1988.

---

Nota da Editora: transcrito do livro *Chico Xavier - Mandato de Amor*, páginas 259-260, UEM, 4. ed., 1997.

# ANEXO B

# *Prefácio espiritual na letra de Chico Xavier*

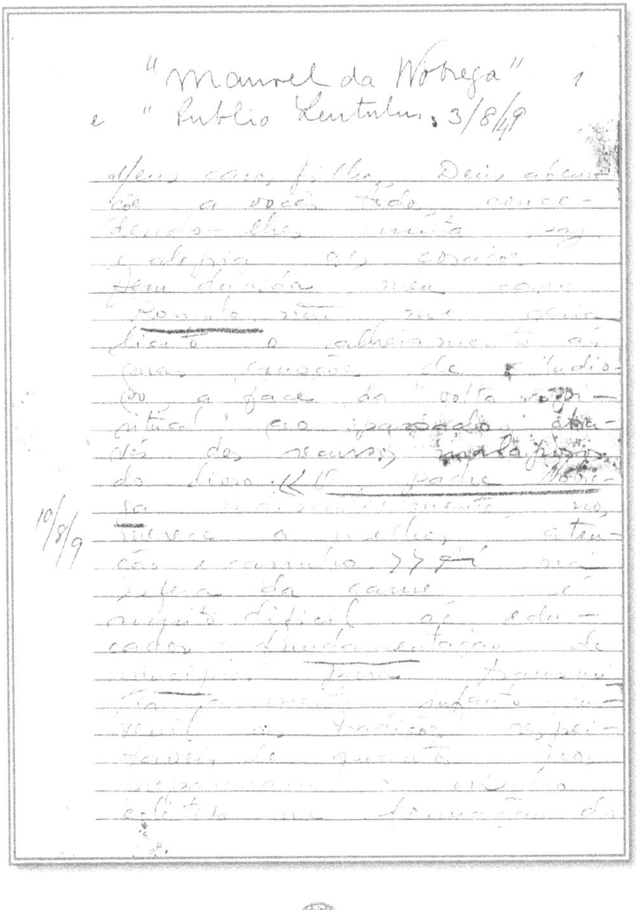

"Manoel da Nóbrega" 1
e "Publio Lentulus" 3/8/49

Meus caros filhos, Deus abençoe a vocês todos, concedendo-lhes muita paz e alegria aos corações.

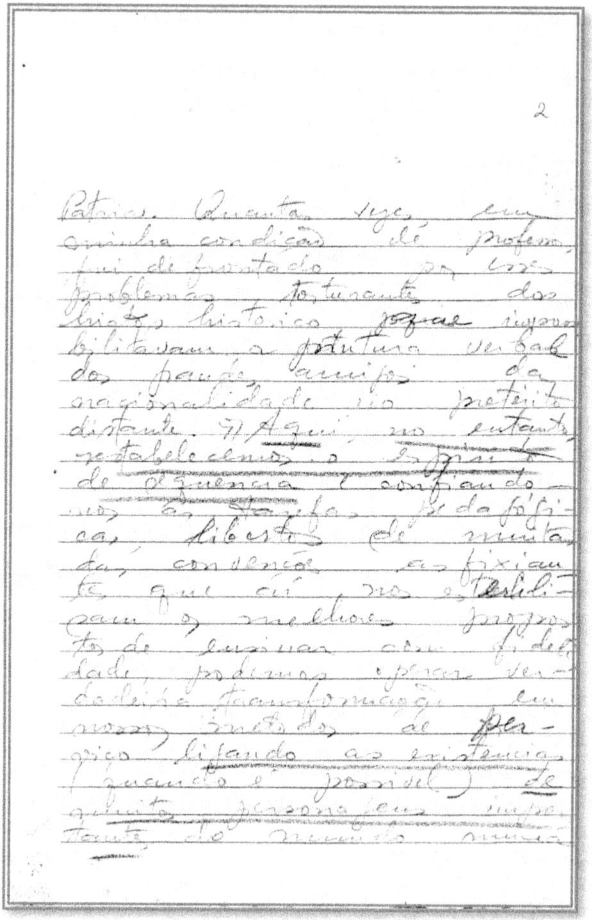

2

Pátria. Quantas vezes, em
minha condição de professor,
fui defrontado por esses
problemas torturantes dos
livros históricos porque impossibilitavam a postura verbal
dos grandes amigos da
nacionalidade no pretérito
distante. Aqui, no entanto,
restabelecemos o espírito
de querência e confiando-
-nos às tarefas da físi-
ca, libertos de muitas
das convenções asfixian-
tes que aí nos esterili-
zam os melhores propósi-
tos de ensinar com fidelidade, podemos operar ver-
dadeira transformação em
nossos métodos de pes-
quisa, ligando as existências
(quando é possível) de
muitas personagens impor-
tantes do mundo

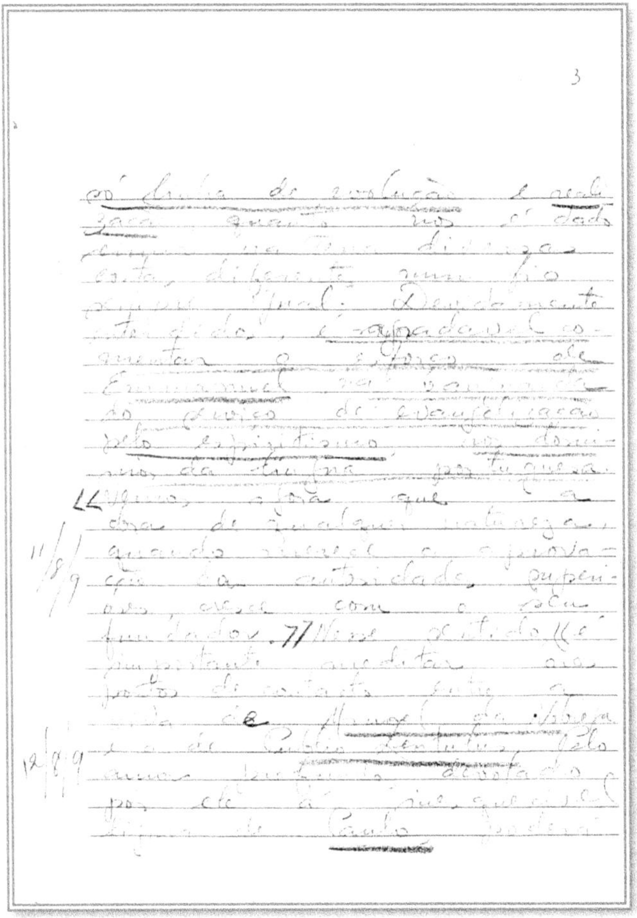

3

ao linha de evolução e realização quando nos é dado
[illegible] na Terra [illegible]
esta, diferente, uma fio
por um qual. Devidamente
entendido, é agradável comentar o esforço de
Emmanuel na [illegible]
do serviço de evangelização
pelo espiritismo, nos domínios da língua portuguesa.
«Vemos, agora, que a
obra de qualquer natureza,
11/8/9 quando [illegible] a aprovação da autoridade superi-
or, cresce com o seu
fundador.» Nesse sentido, é
importante acreditar nos
pontos de contato entre a
vida de Manoel da Nóbrega
e a de Públio Lentulus. Pelo
12/8/9 menos [illegible] revelado
por ele à [illegible]
[illegible] de Paulo [illegible]

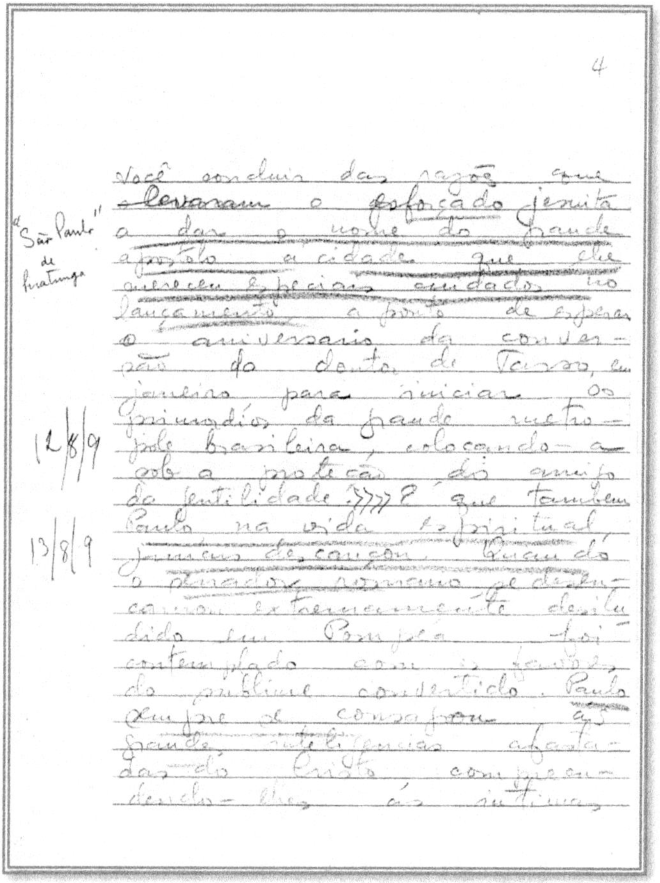

4

"São Paulo" de Piratininga

Você conclui das razões que levaram o esforçado jesuíta a dar o nome do grande apóstolo à cidade que ele mereceu especiais cuidados no lançamento a ponto de esperar o aniversário da conversão do doutor de Tarso, em janeiro para iniciar os primórdios da grande metrópole brasileira, colocando-a

12/8/9

sob a proteção do amigo da gentilidade ???? é que também Paulo na vida espiritual,

13/8/9

[illegible]. Quando o senador romano se desencantou extremamente desiludido em Pompeia foi contemplado com os favores do sublime convertido. Paulo sempre se consagrou às grandes inteligências afastadas do Cristo compreendendo-lhes às íntimas

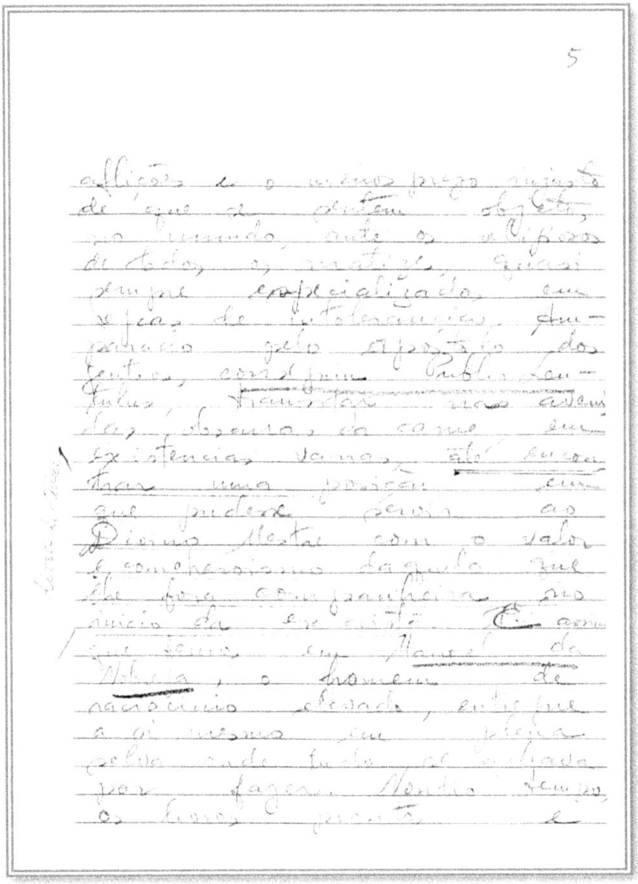

5

afflicções e o menos prezo injusto de que se sentem objeto no mundo, ante os religiosos de todos os matizes, quasi sempre especializados em seitas de intolerancias. Amparado pelo apostolo dos gentios, como fora Publio Lentulus, transitar nas avenidas obscuras da carne em existencias varias, até encontrar uma posição em que pudesse servir ao Divino Mestre com o valor e companheirismo daquele que lhe fora companheiro no inicio da era cristã. E como que seria eu Manoel da Nobrega, o homem de raciocinio elevado, entregue a si mesmo em plena selva onde tudo se achava por fazer. Naquele tempo, os livros prontos e

6

as tribunas construídas, os direitos de família preestabelecidos e o dinheiro fácil, a sociedade constituída é o pedestal do poder para brilhar. Aqui porém era-lhe a improvisação necessária e o deserto, as inibições do corpo deficiente que lhe apagavam a voz de tribuno e a insolência dos selvagens secundando as feras do circo, à frente das quais devia imolar-se, consumindo as próprias forças para dar-lhes uma vida nova. Surgiam ainda à desvanidade e o crime, a ignorância e a audácia, os perigos e ameaças mil que o fácil político transformado em missionário deveria vencer, exibindo não mais a força do poder

7

e as armas dos seus prezados pessoais, e assim o
sinal da cruz, sem mais
ninguém que não fosse a
sua pertinácia nos compromissos assumidos. Entretanto,
superou os óbices de toda
espécie. Lutou, sofreu e
venceu, não para si pró-
prio, mas para nós e por nós,
plantando adentro, nascente fundo
com os poderes da idéia
cristianizada um povo
diferente e um novo
mundo dentro do mun-
do. 77

Você tem razão, [illegible]
[illegible] o contato
revelador. Não é por acaso
que isto acontece. Vem trabalhando [illegible]
só na continuidade dos
serviços. Nóbrega podia ter
sido isolado [illegible]

8

tempo, contudo, desde cedo apegaram-se a êle multidões de amigos, exaustos de mando, de poder e dominação e a teia dos destinos vai convertendo em trabalho para a coletividade tudo o que era cristalização do "eu", em luz quanto era sombra, em libertação espiritual o que era cárcere físico. Da rocha emerge o diamante no curso dos milênios. Também a luz divina florirá de nós outros um dia quando a escória estiver abandonada no carvão que servirá de berço a outros diamantes, no curso longo e paciente das eras.

"O serviço do nosso amigo está longe de sua

9

tar. "É preciso criar espírito para o Gigante – costumava dizer. O Gigante é a Terra bem que hoje nós habitamos e o espírito é a luz com que devemos continuar erguendo os padrões de fraternidade mais alta e de mais avanço do serviço com Jesus no Brasil todo."

Prossigamos marchando à frente... Anos e dias correrão. Estaríamos certos da brevidade de tudo o que se movimenta sobre a Terra para aprendermos com a fraternidade e paciência. Para construir é preciso lutar. E para colher é indispensável haver semeado. O nosso [illegible] é

10

de opinião que você use
Lo Lachesis e o Staphysagria
por uma semana. É uma
boa providência medicamen-
tosa para a sua
máquina orgânica.
Boa noite para você
com o meu voto de
muita tranquilidade
para todos. Com um forte
abraço de carinho e saudade
com o papai, o muito
amigo e reconhecido
de sempre.

[illegible]

# LEIA TAMBÉM

# LEIA TAMBÉM

## RÉSTIA DE LUZ

Primeiro livro editado pela Vinha de Luz Editora, lançado por ocasião do bicentenário de Allan Kardec (1804|2004) e dos 140 anos da primeira edição de *O Evangelho Segundo o Espiritismo* (1864|2004). Traz mensagens recebidas de espíritos diversos, psicografadas pelo médium Geraldo Lemos Neto, que interpretam as lições de *O Evangelho Segundo o Espiritismo*, nos indicando os caminhos mais certos da vida no permanente convite de nosso Mestre e Senhor Jesus.

**ESPÍRITOS DIVERSOS**
**PSICOGRAFIA DE GERALDO LEMOS NETO**

## IGNÁCIO DE ANTIOQUIA

Uma viagem ao tempo da simplicidade e da pureza do Cristianismo, em sua mais bela e genuína expressão. Obra mediúnica repleta de episódios históricos do Cristianismo primitivo, que resgata para a memória da humanidade a vida e a trajetória de um dos seguidores mais valorosos de nosso Senhor Jesus Cristo.

**PELO ESPÍRITO THEOPHORUS**
**PSICOGRAFIA DE GERALDO LEMOS NETO**

# LEIA TAMBÉM

## SEMENTEIRA DE LUZ

Voltando à Terra no século XIX, Neio Lúcio encarna a personalidade de Arthur Joviano, cujo núcleo familiar, em missão redentora de um passado longínquo, conta com as presenças de personagens descritos nos romances *50 anos depois* e *Renúncia*. Desprendido em 1934, Neio Lúcio inicia sua comunicação com a família, através da mediunidade de Chico Xavier, em reuniões semanais de culto evangélico na casa de Rômulo Joviano, em Pedro Leopoldo | MG. As mensagens, repletas de sabedoria e amor extremado por todos aqueles com os quais conviveu, são bem a confirmação dos compromissos reparadores que assumimos na Espiritualidade, alicerçados nos ensinamentos de Jesus para nos tornarmos legítimos semeadores da Boa Nova.

**PELO ESPÍRITO NEIO LÚCIO**
**PSICOGRAFIA DE FRANCISCO CÂNDIDO XAVIER**
**ORGANIZAÇÃO DE WANDA AMORIM JOVIANO**

## MILITARES NO ALÉM

Dentre os tesouros guardados por Wanda Amorim Joviano, MILITARES NO ALÉM, da lavra de Chico Xavier nos anos de 36 a 52, no mínimo surpreende pela atualidade das mensagens em torno da paz que a humanidade do século XXI tanto anseia. Fruto da sua ingente dedicação no desdobre das tarefas mediúnicas no culto do lar realizado durante muitos anos pelo *Grupo Doméstico Arthur Joviano*, na Fazenda Modelo, em Pedro Leopoldo | MG, esse livro relata, na perspectiva espiritual de muitos servidores da pátria, a realidade consoladora do *outro lado*, onde o trabalho pelo bem não cessa e a esperança é sentimento que inspira a vitória do amor preconizado por Jesus.

**ESPÍRITOS DIVERSOS**
**PSICOGRAFIA DE FRANCISCO CÂNDIDO XAVIER**
**ORGANIZAÇÃO DE WANDA AMORIM JOVIANO**

# LEIA TAMBÉM

## ILUMINURAS

ILUMINURAS é a primeira publicação de bolso da Vinha de Luz Editora. É composta de pensamentos e frases extraídos do livro *Deus conosco*, do venerável espírito Emmanuel, psicografado por Francisco Cândido Xavier nas décadas de 30 a 50, durante o culto cristão no lar do Dr. Rômulo Joviano, na Fazenda Modelo, em Pedro Leopoldo | MG. A riqueza dos ensinamentos evangélicos apresentados na obra fala por si só e atesta o amparo de nosso Senhor Jesus Cristo à divulgação da Doutrina Espírita, codificada pelo apóstolo Allan Kardec.

**PELO ESPÍRITO EMMANUEL**
**PSICOGRAFIA DE FRANCISCO CÂNDIDO XAVIER**
**ORGANIZAÇÃO DE CEZAR CARNEIRO DE SOUZA**

## PÉROLAS DE SABEDORIA

Compulsados do livro *Sementeira de luz*, organizado por Wanda Amorim Joviano, as frases e os textos apresentados no livro *Pérolas de sabedoria* foram coletados e reunidos por Braz José Marques com o propósito de engrandecer o aprendizado de todos nós nos estudos evangélicos do dia a dia. As pérolas da Espiritualidade — aqui incrustadas na condição de joias valiosas — são fundamentais para o esclarecimento daqueles que delas se valerem, expositores ou não da Doutrina Espírita.

**PELO ESPÍRITO NEIO LÚCIO**
**PSICOGRAFIA DE FRANCISCO CÂNDIDO XAVIER**
**ORGANIZAÇÃO DE BRAZ JOSÉ MARQUES**

# LEIA TAMBÉM

## SEMENTEIRA DE PAZ

Volume que dá sequência ao roteiro de revelações espirituais do espírito de Neio Lúcio, que em última romagem terrena envergou a personalidade de Arthur Joviano, pai de Dr. Rômulo Joviano, diretor da Fazenda Modelo em Pedro Leopoldo | MG, onde Chico Xavier trabalhou por largos anos. As mensagens nele contidas surgiram espontaneamente pela psicografia de Chico Xavier a partir de 1935, na residência da família Joviano, na própria Fazenda Modelo, durante o culto do Evangelho no lar do *Grupo Doméstico Arthur Joviano*, a que Chico prazerosamente se dirigia depois de findos os seus trabalhos diuturnos, dando a *Deus o que é de Deus* após dar a *César o que é de César*. Recebidas por Chico Xavier de 1946 a 1948, as mensagens de Neio Lúcio foram batizadas de SEMENTEIRA DE PAZ, sendo esse novo livro, organizado por Wanda Joviano, dedicado ao centenário de nascimento de Chico Xavier (1910-2010), o *medianeiro do amor*.

**PELO ESPÍRITO NEIO LÚCIO**
**PSICOGRAFIA DE FRANCISCO CÂNDIDO XAVIER**
**ORGANIZAÇÃO DE WANDA AMORIM JOVIANO**

## COLHEITA DO BEM

A autoria desse livro pertence ao professor Arthur Joviano, o estimado benfeitor espiritual que todos nós conhecemos com o nome de Neio Lúcio, personagem do romance *50 anos depois*, de quem recebemos valiosos ensinamentos dirigidos ao espírito imortal que vai vencer a morte e transpor os séculos. Chico Xavier psicografou as mensagens do livro durante o culto do Evangelho no lar da família Joviano, na Fazenda Modelo em Pedro Leopoldo, onde trabalhava. No *Colheita do bem* estão as páginas recebidas nos anos de 1949 a 1952, sendo, portanto, as últimas psicografadas na Fazenda Modelo, uma vez que em 1952 a família Joviano transferiu definitivamente sua residência para a cidade do Rio de Janeiro. *Colheita do bem* finaliza a série iniciada com o livro *Sementeira de luz*, seguido pelo *Sementeira de paz* — formando uma verdadeira trilogia da luz, da paz e do bem maior, que a todos nos une no carreiro da evolução espiritual para Deus.

**PELO ESPÍRITO NEIO LÚCIO**
**PSICOGRAFIA DE FRANCISCO CÂNDIDO XAVIER**
**ORGANIZAÇÃO DE WANDA AMORIM JOVIANO**

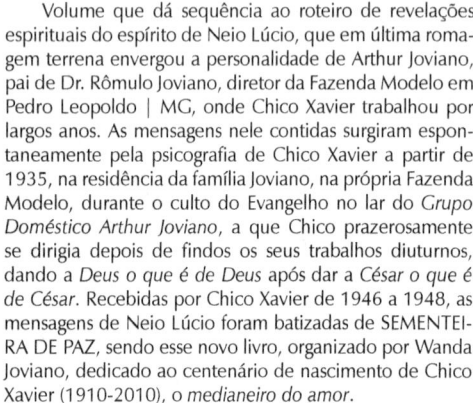

# LEIA TAMBÉM

EDIÇÃO ESPECIAL

## CHICO XAVIER — O PRIMEIRO LIVRO

Vinte anos antes de sua desencarnação, Chico Xavier revelou que sempre guardou no íntimo o desejo de publicar as belas produções mediúnicas que os amigos espirituais escreviam por seu intermédio, nos idos dos anos 30. Curiosamente, Chico confeccionava, com suas próprias mãos e com grande esforço, alguns exemplares com a finalidade de despertar os amigos para a possibilidade de um livro. Face à pobreza material com a qual vivia, ao médium restava a esperança de que algum desses amigos se interessasse pelo tema e, talvez, movimentasse os recursos necessários para uma publicação. De suas primeiras produções manuais, contendo, inclusive, a sua sensibilidade artística no desenho e na ilustração das mensagens, Chico conseguiu guardar durante toda a sua vida um único exemplar, que ao final de sua existência terrena entregou ao seu sobrinho-neto, Sérgio Luiz Ferreira Gonçalves, que no-lo apresentou para a devida divulgação. Esse é então, de fato e de direito, o primeiro livro de Chico Xavier, que a Vinha de Luz Editora da Casa de Chico Xavier de Pedro Leopoldo trouxe a lume, com a alegria de presentear o amado amigo Chico com a edição de seu *primeiro livro* no ano de 2010, ano de seu centenário de nascimento.

**ESPÍRITOS DIVERSOS**
**PSICOGRAFIA DE FRANCISCO CÂNDIDO XAVIER**
**ORGANIZAÇÃO DE GERALDO LEMOS NETO E SÉRGIO LUIZ FERREIRA GONÇALVES**

# LEIA TAMBÉM

## LUZ NA ESCOLA —
### CHICO XAVIER NA ESCOLA JESUS CRISTO DE CAMPOS | RJ

Esse é um livro de Francisco Cândido Xavier, com mensagens psicografadas por ele durante visita de quatro dias à Escola Jesus Cristo, em Campos | RJ, em 1940. Contém comentários de seu organizador, Clóvis Tavares, testemunha ocular de todos os fenômenos ali ocorridos. Os textos desse volume representam uma reedição da sua primeira, pequena, única e esgotada edição, feita também em 1940, publicação de caráter doméstico da Escola Jesus Cristo, agora reeditada pela Vinha de Luz, que desempenha hoje um papel ímpar no resgate histórico da produção mediúnica de Chico Xavier.

**ESPÍRITOS DIVERSOS**
**PSICOGRAFIA DE FRANCISCO CÂNDIDO XAVIER**
**ORGANIZAÇÃO DE CLÓVIS TAVARES E FLÁVIO MUSSA TAVARES**

## VIAJANTES —
### A ESPIRITUALIDADE ILUMINANDO SUA MENTE E SEU CORAÇÃO ATRAVÉS DE CHICO XAVIER

Primeiro audiolivro da Vinha de Luz Editora, que reúne 20 mensagens de espíritos diversos, psicografadas por Chico Xavier ao longo de seus 75 anos de labor mediúnico. Com um sugestivo título-tema e trilha sonora de rara beleza, VIAJANTES, organizado e interpretado por Fernando Peron, é um incentivo ao estudo sério e aprofundado de tão extraordinário patrimônio filosófico, científico e religioso legado a nós pelas mãos operosas e abençoadas de Chico Xavier.

**ESPÍRITOS DIVERSOS**
**PSICOGRAFIA DE FRANCISCO CÂNDIDO XAVIER**
**ORGANIZAÇÃO E INTERPRETAÇÃO DE FERNANDO PERON**

# LEIA TAMBÉM

## CHICO XAVIER — A AURORA DE UMA VIDA ENTRE O CÉU E A TERRA

As mensagens aqui apresentadas foram psicografadas por Chico Xavier e publicadas no jornal espírita *Aurora*, dirigido por Inácio Bittencourt, entre julho de 1928 e abril de 1933. Nesses primeiros anos, Chico era ainda muito jovem, não sabia quem eram os espíritos que se comunicavam por meio dele, e era praticamente desconhecido fora das terras mineiras. A lucidez do jovem Chico Xavier ao comentar, ele mesmo, alguns trechos doutrinários sobre os postulados espíritas surpreende e seja em verso ou em prosa, sobre os mais variados temas, o leitor encontrará nesse livro preciosas lições de vida, ora nos ensinando a aceitar e a bendizer o sofrimento e as provas diárias, ora nos ensinando a viver uma vida verdadeiramente cristã e espírita, mostrando, por fim, quão breve é a existência terrena perante a eternidade do tempo.

**ESPÍRITOS DIVERSOS**
**PSICOGRAFIA DE FRANCISCO CÂNDIDO XAVIER**
**ORGANIZAÇÃO DE JOÃO MARCOS WEGUELIN**

## LIÇÕES PARA ANGELITA

Quando Chico Xavier tinha apenas 20 anos, dois personagens importantes surgiram para marcar a sua vida: a menina Angelita e sua mãe extremosa. Esse livro contém vinte mensagens repletas de ensinamentos preciosos, repassados de mãe para filha a partir do dia a dia que ambas vivenciam, e também das perguntas que a menina faz sobre os mais diversos temas acerca da existência. São lições para todas as pessoas. A receita segura para a construção do homem de bem – meta que todos nós devemos buscar.

**PELO ESPÍRITO JOÃO DE DEUS**
**PSICOGRAFIA DE FRANCISCO CÂNDIDO XAVIER**
**ORGANIZAÇÃO DE JOÃO MARCOS WEGUELIN**

# LEIA TAMBÉM

## DEPOIS DA TRAVESSIA

Mais um volume da psicografia inédita de Chico Xavier, por espíritos diversos. A sua primeira parte é originária da fase do médium em Pedro Leopoldo, na Fazenda Modelo, na qual, após o serviço, frequentou o culto do Evangelho no lar do *Grupo Doméstico Arthur Joviano*, levado a efeito, semanalmente, pela família de Dr. Rômulo Joviano. Já a segunda parte é fruto da última fase da psicografia do médium em Uberaba, onde, nas sessões públicas do Grupo Espírita da Prece, recebeu o espírito da irmã, D. Luiza Xavier, em diversas oportunidades, a partir de 13 de julho de 1985. Permeando as comoventes mensagens desses espíritos sobre a própria sobrevivência além-túmulo, há fac-símiles de mensagens de Emmanuel e de Bezerra de Menezes, fotografias e escritos inéditos de Chico Xavier ilustrando as épocas e as personalidades citadas. A obra é, pois, instrutivo volume contendo valiosas informações sobre a vida espiritual depois da travessia dos umbrais da morte do corpo físico, a induzir-nos o espírito distraído no mundo a uma mais ampla reflexão sobre a imortalidade, patenteando-se-nos a real significação das palavras de Jesus, nosso Senhor e Mestre: "A cada um será dado segundo as próprias obras".

**ESPÍRITOS DIVERSOS**
**PSICOGRAFIA DE FRANCISCO CÂNDIDO XAVIER**
**ORGANIZAÇÃO DE GERALDO LEMOS NETO E WANDA AMORIM JOVIANO**

# LEIA TAMBÉM

## MILITARES COM JESUS

As lições deste livro são de autoria de respeitáveis espíritos que passaram pela Terra na difícil experiência como militares. Portadores de grandes responsabilidades no dever, na disciplina, sobretudo integrados na justiça, propugnam, com amor, pela paz e pela felicidade dos povos, e do Brasil como pátria do Evangelho de nosso Senhor Jesus Cristo. São fragmentos extraídos do livro *Militares no Além*, psicografado por Francisco Cândido Xavier no período de 1936 a 1952 em Pedro Leopoldo, Minas Gerais, selecionados e organizados no presente volume como valiosos ensinamentos dos benfeitores da Vida Maior.

**POR ESPÍRITOS DIVERSOS**
**PSICOGRAFIA DE FRANCISCO CÂNDIDO XAVIER**
**ORGANIZAÇÃO DE CEZAR CARNEIRO DE SOUZA**

# Leia também

## Registros imortais

*Registros imortais* resgata para a história da Doutrina Espírita o trabalho de desobsessão e de esclarecimento aos desencarnados levado a efeito no Centro Espírita Meimei, fundado por Chico Xavier na Pedro Leopoldo dos anos 50. Por meio da psicofonia, Chico Xavier e diversos outros médiuns receberam mensagens da Vida Maior assinadas por espíritos sofredores e em evolução, em cujo cerne encontramos o Evangelho de Jesus como alicerce seguro para a vida imortal. Complementando as obras *Instruções psicofônicas* e *Vozes do Grande Além*, editadas pela Federação Espírita Brasileira em 1955 e 1957, respectivamente, esse livro é mais um documento importante para o Espiritismo no Brasil e no mundo, testificando a ingente capacidade mediúnica e caritativa do maior médium de todos os tempos e a valiosa contribuição de todos aqueles que com ele conviveram nessas tarefas consoladoras.

**Espíritos Diversos**
**Psicofonia de Francisco Cândido Xavier**
**Organização de Eugênio Eustáquio dos Santos**

# LEIA TAMBÉM

## OBRAS DA FÉ

A Vinha de Luz tem como missão maior a publicação e a divulgação de obras inéditas da lavra mediúnica de Francisco Cândido Xavier. Esse lançamento comemora seus 10 anos de trabalho e traz para o leitor uma seleção de mensagens de espíritos diversos, psicografadas pelo maior médium de todos os tempos, publicadas em 14 livros lançados por ela na última década. São mensagens de bênçãos. Uma obra de fé, que testifica a grandeza do compromisso para com a Doutrina dos Espíritos e para com o Evangelho do Cristo, respondendo ao chamado da tarefa abençoada com o livro espírita e com a preservação e a difusão da vida e da obra de Chico Xavier no Brasil e no mundo.

**ESPÍRITOS DIVERSOS**
**PSICOGRAFIA DE FRANCISCO CÂNDIDO XAVIER**
**ORGANIZAÇÃO DE JOÃO MARCOS WEGUELIN**

# LEIA TAMBÉM

## PALAVRAS SUBLIMES

A partir de 1930, a história de Chico Xavier começou a ser contada pelas páginas de *Reformador*, a mais antiga publicação voltada para a divulgação do Espiritismo no Brasil. Esse livro traz mensagens de Chico Xavier localizadas em suas edições de 1933 a 1950, psicografias assinadas por espíritos de vulto, como Emmanuel, Humberto de Campos, Bittencourt Sampaio, Abel Gomes, dentre outros, sendo este mais um título da bibliografia do médium mineiro que a Vinha de Luz Editora traz a lume, com a organização do jornalista João Marcos Weguelin, para a preservação da vida e da obra do maior brasileiro de todos os tempos.

**ESPÍRITOS DIVERSOS**
**PSICOGRAFIA DE FRANCISCO CÂNDIDO XAVIER**
**ORGANIZAÇÃO DE JOÃO MARCOS WEGUELIN**

# Leia Também

## Chiquito

CHIQUITO, da autora portuguesa Julieta Marques, conta um pouco da vida de Chico Xavier em linguagem acessível e direta, num convite ao amor, à humildade e à disciplina exemplificados pelo *médium do século*. Totalmente ilustrado, CHIQUITO é o segundo título da Vinha de Luz Editora voltado à evangelização infantil, que atende, sem dúvida alguma, às *crianças de todas as idades*.

Julieta Marques

# Leia também

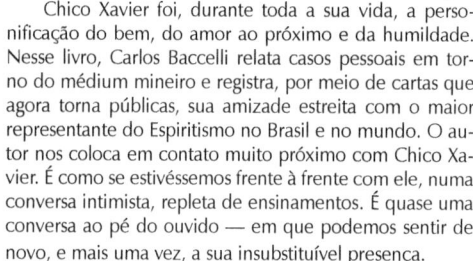

## Chico Xavier — O médium dos pés descalços

Chico Xavier foi, durante toda a sua vida, a personificação do bem, do amor ao próximo e da humildade. Nesse livro, Carlos Baccelli relata casos pessoais em torno do médium mineiro e registra, por meio de cartas que agora torna públicas, sua amizade estreita com o maior representante do Espiritismo no Brasil e no mundo. O autor nos coloca em contato muito próximo com Chico Xavier. É como se estivéssemos frente à frente com ele, numa conversa intimista, repleta de ensinamentos. É quase uma conversa ao pé do ouvido — em que podemos sentir de novo, e mais uma vez, a sua insubstituível presença.

**Carlos Antônio Baccelli**

## Chico Xavier com você

Chico, mais que médium, era sábio. Em seus lábios, tanto ecoavam lições dos espíritos amigos quanto ensinamentos de sua própria autoria. Aqui, nessas páginas, garimpando em obras, revistas e periódicos antigos, o autor organizou uma coleção de pérolas que, sem dúvida alguma, não figuram em nenhuma outra coleção do mundo. Por isso, certamente, com esse abençoado livro você estará de posse de um tesouro de valor incalculável. Um tesouro que fará de você uma das pessoas mais ricas entre todos os homens!

**Carlos A. Baccelli**

# LEIA TAMBÉM

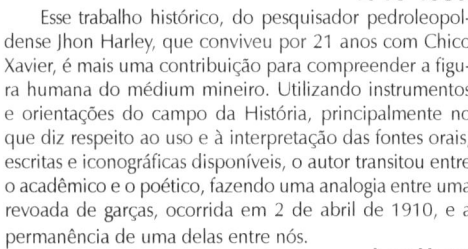

## O VOO DA GARÇA — CHICO XAVIER EM PEDRO LEOPOLDO | 1910-1959

Esse trabalho histórico, do pesquisador pedroleopoldense Jhon Harley, que conviveu por 21 anos com Chico Xavier, é mais uma contribuição para compreender a figura humana do médium mineiro. Utilizando instrumentos e orientações do campo da História, principalmente no que diz respeito ao uso e à interpretação das fontes orais, escritas e iconográficas disponíveis, o autor transitou entre o acadêmico e o poético, fazendo uma analogia entre uma revoada de garças, ocorrida em 2 de abril de 1910, e a permanência de uma delas entre nós.

JHON HARLEY

# Leia também

## Pedro Leopoldo vista por Chico Xavier — 1910 | 1959

### 49 anos da presença do maior médium de todos os tempos

O que o menino, o jovem e o adulto Chico Xavier vislumbrou em seus primeiros anos de experiências humanas e durante o desabrochar de suas faculdades mediúnicas a serviço do Cristo e da Doutrina dos Espíritos? O que teria o seu cândido olhar registrado pela retina da convivência e da saudade? Esse livro reúne extenso material inédito sobre o maior médium de todos os tempos, com fotografias e documentos recuperados, classificados e arquivados pelo memorialista pedroleopoldense Geraldo Leão, do Arquivo Geraldo Leão, e por Geraldo Lemos Neto, da Casa de Chico Xavier, que retratam principalmente o ambiente socioeconômico e cultural de Pedro Leopoldo dentro do período em que Chico Xavier lá residiu, desde o berço, em 1910, até a sua mudança definitiva para Uberaba, em 1959.

Geraldo Leão e Geraldo Lemos Neto

# LEIA TAMBÉM

## CÉLIA LUCIUS, SANTA MARINA — SEMELHANÇAS ENTRE AS BIOGRAFIAS CATÓLICAS E O ROMANCE *50 ANOS DEPOIS* DE FRANCISCO CÂNDIDO XAVIER E EMMANUEL

CÉLIA LUCIUS, SANTA MARINA é a revivescência da vida daquela que Chico Xavier | Emmanuel descreveram no romance *50 anos depois* como *"o lírio que nasceu do lodo das paixões do mundo para perfumar a noite da vida terrestre"* e que a igreja católica canonizou no século V. Aqui, por meio do minucioso e irrefutável estudo biográfico realizado por Flávio Mussa Tavares, filho do saudoso Clóvis Tavares, de Campos | RJ, o leitor se deparará com diversos relatos sobre Célia, confirmando a veracidade da narrativa do médium mineiro nos idos dos anos 40, tal qual previra Emmanuel no prefácio da obra referenciada. Para os espíritas, a consolidação da interexistência de Chico no desdobramento do labor mediúnico a benefício da difusão da Doutrina e sua prática evangelizadora, exemplificando o amor e a humildade legitimamente cristãos. Para os demais, uma reflexão sobre as lutas transitórias da vida física e a realidade além-túmulo — a verdadeira vida de todos nós.

FLÁVIO MUSSA TAVARES

# Leia também

## Isabel — A mulher que reinou com o coração

Dois dias após psicografar as primeiras das milhares de páginas através das quais o mundo espiritual se comunicou por seu intermédio, Chico Xavier manteve um revelador encontro com uma ilustre senhora que lhe mudaria o curso de vida. Era D. Isabel de Aragão, mais conhecida como Rainha Santa Isabel, a célebre rainha de Portugal, para sempre associada ao milagre da transformação do pão em rosas. Embora em circunstâncias e contextos distintos, ambos experimentaram o poder, a riqueza, a fama e a adoração, contudo, optaram por viver uma intensa vida interior feita de humildade, perdão, tolerância, paciência, compaixão e caridade como expressões do amor. Esse trabalho avança para além da vida de Isabel de Aragão, apresentando outras duas figuras históricas: Santa Isabel da Hungria e Isabel de Portugal, duquesa da Borgonha. Colocadas as narrativas das vidas das três personagens lado a lado, emergem repetições e similitudes, nas quais encontramos a essência da reencarnação. Obviamente, caberá a cada leitor fazer o seu juízo de valor perante os fatos, porém, no conjunto das três, verificamos como uma personalidade se desenvolve e se amplia nas ações meritórias, exemplificando-se o progresso próprio e incessante pela condição moral que apresenta, pois sendo as almas iguais pela filiação são diferentes pela consciência espiritual que revelam. Segundo testificou o próprio Chico sobre D. Isabel de Aragão, *"ela é um dos gênios espirituais protetores da raça luso-brasileira em diversas partes do mundo para que os povos luso-brasileiros conservem a fraternidade cristã que Jesus nos legou"* (Adelino da Silveira, *Chico, de Francisco*, CEU).

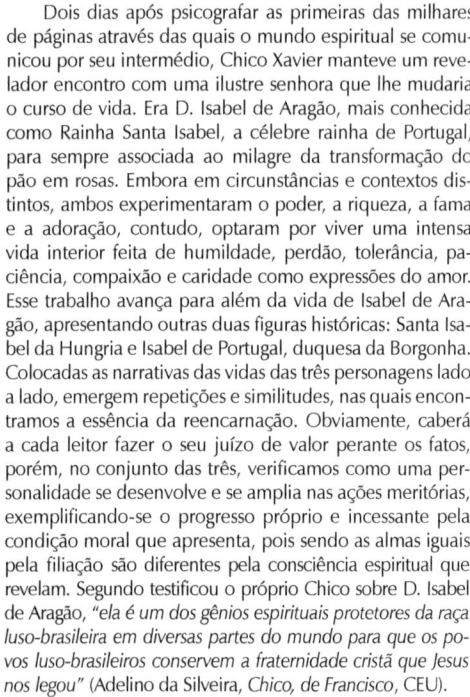

**Maria José Cunha**

# LEIA TAMBÉM

## EVANGELHO PURO, PURO EVANGELHO — NA DIREÇÃO DO INFINITO

Seguidor inconteste da Boa Nova do Cristo, e espírita em sua mais pura essência filosófica, Martins Peralva deixou para os estudiosos da Doutrina textos de iluminada sabedoria e reflexão, que foram reunidos no livro *Evangelho puro, puro Evangelho — Na direção do Infinito*, organizado por Basílio Peralva, e que a Vinha de Luz Editora trouxe a lume numa homenagem ao centenário de nascimento do *médium do século*, Francisco Cândido Xavier (1910|2010). A obra, que congrega artigos publicados na imprensa de 1945 a 1999, é indispensável ao homem de boa vontade, abordando temas imprescindíveis a todos os corações que jornadeiam rumo ao progresso espiritual.

**MARTINS PERALVA**
**ORGANIZAÇÃO DE BASÍLIO PERALVA**

## ERA UMA VEZ PARA SEMPRE

Voltado à evangelização infanto-juvenil, esse livro é um compêndio de mensagens de graciosa narrativa, que enfeixa os ensinamentos do Cristo sob a ótica do Espiritismo, correlacionados a diversos assuntos de ordem espiritual e humana. Suas personagens principais — crianças sedentas de amor e de conhecimento — encantam pela perseverança no bem, sempre amparadas pela nobre e sábia Vovó Angel, que, como o próprio nome já diz, é um anjo do Senhor em suas vidas de aprendizado rumo à luz.

**PELO ESPÍRITO BLANDINA**
**PSICOGRAFIA DE CARLOS MALAB**

VINHA DE LUZ

Departamento Editorial da Casa de Chico Xavier
Av. Álvares Cabral, 1777 — 20º andar — Sala 2006
Santo Agostinho | 30170-001 | Belo Horizonte | MG
(31) 2531-3200 | 2531-3300 | 3517-1573

www.vinhadeluz.com.br
informacoes@vinhadeluz.com.br

www.casadechicoxavier.com.br
informacoes@casadechicoxavier.com.br

Este livro foi composto em tipologia Zapf Humanist, corpo 11, predominantemente.
Capa impressa em papel Supremo 250g e miolo impresso em Pólen Soft 80g.
Lis Gráfica e Editora Ltda. | Guarulhos | São Paulo